CHINA MARITIME LAW
CASES

最高人民法院民四庭
大连海事大学法学院
大连海事大学海法研究院

组织编写

中国海事案例裁判要旨通纂

目录卷

司玉琢　王彦君　关正义　主编

编纂人员简介

主　编

司玉琢　大连海事大学原校长、教授、博士生导师,国际海事委员会(CMI)提名委员会委员,中国海事仲裁委员会、中国海商法协会顾问,交通运输部法律专家咨询委员会成员,中国香港城市大学、日本青山学院大学客座教授,北京大学海商法研究中心顾问,武汉大学、吉林大学、对外经济贸易大学等高校兼职教授。长期从事海商法教学和科研工作,《中华人民共和国海商法》主要起草人之一,《中国海商法研究》主编。

王彦君　1982年获北京大学法学院法学学士,2001年获美国天普大学法学硕士。先后在加拿大多伦多大学、英国伦敦大学进修国际商法,在最高人民法院从事涉外商事及海事海商审判工作多年,最高人民法院民四庭原副庭长(正厅级)、一级高级法官。中国海商法协会副主席、中国海事仲裁委员会副主任、国家法官学院兼职教授、北京大学海商法研究中心研究员。组织了海事诉讼特别程序法以及海上保险合同、无正本提单放货、船舶碰撞、海事赔偿责任限制、油污民事赔偿责任、货运代理、船舶扣押与拍卖等司法解释的起草工作。此外,还作为中方专家组成员,参加了1974年《海上旅客及其行李运输雅典公约》《国际燃油污染损害民事责任公约》等国际条约草案的谈判工作。

关正义　1982年毕业于吉林大学法律系,1998年和2005年分别获得大连海事大学法学硕士和博士学位。原任辽宁省高级人民法院审判员(正厅级),大连海事法院常务副院长;现任大连海事大学特聘教授、博士生导师,中国海事仲裁委员会仲裁员,辽宁省海商法研究会常务副会长。曾获首届全国审判业务专家和首届辽宁省中青年法律专家称号。著有《民法视野中的海商法制度》《扣押船舶法律制度研究》,编著《英汉海事词典》《海事诉讼文书样本与范例》等作品。发表《海事法与海商法的联系与区别——兼论海商法学的建立与发展》《论海事强制令的独立属性与功能》《对港口货物保管合同中的物权转移与代替交付的认识》《建立我国民事诉讼禁令制度的思考》等数十篇学术论文。

执行主编

侯 伟　海事卷执行主编。1977年生,湖北安陆人,法学博士,武汉海事法院环境资源审判庭负责人。1998年大学毕业后进入武汉海事法院工作,先后从事书记员、审判员工作,历任立案监督庭负责人、南京法庭副庭长、宜昌法庭副庭长,审理了多起重大疑难海事海商案件。在国内外发表多篇学术论文,在法国出版专著一部,主持或参加中国法学会、中国海商法协会多个重大课题,担任法国SCAPEL海商法、运输法杂志编委会成员,多次参加国际学术会议并作大会发言。

李晓枫　船舶船员卷执行主编。1982年生,山东烟台人,法学博士,中国外运长航集团法律顾问。2000年至2007年于大连海事大学攻读海商法,2007年硕士毕业考入宁波海事法院,先后分配至舟山庭、海商庭从事审判工作,主审数百起海事、海商纠纷。2011年年底担任中国租船有限公司法律与风险控制部法律顾问,2013年5月调入中国外运长航集团法律部。在职期间攻读大连海事大学国际法学博士,取得博士学位。在《法学杂志》《法律适用》《国际经济法学刊》《中国海商法研究》等CSSCI刊物、核心期刊上发表多篇学术论文。

张 虎　海上保险卷执行主编。1984年生,华东政法大学国际法学院讲师、博士后,大连海事大学法学博士,日照仲裁委员会仲裁员。曾任日照钢铁控股集团有限公司涉外法务经理、五矿营口中板有限责任公司法律事务部部长。主持部级项目4项,在 *Marine Pollution Bulletin*、《中国社会科学报》《政治与法律》《法学杂志》等核心刊物发表文章20余篇。

陈敬根　海上货物运输卷执行主编。1973年生,法学博士,上海大学法学院副教授、副编审,上海大学ADR与仲裁研究院副秘书长,《产权法治研究》编辑部主任;上海研究院副研究员;中国行为法学会粤港澳台联络处副秘书长,中国国际经济贸易法学研究会理事,中国法学会法学期刊研究会理事,上海法学会自贸区法治研究会理事、航空法研究会理事。主持国家社科基金项目1项、省部级项目7项。发表学术论文26篇。

张 波　综合卷执行主编。甘肃政法学院法学学士、中国政法大学法学硕士、香港城市大学法律硕士,青岛海事法院石岛法庭副庭长。审理海事海商案件逾千件;多次获得嘉奖,荣立个人二三等功,被评为山东省法院先进个人、山东省直机关优秀党员;撰写的裁判文书、调研报告获山东省法院一等奖,相关案例入选最高人民法院"一带一路"典型案例;撰写的论文获中国审判理论研究会海事海商专业委员会2016年年会一等奖;在《涉外商事海事审判指导》《山东审判》《海大法律评论》等发表多篇文章;曾在美国哥伦比亚大学学习并访问多国法院与国际组织。

编　委(以姓氏笔画为序)
付本超　山东省高级人民法院民四庭副庭长
邬先江　宁波海事法院副院长
许绍田　天津海事法院副院长
许俊强　厦门海事法院宁德法庭庭长
孙　光　大连海事法院海商庭庭长
李守芹　青岛海事法院副院长
初北平　大连海事大学法学院院长
荚振坤　上海海事法院副院长
钟　莉　武汉海事法院副院长
侯树杰　大连海事法院副院长
黄伟青　广州海事法院副院长
常中彦　辽宁省高级人民法院民事审判第三庭庭长
简万成　海口海事法院副院长

凡　例

一、分卷情况

《中国海事案例裁判要旨通纂》根据学科体系共分为五卷：海事卷、船舶船员卷、海上保险卷、海上货物运输卷和综合卷。

二、本书结构

1. 章节设置：本书以学科体系为依据，对各卷法律实务问题进行章节划分。
2. 案例结构：本书收录的案例一般由"裁判要旨""基本案情""法院查明事实""法院裁判"等部分构成。

三、本书案例来源

最高人民法院、各地海事法院及上诉审高级人民法院裁判文书。

四、案例选择

由于案例裁判时所依据的法律时有修改，本书尽可能选取在图书出版之前的新法背景下仍然具有指导价值的案例。但是，为保持裁判原貌，案例裁判所依据的法律仍保持与裁判当时一致。

五、裁判要旨编号

收入本书的裁判要旨以学科体系为依据进行编排，以便读者查找。示范如下：

编号	编号含义
No. HS-1.1-1	海事卷，第1.1项标题下，第一个裁判要旨。
No. CB-1.1-1	船舶船员卷，第1.1项标题下，第一个裁判要旨。
No. HX-1.1-1	海上保险卷，第1.1项标题下，第一个裁判要旨。
No. HY-1.1.1-1	海上货物运输卷，第1.1.1项标题下，第一个裁判要旨。
No. ZH-1.1.1-1	综合卷，第1.1.1项标题下，第一个裁判要旨。

六、案例索引

为方便读者查询案例，本书设置了案例索引。

七、主题词索引

为方便读者按主题查询、阅读，本书设置了主题词索引。

序言

贺荣（最高人民法院副院长）

为了适应海上运输和对外贸易事业发展的需要，1984年11月14日第六届全国人大代表大会常务委员会第八次会议通过了《关于在沿海港口城市设立海事法院的决定》，设立了大连、天津、青岛、上海、武汉、广州六家海事法院。之后，最高人民法院根据工作需要，先后于海口、厦门、宁波、北海增设四家海事法院。为了方便当事人诉讼，各海事法院根据自身情况，先后设立了包括三沙法庭在内的39个派出法庭，辐射范围涵盖北起黑龙江南至南海诸岛由我国管辖的全部港口、水域和岛礁。截至2014年年底，全国10家海事法院共受理各类海事案件247 761件，审结执结237 857件，结案标的额人民币1 460多亿元；其中审结执结涉外、涉港澳台海事案件66 564件，涉及70多个国家和地区。目前我国已经成为世界上设立海事审判机构最多、受理海事案件数量最多的国家。

经过30多年海事司法实践，我国已经积累了较为丰富的海事司法经验，这是我国建设国际海事司法中心，保障国家海洋强国战略实施的基础。为贯彻党的十八大三中全会精神，进一步深化司法公开，最高人民法院全面推进审判流程公开、裁判文书公开、执行信息公开，以增进公众对司法的了解、信赖和监督。在大数据时代背景下，如何将浩如烟海的裁判文书进行收集、分类、整理以及提炼，以方便公众查询，成为今后改进和完善司法公开制度的重要课题。北京大学出版社组织编撰的这套《中国海事案例裁判要旨通纂》，对598个具有典型意义的海事案件进行分类整理，并归纳裁判要旨，这对于总结我国海事司法实践经验，推动海商法理论与实务研究具有积极意义。搜集整理30多年的海事案例工程浩大，编者遇到了很多困难，案例的完整性有待进一步提高。编者采用案例非常注重典型意义，但有些案件的裁判观点随着理论与实践的发展，目前已经有所改变；有些观点还存在分歧。法律是稳定的，但不是一成不变。对于法律观点的争论永远存在，要辩证地看待这个问题。广大读者正是通过对这些案例的慎思明辨，才能全面地了解我国海事审判理论与实践的发展历程。

案例的编撰是一个长期系统的过程，但我们已经迈出了艰难的一步，并取得了阶段性成果。在此，我谨对《中国海事案例裁判要旨通纂》的面世表示祝贺，也希望这一工作持之以恒，形成精品，成为我国海事司法实践和海事法律理论研究的重要参考资料。

2016年10月16日

目 录

海 事 卷

1. 船舶碰撞损害赔偿纠纷 …………………………………… 001
2. 海上人身损害赔偿纠纷 …………………………………… 008
3. 海上财产损害赔偿纠纷 …………………………………… 016
4. 港口作业损害赔偿纠纷 …………………………………… 017
5. 海上污染以及养殖损害赔偿纠纷 ………………………… 018
6. 共同海损、海难救助 ……………………………………… 021
7. 海事赔偿责任限制纠纷 …………………………………… 024

船舶船员卷

1. 船舶代理合同纠纷 ………………………………………… 031
2. 船舶抵押权纠纷 …………………………………………… 033
3. 船舶所有权纠纷 …………………………………………… 036
4. 船舶建造合同纠纷 ………………………………………… 038
5. 船舶买卖合同纠纷 ………………………………………… 041
6. 船舶修理合同纠纷 ………………………………………… 044
7. 船舶营运纠纷 ……………………………………………… 047
8. 船舶租用合同纠纷 ………………………………………… 051
9. 船员劳务合同纠纷 ………………………………………… 058
10. 船员服务合同纠纷 ………………………………………… 062
11. 船员人身伤亡损害赔偿纠纷 ……………………………… 063

海上保险卷

1. 海上保险法的基本原则 …………………………………… 068
2. 海上保险合同的成立、解除和转让 ……………………… 071
3. 被保险人义务 ……………………………………………… 072
4. 保险人的义务 ……………………………………………… 074
5. 保险标的的损失和委付 …………………………………… 076
6. 保险赔偿 …………………………………………………… 077
7. 保险纠纷的时效与举证责任 ……………………………… 083
8. 其他 ………………………………………………………… 085

海上货物运输卷

（上 册）

1. 海上货物运输合同纠纷 …………………………………………… 087
1.1 承运人 …………………………………………………………… 087
1.2 托运人 …………………………………………………………… 105

（下 册）

1.3 实际托运人（发货人） ………………………………………… 111
1.4 提单纠纷 ………………………………………………………… 111
1.5 海上货物运输合同的成立与生效 ……………………………… 123
1.6 特殊货物的运输 ………………………………………………… 124
1.7 货损货差 ………………………………………………………… 124
1.8 迟延交付 ………………………………………………………… 127
1.9 海上货物运输中的保函 ………………………………………… 127
1.10 集装箱运输 ……………………………………………………… 128
1.11 混合原因货损问题 ……………………………………………… 130
2. 国际多式联运合同纠纷 …………………………………………… 130
3. 航次租船合同纠纷 ………………………………………………… 133
4. 国际海上货运代理合同纠纷 ……………………………………… 138
5. 其他 ………………………………………………………………… 139

综 合 卷

1. 海事担保合同纠纷 ………………………………………………… 141
2. 港口作业纠纷 ……………………………………………………… 141
3. 港口货物保管合同纠纷 …………………………………………… 143
4. 海运集装箱保管合同纠纷 ………………………………………… 144
5. 港口、航道疏浚合同纠纷 ………………………………………… 144
6. 船坞建造合同纠纷 ………………………………………………… 146
7. 海上工程合同纠纷 ………………………………………………… 147
8. 海上拖航合同纠纷 ………………………………………………… 149
9. 海上打捞合同纠纷 ………………………………………………… 150
10. 非法留置船舶侵权损害纠纷 …………………………………… 150
11. 海上货运代理合同纠纷 ………………………………………… 150
12. 其他海事纠纷 …………………………………………………… 168
13. 海事案件的管辖与仲裁 ………………………………………… 170
14. 申请财产保全错误损害赔偿纠纷 ……………………………… 176
15. 申请海事赔偿责任限制 ………………………………………… 178

后记 …………………………………………………………………… 181

CONTENTS

ADMIRALTY LAW

1. DAMAGES FOR COLLISION OF VESSELS ·················· 001
2. COMPENSATION FOR PERSONAL INJURIES AT SEA ·················· 008
3. DAMAGES FOR PROPERTIES AT SEA ·················· 016
4. DAMAGES FOR PORT OPERATION ·················· 017
5. DAMAGES FOR POLLUTION AT SEA AND MARICULTURE ·················· 018
6. GENERAL AVERAGE AND SALVAGE AT SEA ·················· 021
7. LIMITATION OF LIABILITY FOR MARITIME CLAIMS ·················· 024

SHIP AND SEAFARER

1. SHIP AGENCY CONTRACT ·················· 031
2. SHIP MORTGAGE ·················· 033
3. SHIP OWNERSHIP ·················· 036
4. SHIPBUILDING CONTRACT ·················· 038
5. SHIP SALE CONTRACT ·················· 041
6. SHIP REPAIR CONTRACT ·················· 044
7. SHIP OPERATION ·················· 047
8. CHARTER PARTY ·················· 051
9. SEAFARER'S LABOR CONTRACT ·················· 058
10. SERVICE CONTRACT FOR SEAFARER ·················· 062
11. COMPENSATION FOR INJURIES OR DEATHS OF SEAFARERS ·················· 063

MARINE INSURANCE

1. BASIC PRINCIPLES OF MARINE INSURANCE LAW ·········· 068
2. EXECUTION, TRANSFER AND TERMINATION OF MARINE INSURANCE CONTRACT ·········· 071
3. OBLIGATIONS OF THE INSURED ·········· 072
4. OBLIGATIONS OF THE INSURER ·········· 074
5. LOSS AND ABANDON OF THE SUBJECT MATTER OF INSURANCE ·········· 076
6. INSURANCE INDEMNITY ·········· 077
7. LIMITATION OF ACTION AND BURDEN OF PROOF CONCERNING DISPUTES OVER MARINE INSURANCE ·········· 083
8. OTHERS ·········· 085

CARRIAGE OF GOODS BY SEA

(VOLUME I)

1. CONTRACT OF CARRIAGE OF GOODS BY SEA ·········· 087
   1.1 Carrier ·········· 087
   1.2 Shipper ·········· 105

(VOLUME II)

   1.3 Actual Shipper (Consignor) ·········· 111
   1.4 Disputes over Bill of Lading ·········· 111
   1.5 Execution and Coming into Effect of Contract of Carriage of Goods by Sea ·········· 123
   1.6 Transport of Special Cargo ·········· 124
   1.7 Shortage of or Damage to Cargo ·········· 124
   1.8 Delayed Delivery ·········· 127
   1.9 Letter of Indemnity in Carriage of Goods by Sea ·········· 127
   1.10 Container Transport ·········· 128
   1.11 Issues of Damage to Cargo by Two or More Causes ·········· 130
2. INTERNATIONAL MULTI-MODAL CARRIAGE CONTRACT ·········· 130
3. VOYAGE CHARTER PARTY ·········· 133

4. INTERNATIONAL FREIGHT FORWARDING CONTRACT 138
5. OTHERS 139

COMPREHENSIVE VOLUME

1. MARITIME SECURITY 141
2. PORT OPERATIONS 141
3. CONTRACT OF CUSTODY OF CARGO AT PORT 143
4. CONTRACT OF DEPOSIT OF SHIPPING CONTAINERS 144
5. CONTRACT OF DREDGING 144
6. CONTRACT OF CONSTRUCTION OF DOCKYARD 146
7. CONTRACT OF MARINE CONSTRUCTION PROJECTS 147
8. CONTRACT OF TUG AND TOWAGE 149
9. CONTRACT OF SALVAGE 150
10. DAMAGES DUE FOR ILLEGALL RETENTION OF SHIP 150
11. CONTRACT OF INTERNATIONAL FREIGHT FORWARDING ... 150
12. OTHER MARITIME DISPUTES 168
13. JURISDICTION AND ARBITRATION FOR MARITIME CASES ... 170
14. COMPENSATION FOR WRONGFUL APPLICATION FOR PROPERTY PRESERVATION 176
15. APPLICATION OF LIMITATION OF LIABILITY FOR MARITIME CLAIMS ... 178

AFTERWORD 181

海事卷

1. 船舶碰撞损害赔偿纠纷 …………………………………………………… 001

1.1 船舶碰撞概念以及构成要件 ………………………………………… 001

1 上诉人王福瑞、许耀新与被上诉人谢庆海船舶碰撞损害赔偿纠纷案【海南省高级人民法院(2005)琼民二终字第9号】…………………………… 001

> **No. HS-1.1-1** 船舶因操纵不当或者不遵守航行规章,虽然实际上没有同其他船舶发生实际接触,但是使其他船舶以及船上的人员、货物或者其他财产遭受损失的,也属于船舶碰撞。 …………………………………………… 001

2 上诉人南通市江海疏浚打捞有限责任公司与被上诉人嵊泗中昌海运有限公司等船舶碰撞损害赔偿纠纷案【上海市高级人民法院(2011)沪高民四(海)终字第203号】……………………………………………………………… 007

> **No. HS-1.1-2** 船舶虽未与其他船舶发生实际接触,但由于其操纵不当且不遵守航行规章并造成其他两船碰撞引起重大财产损失,构成间接碰撞,应当承担相应赔偿责任。 ……………………………………………………… 007

> **No. HS-1.1-3** 内河船舶不属于海商法调整的范围,不可以享受海事赔偿责任限制。 …………………………………………………………………… 007

1.2 船舶碰撞诉讼主体资格 ……………………………………………… 018

3 原告南京凯华航运有限公司与被告南通通宁海运有限公司清算组船舶碰撞损害赔偿纠纷案【广州海事法院(2001)广海法事字第61号】………… 018

> **No. HS-1.2-1** 虽然船舶是由个人购买,但船舶所有人以登记船舶所有人为准,船舶登记所有人有权就船舶在营运过程中产生的损害赔偿纠纷向责任人提起诉讼。 …………………………………………………………………… 018

> **No. HS-1.2-2** 碰撞船没有及时向主管机关报告现场情况和本船的名称、位置,也没有与他船互通名称、了解他船受损情况,更没有在不危及本船安全情况下对事故水域进行旋回搜索救助遇难船员,而是擅自离开事故现场的,应加重其损害赔偿责任。 ……………………………………………………… 018

> **No. HS-1.2-3** 碰撞一方船舶所有人不是货物的所有人,也没有提供其实际赔付给货物所有人的证据,对其请求对方船东赔偿货物价值损失不予支持。 …… 018

4 原告雷双飞等与被告胡志清等船舶碰撞及人身伤亡损害赔偿纠纷案【武汉海事法院(2011)武海法事字第51号】·· 024

> **No. HS-1.2-4** 当地海事管理机构及政府部门在山洪来临前发出预警和告知防范措施后,涉案船舶和人员并没有引起足够的重视,没有及早而是怠于采取安全防范措施,以致山洪来临时陷于被动和应对不力的处境,则该事故不属于不可抗力。 024

> **No. HS-1.2-5** "三无"船舶(无船名船号、无船舶证书、无船籍港),尽管未办理所有权登记手续,但是当地相关部门业已证实原告对该"三无"船舶享有所有权的,原告对其船舶被碰撞导致的损失具有法律上的请求权。 024

1.3 船舶碰撞责任主体·· 028

1.3.1 船舶登记所有人的责任·· 028

5 原告深圳迅隆船务有限公司与被告防城港市金湾贸易有限公司、广西海洋运输公司船舶碰撞损害赔偿纠纷案【北海海事法院（2001）海事初字第002号】·· 028

> **No. HS-1.3-1** 同一国籍的船舶,不论碰撞发生于何地,碰撞船舶之间的损害赔偿适用船旗国法律。 028

> **No. HS-1.3-2** 造成碰撞紧迫局面的过失是划分责任大小的主要标准,碰撞紧迫局面下是否适当采取避碰措施是认定责任大小的次要标准。 028

> **No. HS-1.3-3** 船舶登记在其他公司名下,登记所有人疏于履行代管职责,对所代管船舶碰撞造成的损失应与实际所有人承担连带责任。 028

1.3.2 船舶光租人的碰撞责任·· 033

6 原告上海海事局与被告海南国际海运股份有限公司船舶触碰航标损害赔偿纠纷案【海口海事法院(2000)海事初字第08号】·· 033

> **No. HS-1.3-4** 光租期间船舶触碰助航标志或导航设施所造成的损失,船舶所有人抗辩应由光租人承担责任的,法院不予支持。 033

7 原告舟山通途工程有限公司与被告丹东吉祥船务有限公司、丹东海运有限公司船舶触碰桥梁设施损害赔偿纠纷案【宁波海事法院（2001）甬海事初字第109号】·· 035

> **No. HS-1.3-5** 船长是否存在"明知可能造成损失而轻率地作为或不作为",不影响其雇主(即船东)的责任限制权利。被告船舶所有人本人不预知或明知该船会发生走锚并导致触碰事故,可以依法享受责任限制。 035

> **No. HS-1.3-6** 船舶所有人与船舶经营人之间的关系，不等同于挂靠和被挂靠的关系。对于船舶所有人的触碰责任，船舶经营人不负连带责任。　　035

⑧ 原告杭州湾大桥工程指挥部与被告 SOLEADO PTE.，LTD. 和 AEROMIC SHIPPING(S) PTE.，LTD. 船舶触碰桥梁损害赔偿纠纷案【宁波海事法院（2008）甬海法事初字第33号】……………………………………………… 040

> **No. HS-1.3-7** 船舶管理人负有安全管理义务又未尽此义务，导致船舶与桥梁发生碰撞的，应与船东承担连带责任。由于船舶所有人、管理人未提供双方的管理协议，法院无法确认管理人的管理义务。根据通常经验，法院推定管理人应当对船舶的安全负有管理义务，与船舶所有人承担连带责任。　　040

⑨ 上诉人宁波市鄞州区通顺海运有限公司与被上诉人吴祥仕船舶碰撞损害赔偿纠纷案【浙江省高级人民法院（2010）浙海终字第192号】……………… 044

> **No. HS-1.3-8** 因重大误解而订立合同及合同显失公平的，只有合同的一方当事人才可向人民法院或仲裁机关申请撤销该合同。　　044

1.4 海上避碰规则 …………………………………………………………… 046

1.4.1 安全航速的界定和判断 ……………………………………………… 046

⑩ 上诉人赵温鼎与被上诉人烟台海顺旅游服务有限公司、高军海上人身伤害赔偿纠纷案【山东省高级人民法院（2010）鲁民四终字第22号】……………… 046

> **No. HS-1.4-1** 安全航速是个相对概念，并无具体速度的限制，而且判断船舶是否以安全航速行驶，必须以发现海上其他船舶、物体或者应当避让的情况为条件。游艇驾驶员由于无法观察到水下赶海者，不存在是否应当避让的情形，判断是否以安全航速行驶对判定游艇碰撞水下赶海者事故案所涉责任没有意义。　　046

1.4.2 狭水道的定义及其界定 ……………………………………………… 050

⑪ 原告尤兆奇与被告尤庆标、尤庆巨船舶碰撞损害赔偿纠纷案【广州海事法院（2002）广海法初字第444号】……………………………………………… 050

> **No. HS-1.4-2** 尽管碰撞的两艘小型渔船在300米宽的水道内行驶有较大的回旋余地，但按照航行惯例，水道为狭水道的，不受具体当事船舶吨位及尺寸大小的影响，否则会导致特定水域可能因船舶大小而适用不同的航行规则，以致航行秩序紊乱。《1972年国际海上避碰规则》是一切海上航行的船舶所应共同遵守的规则，为了保证该规则执行的普遍性与统一性，对特定水域是否为狭水道的界定必须参照大多数海船的航行情况和海上的航行习惯。　　050

1.4.3 操纵能力受到限制船舶的界定 ········· 053

⑫ 原告(反诉被告)宁波保税区吉宁国际贸易有限公司与被告(反诉原告) JACKY RICKMERS Schiffahrtsgesellschaft mbH & Cie. KG 船舶碰撞损害赔偿纠纷案【宁波海事法院(2005)甬海法事初字第 67 号】 ········· 053

> **No. HS-1.4-3** 船舶解缆离开码头过程中,由两条拖轮暂时予以配合协助,其操纵能力并未受到任何限制。且该离泊船舶显示了航行灯,未显示任何操限号灯。故其主张此时为操纵能力受到限制的船舶,其他船舶应为其让路的理由不能成立。 053

1.4.4 "驶过让清"的理解和界定 ········· 058

⑬ 原告湛江市天凯贸易有限公司与被告蒋文斌、浙江省三门县宏达船务有限公司船舶碰撞货物损害赔偿纠纷案【宁波海事法院(2004)甬海法事初字第 26 号】 ········· 058

> **No. HS-1.4-4** 追越中两船间方位的任何改变,都不能免除追越船让开被追越船的责任,直至最后驶过让清为止。而所谓驶过让清,指追越船必须在领先被追越船足够远的距离,使得保向、保速的被追越船不会因追越船随后的转向或减速操纵行动而处于为难境地。 058

> **No. HS-1.4-5** 海事债权人未申请扣押船舶,不能主张船舶优先权。 058

> **No. HS-1.4-6** 船舶挂靠人向被挂靠人缴纳一定数额的管理费,被挂靠人仅为船舶提供航行通告等服务,不为其配备船员的,在船舶侵权赔偿纠纷案中,并不存在第三人对被挂靠人的信赖关系,不涉及对第三人的信赖利益之保护,故要求被挂靠人承担连带赔偿责任没有事实与法律依据。 058

1.4.5 锚泊状态渔船在碰撞事故中的责任 ········· 062

⑭ 原告卞雪金等与被告越南造船工业公司海上人身损害赔偿纠纷案【厦门海事法院(2009)厦海法事初字第 31 号】 ········· 062

> **No. HS-1.4-7** 渔船虽然处于系泊状态,如未使用适合当时环境和情况的一切有效手段保持正规瞭望,未及早发现碰撞危险的存在,违反了《1972 年国际海上避碰规则》第 5 条规定,应承担一定比例的过错责任。 062

1.4.6 从事水下作业船舶的标志与识别 ········· 066

⑮ 原告王发等与被告谭河、莫光玉海上人身伤亡损害赔偿纠纷案【广州海事法院(2000)广海法湛字第 25、30、31 号】 ········· 066

> **No. HS-1.4-8** 肇事渔船是从事潜水捕螺作业的船舶,应当对用泡沫块作为潜水捕螺作业标志的习惯做法非常了解。在航行中,在通过对方渔船船尾时未保持安全距离,且瞭望不当,未能及早发现并避让海底作业标志,以致本船钩到系于正在潜水作业人员身上的绳索和泡沫块,造成潜水作业人员失踪并被宣告死亡。肇事船舶的过错,是导致潜水作业人员失踪的直接原因,应承担主要责任。潜水进行捕螺作业的船舶,未按规定正确显示号型,仅在潜水人员的上方系一泡沫块作为标志,且在潜水作业中,又疏于瞭望,监护不力,未能及早发现并拦阻肇事渔船靠近本船通过,对事故的发生有过错,应承担次要责任。 …… 066

1.5 船舶碰撞证据 …………………………………………………… 068

1.5.1 间接证据与碰撞事实 ………………………………………… 068

16 再审申请人巴拿马易发航运公司、香港威林航业有限公司与被申请人钟孝源、珠海市政府打击走私办公室船舶碰撞损害赔偿纠纷案【最高人民法院(1996)交提字第 4 号】 ………………………………………… 068

> **No. HS-1.5-1** 船舶碰撞案件,当事人提供的证据都是间接证据的,间接证据应相互印证,相互矛盾的不能认定。原告主张被告船舶是肇事船,应承担相应的举证责任,没有充分的证据支持其主张的,对原告的诉讼请求不予支持。 …… 068

1.5.2 船舶碰撞案件新证据 ………………………………………… 074

17 上诉人连承辉与被上诉人王建本船舶碰撞损害赔偿纠纷案【山东省高级人民法院(2006)鲁民四终字第 86 号】 …………………………… 074

> **No. HS-1.5-2** 在船舶碰撞案件的审理中,当事人应当在开庭审理前完成举证。当事人在二审中提供的证据不属于新证据的,二审法院不予采纳。 …… 074

> **No. HS-1.5-3** 沿海航区是指距岸或庇护地不超过20海里的海域。虽然所涉受害渔船碰撞事故发生时超过了《小型渔业船舶检验证书》准予航行的区域,但并不能因此认为超出区域航行和碰撞事故存在因果关系。 …… 074

1.6 船舶碰撞损害赔偿 ……………………………………………… 080

1.6.1 船期损失的计算 ……………………………………………… 080

18 原告陈国为与被告林松全船舶碰撞损害赔偿纠纷案【厦门海事法院(2004)厦海法事初字第 037 号】 …………………………………… 080

> **No. HS-1.6-1** 船舶因碰撞沉没可以索赔的项目包括:船舶价值损失(直接财产损失)、船期损失和事故航次未收取的运费(预期可得利润损失)、船上存油损失、船员工资损失和船员个人物品损失。其中船期损失在船舶碰撞前两个航次平均盈利难于准确计算的情况下,宜以船舶的滞期费率和滞期天数作为计算船期损失的依据。 …… 080

1.6.2 货物增值税税款损失的赔偿 ········· 084

19 原告汕头市和发纸业有限公司、中国人民财产保险股份有限公司宁波市海曙支公司与被告上海宝通运输实业有限公司、沈福荣、洞头县东海船务有限公司船舶碰撞损害赔偿纠纷案【宁波海事法院(2006)甬海法事初字第43号】········ 084

> **No. HS-1.6-2** 保险人在代位求偿的范围内,可以申请作为共同原告加入诉讼。 084

> **No. HS-1.6-3** 增值税是一种价外税、流转税,符合一定条件可抵扣。但在原告仅能提供增值税发票联,未能提供相应抵扣联或对未能提供抵扣联进行合理解释的情况下,原告主张的税款损失依据不足,对其损失只能认定货价部分。 084

1.6.3 境外产生律师费的赔偿问题 ········· 087

20 上诉人可汗船务私人有限公司与被上诉人王桂花船舶碰撞纠纷案【山东省高级人民法院(2007)鲁民四终字第44号】········ 087

> **No. HS-1.6-4** 船舶肇事后逃逸,未采取救助措施,导致对方船舶沉没,其肇事逃逸行为与船舶沉没造成的损失之间有因果关系,逃逸船舶船东应对沉没船舶造成的损失承担全部责任。 087

> **No. HS-1.6-5** 原告委托香港律师追踪船舶,并委托中国律师代为参与诉讼且已经实际支出了律师费,碰撞事故的发生与该项费用的支出有直接的因果关系,原告要求对方承担律师费用的,应予支持。 087

> **No. HS-1.6-6** 非经法定的优先权公示催告程序,船舶买家自行在报纸上办理取得船舶所有权的公告,不导致该轮的优先权灭失。法律并未规定船舶优先权的行使须以向(已转移了船舶所有权的)原船舶所有人主张权利为先决条件。新船舶所有人主张应向原所有人请求碰撞赔偿,是对船舶优先权赔偿责任与一般保证责任的混淆,亦背离了船舶优先权制度的立法目的,依法不予支持。 087

21 原告阿尔瑟尔·波斯特玛等与被告广州番禺某某客运有限公司等海上人身损害责任纠纷案【广州海事法院(2010)广海法初字第739号】········ 093

> **No. HS-1.6-7** 船舶所有权的取得、转让和消灭,应当向船舶登记机关登记;未经登记的,不得对抗第三人。船舶碰撞产生的赔偿责任由船舶所有人承担,碰撞船舶在光船租赁期间并经依法登记的,由光船承租人承担。 093

1.6.4 违反捕捞许可进行作业的赔偿问题 ········· 099

22 原告陈娇盈与被告钦州市钦州港远顺达船务有限公司船舶碰撞损害赔偿纠纷案【广州海事法院(2009)广海法初字第316号】········ 099

No. HS-1.6-8 船舶登记只是船舶所有权变动的公示方法,而不是生效要件,一方已支付渔船价款,且已将渔船实际交付受让人,应认定受让人已取得渔船的所有权并实际控制使用该渔船。在渔业捕捞许可证有效期内,因渔船买卖发生渔船所有人变更的,须按规定向原发证机关重新申请渔业捕捞许可证,且不得违反捕捞许可证关于作业场所、渔具数量的规定进行捕捞。否则,未依法取得捕捞许可证擅自进行捕捞、违反捕捞许可证关于作业场所、渔具数量的规定进行捕捞所获得的收入属于违法所得,其诉请的渔货损失和渔汛损失不应予以保护。 ········· 099

1.6.5 码头承租人的索赔权及其与港口经营许可事项的关系 ········· 103

23 原告青岛利天游艇俱乐部有限责任公司与被告山东省陆海联运总公司、山东远东海运集团有限公司船舶触碰损害赔偿纠纷案【青岛海事法院(2009)青海法海事初字第45号】················· 103

No. HS-1.6-9 码头承租人通过签订租赁合同,对他人所有的涉案码头依法享有占有、使用和收益的权利,是用益物权的主体。在租赁码头期间,码头受到第三人损坏,码头承租人的用益物权受到侵害,第三人应当对用益物权人承担侵权责任,码头承租人作为用益物权人享有索赔权,索赔直接损失和经营损失。 ········· 103

No. HS-1.6-10 码头承租人是否办理港口经营许可事项是行政审批的程序,属于行政管理的范畴。虽然码头承租人没有办理港口经营许可事项违反经营范围与船舶经营人形成事实上的合同关系,根据合同法解释的规定,不能因此认定合同无效。码头经营损失可参照船舶经营人曾向码头承租人支付的停泊费的计算方法及标准予以计算。 ········· 103

No. HS-1.6-11 依照《中华人民共和国海商法》的规定,光船承租人行使租赁权致第三人利益受侵犯的,由光船承租人独立承担法律责任。 ········· 103

1.7 船舶碰撞诉讼时效 ················· 110

24 原告福州松下码头有限公司与被告上海港机重工有限公司船舶触碰损害赔偿纠纷案【厦门海事法院(2010)厦海法事初字第14号】··········· 110

No. HS-1.7-1 虽然门座式起重机制造商和业主签订的《制造安装合同》约定制造商负责货物交付,以及与之相关的装卸责任和费用,就制造商所租船舶交货过程中发生的碰撞业主码头损害,鉴于制造商并非船舶所有人也非光船承租人,案涉船舶碰撞产生的赔偿责任不应由其承担。船舶碰撞案件诉讼时效为两年,没有证据证明存在因请求人提起诉讼、提交仲裁或者被请求人同意履行义务而中断的事由,请求人的诉请超过诉讼时效,丧失了胜诉权。 ········· 110

1.8 船舶碰撞与优先权 ································ 113

1.8.1 沉船打捞费是否可以享受船舶优先权 ················ 113

㉕ 原告中国船舶燃料供应福建有限公司与被告台州东海海运有限公司船舶碰撞损害赔偿确权案【广州海事法院(2001)广海法初字第57号】 ············ 113

> **No. HS-1.8-1** 船舶碰撞事故造成的沉船进行打捞产生的打捞费是因碰撞事故遭受的损失,根据《中华人民共和国海商法》第22条的规定,属于船舶优先权。 113

1.8.2 内河船是否可以适用关于船舶优先权的规定 ············ 115

㉖ 原告冯某某与被告博罗县某某总公司港澳运输公司船舶碰撞损害责任纠纷案【广州海事法院(2011)广海法初字第403号】 ············ 115

> **No. HS-1.8-2** 内河船不属于《中华人民共和国海商法》第3条规定的船舶,不适用《中华人民共和国海商法》关于船舶优先权的规定,因船舶碰撞导致内河船舶损失主张船舶优先权的,法院不予支持。 115

2. 海上人身损害赔偿纠纷 ································ 119

2.1 海上人身损害赔偿责任主体 ························ 119

2.1.1 船舶挂靠下的责任主体 ························ 119

❶ 原告李海英等与被告林武才等船舶爆炸人身伤亡损害赔偿纠纷案【广州海事法院(2000)广海法事字第120号】 ············ 119

> **No. HS-2.1-1** 船舶所有人将船舶挂靠在船舶公司名下,登记的船舶经营人为被挂靠人。但事故发生前,被挂靠人已与船舶所有人解除挂靠关系,收回已超过有效期的《船舶营业运输证》。被挂靠人也曾到登记机关申请办理变更船舶登记项目,主管机关根据《船舶登记条例》的规定没有受理。虽然船舶证书中记载的船舶经营人仍然是被挂靠人,但没有办理变更手续的责任不在被挂靠人。且事故发生期间,船舶由船舶所有人经营。故法院认定被挂靠人船舶公司不应承担连带赔偿责任。 119

❷ 上诉人烟台华洲企业有限公司与被上诉人烟台港集装箱公司人身伤亡赔偿纠纷案【山东省高级人民法院(2001)鲁经终字第364号】 ············ 124

> **No. HS-2.1-2** 雇员从事雇佣活动中自身受到损害,雇主承担责任的,法律虽未规定雇主赔偿后可以取得代位求偿权,但从公平原则出发,雇主有向造成损失的第三人主张索赔的权利。 124

No. HS-2.1-3 侵权人在装卸大件货物时,其管理人员未能尽到安全管理职责,应对受害人伤亡事故负主要责任。受害人作为具有完全行为能力人,在装卸现场应当预见其进入集装箱可能会发生的后果,由于其疏于防范导致被倒塌货物挤压致死,应对该事故的发生负次要责任。 …… 124

③ 原告杨柱华等与被告广州市花都区炭步水上运输公司等水上工伤事故损害赔偿纠纷案【广州海事法院(2003)广海法初字第388号】 …… 128

No. HS-2.1-4 因船员劳务合同纠纷直接向海事法院提起的诉讼,海事法院应当受理,不适用劳动仲裁委员会仲裁前置的规定。 …… 128

No. HS-2.1-5 起诉状上虽然只有代理律师的签名盖章,但原告出具已签名并按指印的《授权委托书》授权代理律师进行诉讼的,法院对诉讼代理人资格及其所进行的诉讼行为予以确认。 …… 128

No. HS-2.1-6 船舶虽然挂靠在他人公司名下,但挂靠人以个人的名义聘请船员,该船员劳务合同关系发生在挂靠人和船员之间,与被挂靠人无关,被挂靠人对所涉船员劳务合同关系产生的债务不承担清偿责任。 …… 128

2.1.2 二人以上共同过失侵权 …… 131

④ 原告方爱军等与被告陈业山等人身伤亡赔偿纠纷案【广州海事法院(2007)广海法初字第175号】 …… 131

No. HS-2.1-7 二人以上共同过失致人损害,构成共同侵权,应当承担连带责任。受害人对于损害的发生也有过错的,可以减轻侵害人的民事责任。 …… 131

No. HS-2.1-8 船员擅自允许与船舶航行、生产无关的人员上船,并在无任何保护措施的情况下让其在驾驶甲板活动,因此导致他人溺水死亡的,属于在从事雇佣活动中致人损害,该船员的雇主应当承担赔偿责任。 …… 131

⑤ 原告张慧与被告舟山市海峡汽车轮渡有限责任公司、舟山市汽车运输总公司普陀长运公司海上人身伤亡损害赔偿纠纷案【宁波海事法院(2008)甬海法舟事初字第3号】 …… 135

No. HS-2.1-9 轮渡公司没有按规定做到登轮时人车分离以及为运输服务对象提供一个安全的登轮环境,致使大客车挤压受害人,轮渡公司就其安全隐患应对事故负一定的责任。 …… 135

No. HS-2.1-10 摆渡车辆有接受轮渡公司管理和指挥的义务,但是,事故发生时驾驶员并不因轮渡公司工作人员的指挥而丧失或减少对大客车的控制权,驾驶员没有尽到必要的谨慎驾驶的义务,应对挤压旅客的事故承担责任。 …… 135

2.1.3 水路旅客运输之承运人和实际承运人的连带责任 …………………… 139

[6] 原告王才贵等与被告湛江市交通局地方公路管理总站等水上旅客运输人身损害赔偿纠纷案【广州海事法院（2008）广海法初字第25号】 ………………… 139

> **No. HS-2.1-11** 在海上旅客运输合同关系中,作为船舶经营人的承运人以及作为船舶所有权人的实际承运人,均有义务将旅客安全运抵目的地,倘若未适当履行该义务造成旅客人身伤亡的,应连带承担相应的赔偿责任。 139

2.1.4 雇主责任 ………………………………………………………………… 142

[7] 原告王明琼等与被告王泽生、王冬柯海上人身损害赔偿纠纷案【广州海事法院（2011）广海法初字第195号】 ……………………………………………… 142

> **No. HS-2.1-12** 没有个体工商户营业执照的,不是依法成立的个体工商户,不能作为劳动法律关系的主体;渔船船主提供一切劳动工具、燃料及提供船员在船上的饮食,有收获则按收获比例分成,没有收获渔工也不需分担已支出的费用,这不符合合伙的共享收益、共负盈亏的特征,不属于合伙关系;雇佣关系,是指受雇人在一定或不特定的期间内,接受雇佣人的指挥与安排,为其提供特定或不特定的劳务,雇佣人接受受雇人提供的劳务并按约定给付报酬的权利义务关系。考察雇佣关系是否成立,关键在于确定雇员是否以提供劳务为内容以及雇员是否受雇主的控制、指挥和监督。 142

> **No. HS-2.1-13** 雇员在从事雇佣活动中致人损害的,只有当雇员对损害的发生有故意或重大过失时,才与雇主一起承担连带赔偿责任。 142

> **No. HS-2.1-14** 雇佣关系是指没有纳入依照法律法规规定应当参加工伤保险统筹的雇佣关系,与《工伤保险条例》调整的劳动关系不是同一性质。雇佣关系下的人身伤害,不应适用《工伤保险条例》计算赔偿数额,而应适用最高人民法院《关于审理人身损害赔偿案件适用法律若干问题的解释》来计算赔偿数额。 142

2.2 海上人身损害赔偿归责原则 ……………………………………………… 147

2.2.1 好意施惠同乘时的人身损害责任承担 ………………………………… 147

[8] 原告刘建清等与被告周木平水上人身伤亡损害赔偿纠纷案【广州海事法院（2002）广海法初字第357号】 ……………………………………………… 147

> **No. HS-2.2-1** 对人的生命健康权的注意义务,不能因好意施惠而减轻,同意他人搭乘其船舶,就负有保障他人安全到达目的地的义务。 147

2.2.2 违反合同履行中的通知、协助等附随义务的责任 …………………… 150

⑨ 原告徐有坚等与被告林敬恒水上事故人身伤亡损害赔偿纠纷案【广州海事法院（2003）广海法初字第73号】…………………………………… 150

> **No. HS-2.2-2** 当事人应当遵循诚实信用原则，根据合同的性质、目的和交易习惯履行通知、协助、保密等义务。委托方委托作业方向自己船上装沙，在装沙超载导致干舷明显低于核定干舷的情况下，仍继续为委托方船舶装沙，导致船舶沉没。作业方没有履行适当通知的义务，应承担相应的赔偿责任。 …… 150

2.2.3 运输途中旅客自杀情形下承运人的责任 ……………………………… 152

⑩ 原告乔天国等与被告陈兴武等水上旅客运输合同人身伤害赔偿纠纷案【武汉海事法院（2004）武海法商字第127号】………………………… 152

> **No. HS-2.2-3** 旅客跳河自杀，但是承运人应该以谨慎的态度对待开航前和开航后有可能导致事故的各种因素，进而采取相应的措施防止事故的发生。承运人未采取有效措施避免旅客自杀的，应当对事故的发生承担次要赔偿责任。 …… 152

> **No. HS-2.2-4** 精神损害赔偿的请求仅限于侵权行为导致的损害，而受害人家属基于旅客运输合同要求承运人承担民事责任，不能主张精神损害赔偿金。 …… 152

2.2.4 安全保障义务 ………………………………………………………… 155

⑪ 原告刘成易等与被告吴东三海上人身伤亡损害赔偿纠纷案【广州海事法院（2004）广海法初字第104号】…………………………………… 155

> **No. HS-2.2-5** 被告单方面提供出海作业所需的船舶、燃料、费用、工具和伙食，渔船船员只按渔获收获数量计算报酬，无需承担生产经营亏损的风险，则双方之间不具有共同经营、共负盈亏和风险的法律特征，不属于合伙关系。 …… 155

> **No. HS-2.2-6** 雇主有责任为雇员提供安全的生产条件、生产工具和工作场所，保障雇员的人身安全。相较事故之中死亡的雇员家属而言，雇主有更便利的条件举证证明自己是否尽到保障劳动安全的义务，应由雇主承担证明事故原因的责任。 …… 155

⑫ 原告麦建妹等与被告大连利丰海运集团有限公司海上人身损害责任纠纷案【广州海事法院（2011）广海法初字第476号】……………………… 157

> **No. HS-2.2-7** 船长不知道登轮情况，也未采取足够的安全保障措施，导致已经办理了登轮手续的登轮者在该轮船舱内窒息死亡，船舶实际经营人因此违反了对登轮者的安全保障义务，应对登轮者死亡承担侵权责任。 …… 157

13 原告刘林与被告李应轩、黄建彬水上人身损害赔偿纠纷一案【广州海事法院(2011)广海法初字第113号】·················· 159

> **No. HS-2.2-8** 虽然知道船员在危险位置指挥,并多次警告船员变换站立位置,但在船员没有接受的情况下,船方未采取其他措施,仍然开动船舶导致船员跌落到船舱受伤。船方疏于履行其安全保障义务,应承担相应的赔偿责任。·················· 159

2.2.5 侵权公平责任原则的适用 ·················· 162

14 上诉人周传芳、顾天英与被上诉人胡国余人身损害赔偿纠纷案【山东省高级人民法院(2008)鲁民四终字第36号】·················· 162

> **No. HS-2.2-9** 自然人之间的雇佣关系,雇员在受雇佣期间的工作之余住在船上,但不能证明是从事雇主指派的看船行为或从事与履行职务行为有关的行为,在此期间被他人致死,认定由雇主承担全部赔偿责任的理由不足,不予支持。但因雇主未在停止出海作业后立即向雇员发放工资,致雇员滞留在打工地并在滞留期间遇害,作为雇主对此应当承担一定的责任,根据公平责任原则,雇主承担50%的责任。·················· 162

> **No. HS-2.2-10** 精神抚慰金仅适用于侵权诉讼,且适用过错责任原则,以雇佣合同关系向雇主主张赔偿责任,雇主对雇员的死亡不存在主观过错,雇主不应承担精神抚慰金的赔偿责任。·················· 162

> **No. HS-2.2-11** 只有在被扶养人丧失劳动能力且又无其他生活来源时才会产生被扶养人生活费,被扶养人在扶养人死亡时年龄均不到50岁,且未提供丧失劳动能力的证据,法院对其主张被扶养人生活费不予支持。·················· 162

15 上诉人孙占杰等与被上诉人孙焕成等海上人身损害赔偿纠纷案【山东省高级人民法院(2009)鲁民四终字第21号】·················· 165

> **No. HS-2.2-12** 就有网无船、有船无网的生产经营者共同出海打鱼,各自自负盈亏的合作生产关系,应认定为不属于帮工关系。有船无网的船主、有网无船者及死者本人均无过错,但各自获得了相应利益,避免了财产损失,则应由相关当事人分担民事责任,并由受益明显者多承担相应补偿额。·················· 165

2.2.6《中华人民共和国民法通则》物件致人损害侵权规定的适用 ·················· 168

16 上诉人徐莉、王莲英、吴一玠与被上诉人黄海造船有限公司海上人身损害赔偿纠纷案【山东省高级人民法院(2008)鲁民四终字第80号】·················· 168

> **No. HS-2.2-13** 《中华人民共和国民法通则》第 126 条中"建筑物或者其他设施以及建筑物上的搁置物、悬挂物发生倒塌、脱落、坠落造成他人损害的",是指物件致人损害,是地上致害物致人损害。建筑物及其他地上物致害责任构成要件之一便是损害事实须与地上致害行为之间有因果关系。本案受害人在通过码头前往需要安装调试主机的船舶工作之中坠海身亡,连接船体与码头之间的悬梯脱落。但是无人看到受害人登上悬梯,也无人看到受害人与悬梯同时坠入海中。受害人坠海原因不明,没有与地上致害物相联系的证据,不能适用《中华人民共和国民法通则》第 126 条物件致人损害的规定。 168

2.2.7 高度危险作业问题 …… 175

[17] 原告连云港东硕国际贸易有限公司与被告尤利乌斯海运有限公司海上人身损害责任纠纷案【上海海事法院(2011)沪海法海初字第 8 号】 …… 175

> **No. HS-2.2-14** 雇主承担赔偿责任后,可以向第三人追偿。且死者(雇员)的近亲属在得到雇主赔偿之后,承诺将对第三方的索赔权转让给雇主的,雇主作为死者(雇员)所在单位具有诉讼主体资格。 175

> **No. HS-2.2-15** 涉案装卸货物为煤炭,虽然货舱内聚集的一氧化碳等有毒气体可能会导致人窒息,但煤炭物理性质相对稳定,并不属于易燃、易爆或剧毒物质,装卸煤炭作业亦不会对周围环境构成高度危险,故涉案煤炭装卸作业不构成法律意义上的高度危险作业。非本船船员以外的其他人员上船后在货舱窒息死亡的,不适用无过错责任原则。 175

2.2.8 航标维护单位未尽维护义务的过错推定责任 …… 179

[18] 原告刘葱绸等与被告温州海光航标技术工程有限公司、上海海事局温州航标处海上人身伤亡损害赔偿纠纷案【宁波海事法院(2008)甬海法温事初字第 6 号】 …… 179

> **No. HS-2.2-16** 国家为保障船舶通航安全而设立的渔业助航标志,该构筑物因维护、管理瑕疵致人损害的,由所有人或者管理人承担赔偿责任,但能够证明自己没有过错的除外。 179

2.2.9 合伙人在从事合伙事务中意外落水死亡的,其他合伙人的责任 …… 184

[19] 原告朱珠莲、庄永奶、颜美香、庄乐丹、庄晓丹诉被告张孚喜海上人身伤亡损害赔偿纠纷案【宁波海事法院(2011)甬海法温事初字第 3 号】 …… 184

> **No. HS-2.2-17** 合伙人在从事合伙事务中意外落水死亡,其他合伙人无过错的,依法不承担过错赔偿责任。但根据《中华人民共和国侵权责任法》第 24 条和最高人民法院《关于个人合伙成员在从事经营活动中不慎死亡其他成员应否承担民事责任问题的批复》的规定,其他合伙人应按实际情况对死亡合伙人遗属予以适当补偿。 184

2.3 海上人身损害赔偿……………………………………………… 186

2.3.1 涉外海上人身伤亡损害赔偿案件最高赔偿额 80 万元的适用 …………… 186

20 原告宋秀英等与被告伊母莱特航运公司、绿洲航运管理公司海上人身伤亡损害赔偿纠纷案【广州海事法院(2000)广海法汕字第 42 号】……………… 186

> **No. HS-2.3-1** 涉外海上人身伤亡损害赔偿案件,应当依照最高人民法院《关于审理涉外海上人身伤亡案件损害赔偿的具体规定(试行)》的规定,每人最高赔偿额为人民币 80 万元。 …………………………………………… 186

21 原告俞小洪与被告巴拿马古德吉尔航运股份有限公司海上人身损害赔偿纠纷案【宁波海事法院(1999)甬海事初字第 55 号】 ……………………… 190

> **No. HS-2.3-2** 外国籍船舶进出我国港口,必须由主管机关指派引航员引航。对外轮进出国内港口实行强制引航制度,由于船方没有尽到《1974 年国际海上人命安全公约》规定的义务,对引航员登船安全防范措施没有尽到谨慎处理,致使引航软梯断裂而使引航员遭受严重伤害,且船方不能证明引航员对引航软梯断裂及自身受伤害有过错,船方应负赔偿责任。 …………………………………………… 190

> **No. HS-2.3-3** 即使船方和港务局的共同侵权行为成立,共同侵权者应负连带责任,也不妨碍受害人选择任何一方要求其赔偿全部损失。 …………………… 190

> **No. HS-2.3-4** 1992 年施行的最高人民法院《关于审理涉外海上人身伤亡案件损害赔偿的具体规定(试行)》规定了涉外人身伤亡的最高赔偿限额为 80 万元。但是,从 1992 年至 1999 年,我国的物价指数发生了重大变化,医疗费用也是增加迅速。而且,1993 年施行的《中华人民共和国海商法》对海上人身伤亡的最高赔偿限额有专门的规定。因此法院应根据受害人的实际损失判令赔偿数额。 ……… 190

2.3.2 受诉法院所在地的确定 ……………………………………………… 194

22 上诉人天津开行海运有限公司与被上诉人于新珍等海上人身损害赔偿纠纷案【山东省高级人民法院(2010)鲁民四终字第 9 号】…………………… 194

> **No. HS-2.3-5** 船员在已是一公司的正式职工,双方存在劳动合同关系的情况下,又临时到另一公司工作,但未签订劳动合同,法院认定就此临时工作不存在劳动合同关系。因该公司不能为其缴纳社会保险,其不能从保险基金中享受各种待遇,法院判决该公司对其死亡按最高人民法院《关于审理人身损害赔偿案件适用法律若干问题的解释》关于雇佣关系的规定予以赔偿。 ……………………… 194

> **No. HS-2.3-6** 最高人民法院《关于审理人身损害赔偿案件适用法律若干问题的解释》第 29 条规定的按照受诉法院所在地上一年度城镇居民人均可支配收入或者农村居民人均纯收入标准计算人身伤亡的各种损失,海事法院的主要办事机构(总部住所地)所在地即为受诉法院所在地。 ……………………………… 194

㉓ 上诉人陈婉风等与被上诉人蔡文林等海上人身损害赔偿纠纷案【福建省高级人民法院(2010)闽民终字第555号】 ·········· 198

> **No. HS-2.3-7** 渔船转让之中受让人未付清全款,双方未办理船舶过户登记手续,但登记不是船舶转让的生效要件,登记与否对船舶转让行为是否具有对抗效力产生影响,并不影响船舶所有权的转移。渔船船舶实际所有人担任船长驾驶船舶时发生碰撞,其应对碰撞事故承担责任。船舶转让人非船舶所有人,不应承担赔偿责任。 198

> **No. HS-2.3-8** 厦门海事法院系专门法院,并非依据行政区划设立的地方法院。死者为东山县铜陵镇居民,原审判决以福建省有关经济统计数据计算"受诉法院所在地"的赔偿金额是正确的。 198

2.3.3 人身损害后续手术费用的赔偿 ·········· 201

㉔ 原告陈学君与被告庄文强海上人身损害赔偿纠纷案【上海海事法院(2010)沪海法海初字第48号】 ·········· 201

> **No. HS-2.3-9** 雇主对于雇员在从事雇佣活动过程中遭受的人身损害应承担赔偿责任,该赔偿责任系属无过错责任,即雇主即使对损害事故的发生不存在过错也须向雇员承担赔偿责任。 201

> **No. HS-2.3-10** 原告虽提供鉴定意见书对后续手术费用进行了评估,但该意见中未明确该费用必然会发生,且评估出的费用仅是预估的费用,原告对后续治疗费的必然发生举证不足,法院对该项请求不予支持,原告可待后续治疗费用实际发生后另行起诉。 201

2.3.4 雇主承担赔偿责任后向第三人追偿的前提条件 ·········· 204

㉕ 上诉人陈永金等与被上诉人陈喜兵等人身伤亡损害追偿纠纷案【浙江省高级人民法院(2010)浙海终字第94号】 ·········· 204

> **No. HS-2.3-11** 雇佣关系以外的第三人造成雇员人身损害的,雇主承担赔偿责任后,可以向第三人追偿。 204

> **No. HS-2.3-12** 通常情况下的追偿诉讼要求责任主体在履行完毕其义务后才具备行使追偿权的资格,以杜绝责任主体未履行完毕其义务而先行使追偿权、实现不当获利的可能。但结合本案特殊情况,在雇主支付了部分款项的前提下,考虑执行程序的需要,法院贯彻便利诉讼的原则,认为已经具备对全部款项行使追偿权的条件。 204

3. 海上财产损害赔偿纠纷 …………………………………… 208

1 原告山东潍坊国际海运公司、幸运海航运有限公司与被告云浮硫铁矿企业集团公司船舶损害赔偿纠纷案【广州海事法院(1999)广海法事字第 115 号】… 208

> **No. HS-3-1** 船舶沉没遭受损害应归类于对船舶所有权的侵害。船舶所有人与该损害有直接利害关系,其提起诉讼是适格的原告。光船承租人通过租约仅获得了船舶的占有、使用和收益的权利,对该船不具处分权,其诉讼请求不应支持。 …… 208

> **No. HS-3-2** 硫铁矿货物托运人没有按照有关规定履行有关项目的测试义务,并将测试文件交给承运人,具有违法性,在主观上有过错。但适运水分不明只是可能危及船舶航行安全的因素,承运不明适运水分的硫铁矿并不必然导致船舶沉没,索赔人必须举证证明承运的硫铁矿超过适运水分与船舶沉没之间有因果关系。索赔人如无法证明托运人托运货物测试文件的过失行为与船舶沉没之间存在因果关系,应当承担举证不能的后果。 …… 208

2 原告翁才泉与被告柯俊金海上财产损害赔偿纠纷案【广州海事法院(2003)广海法初字第 367 号】 …………………………… 214

> **No. HS-3-3** 紧急避险中的危险是由自然原因引起的,紧急避险人可不承担民事责任,但不能采取不当的措施或超过必要的限度。没有采取不当的措施或超过必要的限度,受害人要求补偿的,可以责令受益人适当补偿。 …… 214

3 原告浙江海洋工程有限公司与被告舟山东鸿水产有限公司船舶损害水下设施赔偿纠纷案【宁波海事法院(2004)甬海法事初字第 7 号】 ……………… 216

> **No. HS-3-4** 海底输水管道施工工程虽然已经发布了航行通告,但航行通告对过往船只的告知效力是推定的。海底输水管道施工审批意见和航行通告规定了施工期间,警戒船应保持 24 小时警戒(包括施工船夜间不施工时)。相比航行通告的推定效力,警戒船在保证海底水管施工安全方面的作用却是实际的。因警戒船不在施工现场,致使海底水管在船舶起锚时损坏,则海底水管的施工人应承担主要责任,船舶承担次要责任。 …… 216

4 上诉人东方海外货柜航运有限公司与被上诉人福清朝辉水产食品贸易有限公司海上货物运输合同纠纷案【福建省高级人民法院(2009)闽民终字第 616 号】 ……………………………………………… 219

> **No. HS-3-5** 货物损坏事故系承运人经谨慎处理仍未发现的船舶潜在缺陷和船长驾驶船舶过失的,承运人免责,无需承担赔偿责任。 …… 219

5 上诉人杨振兴、陈光明、林光辉与被上诉人福州开发区顺利建材有限公司码头设施损害赔偿纠纷案【福建省高级人民法院(2010)闽民终字第7号】……228

> **No. HS-3-6** 各采砂船在被侵权人码头前沿水域或其临近水域进行违法采砂作业,违法采砂侵权行为相互结合、共同作用,导致码头砂体流失、水深增大,最终整体失稳而坍塌。造成码头的坍塌后果并非单一采砂船的侵权行为所致,客观上也无法分清各采砂船之间的过失大小或者原因力比例。因此,各采砂船的采砂行为对于损害结果的发生均存在因果关系,并直接结合导致码头坍塌事故的发生,各采砂船的采砂行为构成共同侵权,各侵权责任人应对损害后果承担连带赔偿责任。 228

6 原告舟山市华盛船务有限公司与被告福建省泉州市华耀玻璃有限公司、黄立新海上货物运输合同纠纷案【厦门海事法院(2011)厦海法商初字第186号】……237

> **No. HS-3-7** 船舱内的货物随船沉没,船舶和货物为一个整体的沉没物,影响航行安全的是船舶,而不是船上装载的货物,强制打捞义务人是船舶所有人或经营人,而不是沉没货物的货主。发生船舶沉没事故不意味着运输合同的终止,并不免除承运人的前述义务,在发生事故后船东将货物打捞上来并交给沉没货物的货主也属于履行运输合同义务的行为。货物所有人有权获得起捞货物,而不必支付打捞费用。在货物具有打捞价值且船东能打捞货物的情况下,船东负有法定义务,应当采取打捞货物的减损措施。船东在海事赔偿责任限制基金之外另行付出的货物打捞费并未超出其义务范围,沉没货物的货主取得船东设立的基金赔偿款项的同时,受领运输合同项下残损货物而未支付货物打捞费的行为不构成不当得利。 237

4. 港口作业损害赔偿纠纷 …… 243

1 原告湛江华洋石油有限公司与被告广西曜慧船务有限公司、邱锦彪船舶触碰港口设施损害赔偿纠纷案【广州海事法院(2001)广海法湛字第12号】……243

> **No. HS-4.1-1** 输气臂的所有权情况无需办理产权登记,根据合法占有输气臂的事实,法院推定由占有者所有,有权就船舶触碰输气臂的损失提起诉讼。 243

2 原告佛山市电化总厂诉被告南海国际货柜码头有限公司港口作业损害赔偿纠纷案【广州海事法院(2002)广海法初字第10号】……246

> **No. HS-4.1-2** 就港口作业提起侵权之诉,索赔人应该举证证明其对货物具有所有权。所涉货物买卖合同约定交货地点为原告厂内,没有对所有权转移问题作出特别约定。货物受损之后,尚未办理进口手续,仍存放在码头集装箱堆场,故交付货物尚未完成。所涉提单为记名提单,原告并非提单载明的收货人。根据《中华人民共和国合同法》第133条的规定,标的物的所有权自标的物交付时起转移,原告尚未取得受损货物所有权的,无权就损失主张权利。 246

③ 原告江津市津洲轮船有限公司与被告涪陵港务管理局港埠公司等港口作业船舶损害赔偿纠纷案【武汉海事法院(2005)武海法商字第152号】............ 249

> **No. HS-4.1-3** 船舶在建造质量上和结构强度上存在固有缺陷,并且该缺陷导致该轮的总纵强度不足,以致在受到不均匀的载货时甲板边板发生断裂,最终导致船体出现中垂、折断沉没。港口经营人将货舱前部的矿石移至货舱中部的作业方式,虽然有利于其充分利用铲车的机械作用提高卸载效率,但这一方式不可避免地导致船舶中部的负荷增大,最终导致船舶在多种原因的作用下,断裂沉没。对此事故,船舶所有人应承担事故主要责任,而港口经营人应承担次要责任。......... 249

5. 海上污染以及养殖损害赔偿纠纷 254

5.1 海上污染案件索赔主体 254

① 原告广东省海洋与渔业局与被告南通天顺船务有限公司、扬州育洋海运有限公司、天神国际海运有限公司、中国船东互保协会油污损害赔偿纠纷案【广州海事法院(2001)广海法初字第89号】............ 254

> **No. HS-5.1-1** 船舶溢油污染海域的,海洋综合管理与渔业工作职能部门可依法向责任人提出民事损害赔偿诉讼。......... 254

> **No. HS-5.1-2** 船舶碰撞导致受损船舶抢滩、搁浅至漏油,均是碰撞后紧接着发生的系列后续事件,均起因于碰撞双方的过失。其间除了碰撞双方的航行过错外,没有其他过错介入。因此,漏油所造成的污染损失是船舶碰撞所造成的财产损失,应由碰撞船舶按照过失比例承担赔偿责任。......... 254

> **No. HS-5.1-3** 光船租赁未经登记的不得对抗第三人,光租人和船舶所有人应对船舶碰撞对第三人造成的损失承担连带赔偿责任。......... 254

> **No. HS-5.1-4** 《中华人民共和国海事诉讼特别程序法》第97条并没有将所规定的油污损害赔偿责任主体"承担船舶所有人油污损害责任的保险人"限定为"承担漏油船所有人油污损害责任的保险人",故非漏油船的船东互保协会以其并非漏油船轮所有人的油污损害责任的保险人为由,提出其不应负赔偿责任的抗辩,没有法律依据,不能成立。......... 254

② 原告广州市番禺区人民检察院与被告卢平章水域污染损害赔偿纠纷案【广州海事法院(2009)广海法初字第247号】............ 266

> **No. HS-5.1-5** 检察机关作为国家的法律监督机关,其检察权包括保护国家财产和资源免遭违法行为侵害,以及在国家财产和资源遭受违法行为侵害时有权代表国家提起诉讼,并将受偿的款项如数上交国库。......... 266

③ 原告中华人民共和国宁波海事局与被告杰斯航运有限公司沉船损害赔偿纠纷案【宁波海事法院(2009)甬海法事初字第31号】 ···················· 270

> **No. HS-5.1-6** 沉船所有人应当承担该轮碰撞沉没导致的溢油清除、设置警戒标识等应急处置费用和该轮沉船强制打捞清除费用。海事局在沉船所有人不积极采取有效措施的情况下，依法组织实施了清污和打捞的行为，产生的费用应由沉船所有人承担。海事局组织的参与清污的船舶及人员较多，让所有参与人员及单位向沉船所有人主张权利将增加诉讼成本，故法院准许海事局作为主管单位及组织者代位行使索赔权利。 ·········· 270

5.2 海上污染案件证据规则 ···················· 273

④ 原告林位吉与被告卢仁友、阎锡明、谢国伦养殖水产污染损害赔偿纠纷案【宁波海事法院(2001)甬海事初字第74号】 ···················· 273

> **No. HS-5.2-1** 因环境污染引起的损害赔偿诉讼，对索赔人提出的侵权事实，由污染行为人举证否认其行为构成侵权。污染行为人举证其投放茶籽饼的数量并提供有关专家的意见，认为其使用茶籽饼清塘排水的行为不会造成原告养殖鱼类的死亡，即索赔人的损失并非其侵权所致。索赔人没有证据推翻该否认，法院认定污染行为人不承担赔偿责任。 ·········· 273

⑤ 上诉人黄祖强与被上诉人青岛华金苑针织股份有限公司养殖损害赔偿纠纷案【山东省高级人民法院(2005)鲁民四终字第44号】 ···················· 278

> **No. HS-5.2-2** 污染受害人聘请的鉴定人在水质取样时未通知排污人到场，形式上不合法，其鉴定报告对排污人的责任认定部分，法院不予采信。但这并不能免除排污人关于污染受害人所遭受的损失与其没有因果关系的举证责任。 ·········· 278

5.3 海上污染案件的损失赔偿 ···················· 290

5.3.1 无涉外因素的船舶油污损害赔偿问题 ···················· 290

⑥ 再审申请人烟台海上救助打捞局与被申请人山东荣成龙须岛渔业总公司船舶油污损害赔偿纠纷案【最高人民法院(2002)民四提字第3号】 ···················· 290

> **No. HS-5.3-1** 《中华人民共和国海洋环境保护法》和《中华人民共和国海商法》分别作为调整海洋污染和海上运输关系、船舶关系的特别法律，就油轮造成油污损害引起的民事赔偿纠纷，应当优先于《中华人民共和国民法通则》予以适用。 ·········· 290

> **No. HS-5.3-2** 无涉外因素的国内沿海及2 000吨以下油轮，其油污民事责任赔偿不适用《1969年国际油污损害民事责任公约》，而应当依照《关于不满300总吨船舶及沿海运输、沿海作业船舶海事赔偿限额的规定》确定责任限额。 ·········· 290

5.4 养殖不合法的问题 ··· 295

[7] 原告日照市盛华水产集团公司与被告天津航道局、日照港务局水域污染损害赔偿纠纷案【青岛海事法院(2000)青海法海事初字第41号】···················· 295

> **No. HS-5.4-1** 依照1986年《中华人民共和国渔业法》和《中华人民共和国海上交通安全法》的规定，县级以上地方人民政府根据国家对水域利用的统一安排，可以将规划用于养殖业的全民所有的水面、滩涂，确定给全民所有制单位和集体所有制单位从事养殖生产，核发养殖使用证，确认使用权，取得使用权的单位可以将上述水面承包给集体单位或个人。未经主管机关(港务监督机构)批准，不得在港区、锚地、航道、通航密集区以及主管机关公布的航路内设置、构筑设施或者进行其他有碍航行安全的活动。地方人民政府将先前已被上级政府或主管部门划定为港界内的水域确权给他人用于海上养殖并核发浅海滩涂养殖使用证，违反《中华人民共和国渔业法》的规定，养殖户据此在港界内的水域从事养殖生产也不符合法律规定，其从事养殖而使用水面的权利不能视为合法权利，不受法律保护，对其养殖物因港口工程建设污染受到的损害不予赔偿。 295

[8] 原告卫振仁等与北海恒通海轮集团有限公司船舶触碰养殖物损害赔偿纠纷案【北海海事法院(2004)海事初字第012号】···································· 302

> **No. HS-5.4-2** 未取得主管部门颁发的海域使用许可证和养殖证进行用海养殖的属非法养殖，虽然该养殖行为的违法性并不影响请求保护已有养殖物及养殖设施的财产权，但养殖物增值部分不应列入赔偿的范围。 302

[9] 原告洪基宽等与广西合浦西场永鑫糖业有限公司海域渔业污染损害赔偿纠纷案【北海海事法院(2005)海事初字第006号】······························ 305

> **No. HS-5.4-3** 环境污染案件，加害人应就法律规定的免责事由及其行为与损害结果之间不存在因果关系承担举证责任。 305

> **No. HS-5.4-4** 《中华人民共和国海域使用管理法》和《中华人民共和国渔业法》均为全国人大常委会通过且正在实施有效的法律，任何公民和法人从事海水养殖必须在取得海域使用权证的同时还须取得养殖证。 305

> **No. HS-5.4-5** 原告虽交纳了部分海域使用金，但交纳海域使用金并不等于取得了海域使用权，还须持有地方人民政府核发的海域使用权证，这是法律强制性规定，无论政府或是公民、法人，都必须无条件执行。 305

> **No. HS-5.4-6** 未取得海域使用权证和养殖证非法从事用海养殖的，对索赔的苗种损失和收益损失，只能就苗种损失给予适当补偿。 305

⑩ 上诉人长岛长通旅运有限公司与被上诉人唐家安海上养殖损害赔偿纠纷案
【山东省高级人民法院(2006)鲁民四终字第 50 号】………………………… 311

> **No. HS-5.4-7** 船舶在雾航中未进行有效瞭望,没有使用安全航速,误入合法养殖区,造成养殖区物资和产品损失,船舶所有人应依法对养殖户承担损害赔偿责任。养殖户未依法申请发布航行通告,对本次事故的发生具有一定过错,双方按比例分担责任。 ………………………………………………………………… 311

⑪ 上诉人蓬莱市乾源海水养殖有限公司、赵竹海与被上诉人烟台经济技术开发区大季家街道办事处山后初家居民委员会等海上养殖损害赔偿纠纷案【山东省高级人民法院(2008)鲁民四终字第 115 号】 ………………………………… 314

> **No. HS-5.4-8** 船舶登记所有人每年从船舶经营人处收取固定的租金,有一定的收益,而且船舶所有权的转移是以登记为要件,未经登记不得对抗善意第三人,船舶登记所有权人也应当对船舶进入养殖区造成的损失承担赔偿责任。 ……… 314

> **No. HS-5.4-9** 单位和个人使用国家规划确定用于养殖业的全民所有的水域、滩涂的,应当申请核发养殖证。原告未提交其已取得养殖许可的相关证据,只能就其养殖物的直接损害主张权利,对于养殖物的增值部分主张权利的,法院不予支持。 314

⑫ 上诉人万中华与被上诉人龙口港集团有限公司海产养殖侵权纠纷案【山东省高级人民法院(2010)鲁民四终字第 98 号】 ……………………………… 320

> **No. HS-5.4-10** 海域使用权证到期后被当地的渔业主管部门收回未再换发新的证书,此后当地政府也未再收取海域使用金,原持证人对其原养殖区已不再享有海域使用权。尽管当地政府主管部门口头同意其可以在原养殖区域内继续养殖并给其适当补贴,但因其未进行登记并且其养殖行为违反了《中华人民共和国港口法》第 37 条"禁止在港口水域内从事养殖、种植活动"的规定,应不受法律保护。 ………………………………………………………………………… 320

> **No. HS-5.4-11** 对养殖户所指认养殖区的养殖物进行的现场勘验、鉴定,并对其损失进行的估算的司法鉴定,不属于全国人民代表大会常务委员会《关于司法鉴定管理问题的决定》第 2 条规定的需对鉴定人和鉴定机构实行行政登记管理制度的司法鉴定业务范围。鉴定机构的鉴定资质,并不以其列入司法行政管理部门编制的司法鉴定机构名册为必要条件。但是鉴定人之一的专业资质为船舶检验,与海产养殖物损失鉴定的专业性差距较大,法院对其鉴定资质不予认定。 …… 320

6. 共同海损、海难救助 ……………………………………………………………… 329

6.1 共同海损 ………………………………………………………………………… 329

① 原告中国人民保险公司河北省分公司与被告塞浦路斯瓦塞斯航运有限公司海难救助费用分摊追偿纠纷案【宁波海事法院(1996)甬海商初字第 207 号】 ……… 329

No. HS-6.1-1 承运人未尽谨慎处理使船舶载货过多,开航时不适航而搁浅,应对不适航所引起的货方损失承担责任。船舶开航时的不适航导致救助行为的发生,使得货方为此分摊了巨额的救助费用,货方有权向被告追偿。 ······ 329

No. HS-6.1-2 对于货方分摊的救助费用、救助方律师费、救助担保加保费、国外律师费、国内律师代理费、诉讼保全费等费用,有过失的承运人应予以赔偿。 ······ 329

2 原告海南华联轮船公司与被告广西国际合作经贸公司、中国人民保险公司广西壮族自治区分公司共同海损分摊纠纷案【北海海事法院(2000)海商初字第054号】 ······ 333

No. HS-6.1-3 承运人未能在船舶开航前和开航当时谨慎处理使船舶处于适航状态,由于承运人不可免责的过失而导致的共同海损损失,当然应由其自行承担,而不能将该损失转嫁给非过失方。 ······ 333

6.2 海难救助 ······ 337

6.2.1 海难救助的认定 ······ 337

3 原告广州海上救助打捞局与被告 J03B 号提单项下货物的所有人等救助报酬纠纷案【广州海事法院(2000)广海法汕字第89、90、91号】 ······ 337

No. HS-6.2-1 尽管碰撞损害情况并未导致船舶处于危险状态,但因其主机出现故障,如不及时拖航至港口,该轮及其船载货物在当时阵风最高可达8级的气象情况下仍有可能发生沉没的危险。受害船船东与救助打捞局在拖轮拖带事故船舶之前,虽未就本次拖航费用达成一致意见,亦未明确将本次拖航定性为救助性拖航,但双方就处于危险状态的事故船舶及其船载货物拖航至安全地带事宜达成协议,法院认定拖航为救助行为,救助合同成立,事故船舶的船东及船载货物的货主应支付救助报酬和施救拖轮的护航费。 ······ 337

No. HS-6.2-2 因救助方在救助作业中所用的时间不长、支出的费用不高和承担的风险不大以及事故船舶及其船载货物所面临的危险程度较轻等实际情况,法院认定救助人请求以获救财产价值3%计算的救助报酬明显过高,改为以获救财产价值的1%计算救助报酬。 ······ 338

4 上诉人东方之光海运有限公司与上诉人莱州市安达船运代理有限公司海难救助纠纷案【山东省高级人民法院(2004)鲁民四终字第8号】 ······ 341

No. HS-6.2-3 船舶是否已发生危险并构成被救助的对象,最终应由法院根据船舶的搁浅状况依据法律规定作出判断。基于船舶在航道搁浅,经过几次借助拖轮和船舶主机动力均不能脱浅的基本事实,法院判定船舶发生搁浅后,已丧失自救能力,必须借助外力才能够脱险,船舶依靠自身力量不能移动时,即发生现实危险,已成为海难救助的对象,救助人的行为系海难救助行为。 ······ 341

No. HS-6.2-4 诉讼费和律师费是当事人因诉讼而支出的费用,不属于《中华人民共和国海商法》规定的确定救助报酬应考虑的范畴。律师费用不是必要的支出,法院不予支持。 …… 341

6.2.2 公共主管机关从事或者控制的海难救助问题 …… 349

5 中华人民共和国汕头海事局诉中国石油化工股份有限公司广东粤东石油分公司救助合同纠纷案【广州海事法院(2005)广海法初字第182号】 …… 349

No. HS-6.2-5 海事局作为防止船舶污染海域的海事行政主管机关,在船舶发生碰撞事故致使其装载的货油发生泄漏以及未泄漏的货油可能造成海洋环境重大污染损害时,有权强制采取避免或者减少污染损害的措施,包括与打捞局签订合同,以抽取货油,避免或减少污染损害。其委托打捞局所实施的强制抽油措施属于救助行为,取得救助效果后,海事局有权获得不超过获救货物价值的救助报酬。 …… 349

6 原告中华人民共和国汕头海事局与被告信盈海运有限公司、信成(香港)海运有限公司海难救助报酬纠纷案【广州海事法院(2007)广海法初字第352号】 …… 355

No. HS-6.2-6 海事局作为海事行政主管机关,对于其从事或者控制的救助作业,有权享受《中华人民共和国海商法》规定的关于救助作业的权利和补偿。 …… 355

No. HS-6.2-7 海事局的公务船舶虽然没有直接从事拖带作业,但是其在事故中成功救助遇险船员,并在整个救助过程中从事了搜救、值守、监管、护航和指挥工作,对成功救助遇险船舶起到了不可或缺的作用,其行为属于救助行为。 …… 355

No. HS-6.2-8 在救助过程中,遇险船舶对海事局的救助行为没有作出明确而合理的拒绝救助的意思表示,则该救助行为符合自愿原则。 …… 355

No. HS-6.2-9 救助报酬应由获救船舶或其他财产的所有人承担,海事局请求船舶经营人承担连带责任,没有法律依据。 …… 355

6.2.3 海难救助报酬的举证责任 …… 365

7 原告广州海上救助打捞局与被告大连顺诚船务有限责任公司海难救助报酬纠纷案【广州海事法院(2001)广海法深字第30号】 …… 365

No. HS-6.2-10 救助人主张海难救助报酬,有责任提供相应的证据证明被救助人有义务支付救助报酬。在未提供证据证明双方签订了海难救助合同,也不能证明双方达成协议,被救助人同意支付救助报酬的情况下,其主张不应支持。 …… 365

7. 海事赔偿责任限制纠纷 …… 367

7.1 海事赔偿责任限制的性质、适用程序、时效 …… 367

1 烟台集洋集装箱货运有限责任公司申请海事赔偿责任限制案【青岛海事法院（2001）青海法海事初字第49号】…… 367

> **No. HS-7.1-1** "海事赔偿责任限制"是一种与民法损害赔偿制度相悖的特殊赔偿制度，并不属于普通民法上的抗辩权，其本质上是为了限制损害赔偿，而不是拒绝损害赔偿，并不以请求权的提出为前提，可以作为在赔偿责任确定之后的救济手段来行使。责任人申请海事赔偿责任限制，应该通过提起独立之诉的形式进行，即责任人申请海事赔偿责任限制可以独立起诉，也可以在债权人向其提出的海事索赔诉讼中提出申请海事赔偿责任限制的反诉。责任人即使未在其被债权人提起的索赔诉讼一审判决作出前提出海事赔偿责任限制的申请，也不能视为其放弃主张限制海事赔偿责任。 …… 367

> **No. HS-7.1-2** 海事法院审理海事赔偿责任限制申请案件，应适用民事诉讼法第一审普通程序的有关规定，并以民事判决的形式作出裁决结果。 …… 367

> **No. HS-7.1-3** 《中华人民共和国海商法》第四章仅调整国际海上货物运输，审理沿海运输的承运人是否对托运人的货损承担责任时不能适用《中华人民共和国海商法》第四章的有关规定。但作为规定海事赔偿责任限制制度的《中华人民共和国海商法》第十一章，适用于所有海上运输引起的责任限制纠纷，国内多式联运经营人有权依法限制其在海运区段产生的责任。航次租船人、船舶期租人能享受海商法上的责任限制，多式联运经营人也应该能享受该责任限制。 …… 367

> **No. HS-7.1-4** 船舶经营人分为技术上的船舶经营人和商业上的船舶经营人，船舶经营人应该包括直接从事船舶营运的船舶所有人、船舶承租人以及与船舶营运有关且承担船舶营运引起的有关责任的其他任何自然人或法人。多式联运合同项下的承运人接受委托后，将沿海运输区段的运输交由船舶所有人运输，从事了与沉没船舶营运有关的行为，因船舶沉没，其对托运人承担了货物灭失的责任，故其可作为船舶经营人依法享受海事赔偿责任限制。 …… 367

> **No. HS-7.1-5** 依照《中华人民共和国海商法》第212条规定的"一次事故一个限额"的原则，虽然船舶经营人没有实际在任何法院设立海事赔偿责任限制基金，但因船舶所有人已经设立海事赔偿责任限制基金，故从法律上应视为船舶经营人也已设立该责任限制基金。 …… 368

> **No. HS-7.1-6** 向法院请求限制海事赔偿责任应该受到诉讼时效制度的约束，申请海事赔偿责任限制的诉讼时效应为两年，从申请人被依法裁决（包括仲裁裁决）承担有关海事赔偿责任时起算。 …… 368

2 再审申请人广州海运(集团)有限公司与被申请人安徽省皖江轮船运输公司、芜湖长江轮船公司船舶碰撞损害赔偿案【最高人民法院(2001)民四提字第3号】…… 380

No. HS-7.1-7 在能见度正常的情况下,划江横越船舶负有让路义务,横越不当造成紧迫局面危险的责任大于疏忽瞭望、避碰措施不及时等过失的责任。横越不当构成碰撞根本诱因的,应承担船舶碰撞的主要责任。 ······ 380

No. HS-7.1-8 船舶碰撞互有过失的,对碰撞造成的财产损失,各自根据其过错责任比例承担民事责任,相互对他人不承担连带赔偿责任。 ······ 380

No. HS-7.1-9 船舶所有人对请求其承担责任的有关海事赔偿请求可以依据《中华人民共和国海商法》的规定主张限制赔偿责任,但应向法院提出书面申请。负有责任的当事人不提出海事赔偿责任限制申请的,法院应当视为责任人放弃该项权利。 ······ 380

7.2 海事赔偿责任限制所适用的船舶 ······ 387

3 南通市江海疏浚打捞有限责任公司申请设立海事赔偿责任限制基金案【上海市高级人民法院(2011)沪高民四(海)限字第1号】 ······ 387

No. HS-7.2-1 《中华人民共和国海商法》第十一章"海事赔偿责任限制"中的"船舶"概念与第三条中的"船舶"概念一致,即适用"海事赔偿责任限制"章节的"船舶"应以属于第3条中的"船舶"范围为前提。内河船舶不属于《中华人民共和国海商法》第3条中的"海船"范畴,不可以享受海事赔偿责任限制。 ······ 387

7.3 海事赔偿责任限制适用的主体 ······ 389

7.3.1 承运人是否可以享受海事赔偿责任限制 ······ 389

4 中国人民财产保险股份有限公司东莞市分公司与营口经济技术开发区广海物流有限公司、福州明发船务有限公司海上保险合同代位求偿纠纷案【厦门海事法院(2010)厦海法商初字第36号】 ······ 389

No. HS-7.3-1 承运人如不具备海商法意义上的船舶所有人身份的,其无权享受海事赔偿责任限制。 ······ 389

7.3.2 航次承租人可否享受海事赔偿责任限制 ······ 392

5 华泰财产保险股份有限公司北京分公司与浙江中远国际货运有限公司温州分公司、浙江中远国际货运有限公司海上货物运输合同纠纷案【上海海事法院(2010)沪海法商初字第349号】 ······ 392

No. HS-7.3-2 依据《中华人民共和国海商法》的立法精神,光船租赁、定期租船和航次租船或以其他合法方式进行租赁的承租人均属于"船舶承租人"范畴。航次承租人,且承担整船运输的承运人义务,可以享受海事赔偿责任限制。 ······ 392

> **No. HS-7.3-3** 原告请求判令按贷款利率计付赔偿款项利息的诉请合理,且鉴于中国人民银行自 2000 年 9 月 21 日开始改革我国外币利率管理体制,放开外币贷款利率,根据商业银行的普遍做法,贷款利率以判决生效之日伦敦银行同业拆借利率收盘价为基础再上浮 3% 计算。利息起算时间应从原告首次向被告主张之日即起诉之日起计算为宜。 …… 392

7.3.3 一个事故一个基金原则 …… 399

6 原告长葛市康业废旧物资有限公司与被告泰州市生松船务有限公司、洋浦中良海运有限公司船舶碰撞损害赔偿纠纷案(上海海事法院(2007)沪海法商初字第 549 号) …… 399

> **No. HS-7.3-4** 承运人须对全程运输负责,对货物在运输过程中发生的损失承担损害赔偿责任。当承运人和实际承运人均负有赔偿责任的,应在该项责任范围内承担连带责任。 …… 399

> **No. HS-7.3-5** 当一个事故发生后,只要当事船舶责任方中的一个责任人设立了基金,无论该基金是为多个责任人共同设立还是为一个责任人单独设立,其他与该船舶有关的责任人均可以共同享受该基金设立后的利益。 …… 399

7.3.4 从事中华人民共和国港口之间运输的船舶责任限制问题 …… 403

7 福建省轮船总公司申请设立海事赔偿限制基金案(厦门海事法院(2007)厦海法限字第 3 号) …… 403

> **No. HS-7.3-6** 船舶执行中国港口之间空放预备航次途中发生事故,空放虽然也可归于运输活动的范畴,但该预备航次是为了从事中国与外国港口之间的货物运输进行准备,其直接目的和任务均不在于"从事中华人民共和国港口之间的运输"。因此不适用交通部《关于不满 300 总吨船舶及沿海运输、沿海作业船舶海事赔偿限额的规定》,船舶所有人对事故的责任限额应按《中华人民共和国海商法》规定的标准计算。 …… 403

> **No. HS-7.3-7** 因发生燃油泄露而引发的赔偿责任限制不适用《1992 年国际油污损害民事责任公约议定书》之规定,责任人可以依《中华人民共和国海商法》第十一章的规定,对碰撞事故包括油污所致的赔偿请求提出责任限制。 …… 403

8 中海发展股份有限公司申请设立海事赔偿责任限制基金案(上海市高级人民法院(2008)沪高民四(海)限字第 1 号) …… 407

> **No. HS-7.3-8** 判断船舶是否系"从事中华人民共和国港口之间的运输的船舶",应根据船舶发生海事事故时所正在从事的航次性质来确定,而不应以船舶适航证书上所记载的可航区域确定。船舶具备在近海航行的能力,但如事故发生时,该轮所从事的航次为中华人民共和国港口之间的运输,则其责任限额应该依照交通部《关于不满 300 总吨船舶及沿海运输、沿海作业船舶海事赔偿限额的规定》来计算。 …… 407

⑨ 中海发展股份有限公司货轮公司申请设立海事赔偿责任限制基金案【上海市高级人民法院(2009)沪高民四(海)限字第1号】·················· 409

> **No. HS-7.3-9** 判断船舶是否系"从事中华人民共和国港口之间的运输的船舶",不应以船舶适航证书上所记载的可航区域以及船舶有能力航行的区域来确定。涉案事故发生时船舶从事的是中华人民共和国港口之间的运输,且船舶经主管机关核定的经营范围为"国内沿海及长江中下游各港间普通货物运输"的,其海事赔偿限额应依据交通部《关于不满300总吨船舶及沿海运输、沿海作业船舶海事赔偿限额的规定》来计算。 409

⑩ 上海中化思多而特船务有限公司申请设立海事赔偿责任限制基金案【上海海事法院(2011)沪海法限字第2号】·················· 411

> **No. HS-7.3-10** 船舶营业运输证载明的核定经营范围为"国内沿海及长江中下游成品油船、化学品船运输",且事故时从事的系中华人民共和国港口之间的运输,则其海事赔偿责任限制数额应该依照交通部《关于不满300总吨船舶及沿海运输、沿海作业船舶海事赔偿限额的规定》来计算。 411

7.3.5 侵犯非合同权利行为造成其他损失的赔偿请求 ·················· 413

⑪ 原告福州吉丰船务有限公司与被告大护商船株式会社船舶碰撞损害赔偿纠纷案【青岛海事法院(2009)青海法海事初字第46号】·················· 413

> **No. HS-7.3-11** 沉船所有人因未及时按照约定支付打捞、清除费用而产生的违约金等费用,属于其自行扩大的损失,与碰撞事故并无直接的因果关系,不应获得赔偿。沉船方作为责任人对于残骸的打捞、清除费用的海事请求,不能享受海事赔偿责任限制。但其承担责任后,向对方船舶的责任人进行追偿,对方船舶的责任人可享受海事赔偿责任限制。 413

> **No. HS-7.3-12** 船载货物损失、船员工资及遣散费用均属于《中华人民共和国海商法》第207条第1款第(三)项规定的侵犯非合同权利行为造成其他损失的赔偿请求,属于限制性债权。 413

7.3.6 "先抵销,后限制"规则的适用 ·················· 427

⑫ 原告东部火灾海上保险株式会社与被告瑞克麦斯热那亚航运公司、瑞克麦斯轮船公司船舶碰撞损害赔偿纠纷案【上海海事法院(2007)沪海法海初字第22号】·················· 427

> **No. HS-7.3-13** 享受责任限制的人就同一事故向请求人提出反请求的,双方的请求金额应当相互抵销,赔偿限额仅适用于两个请求金额之间的差额。 427

7.3.7 海事赔偿责任限制的举证责任规则 ········· 432

⑬ 原告上海波蜜食品有限公司与被告上海海华轮船有限公司水路货物运输合同纠纷案【厦门海事法院(2004)厦海法商初字第408号】········· 432

> **No. HS-7.3-14** 关于海事赔偿责任限制的举证责任的一般原则,赔偿请求人应负责举证证明其损失是由于"故意或者明知可能造成损失而轻率地作为或者不作为造成的"。在原告初步完成其举证的情况下,即应由被告提出相反证据,证明自己不存在"故意或者明知可能造成损失而轻率地作为或者不作为造成"的行为,或证明自己虽有故意或明知行为,但与损害后果之间无因果关系。不能证明的,责任人便不能限制赔偿责任。 432

7.3.8 拖带运输方式的责任限制数额计算 ········· 441

⑭ 上海信达机械有限公司与上海港复兴船务公司海上货物运输合同纠纷案【上海海事法院(2010)沪海法商初字第1221号】········· 441

> **No. HS-7.3-15** 货物被装载于舱面时,承运人免责仅指单纯因舱面货特殊风险引起损失免责,并不意味着免除其应当履行的保证船舶适航及管理货物等义务。拖带运输中,船长在收到风力大于适拖证书允许风力气象预报的情况下,轻率决定开航导致途中遭遇超过安全航行限制的风力而发生事故,承运人不能援引舱面货免责。 441

> **No. HS-7.3-16** 拖带运输方式的沿海运输,特点是拖轮加驳船,两船是一个整体,缺少任何一个都不能构成有效的运输。因此,海事赔偿责任限制应当将两轮加起来一起计算更为合理。 441

7.3.9 海事赔偿责任限制权利的丧失 ········· 447

⑮ 原告琼海龙大橡胶贸易有限公司与被告湛江市沧海船务有限公司、广州市港信航务实业有限公司船舶碰撞货损赔偿纠纷案【广州海事法院(2003)广海法初字第247号】········· 447

> **No. HS-7.3-17** 船舶虽然配员不当,但事故发生时配员不当和碰撞事故没有因果关系的,不能认为损失是责任人故意或明知可能造成损失而轻率地作为或不作为造成的,不影响其享受海事赔偿责任限制权利。 447

> **No. HS-7.3-18** 虽然已经设立了海事赔偿责任限制基金,不能再扣押责任人的船舶,但是否具有船舶优先权与是否能实现船舶优先权是两个不同的法律问题,不能因无法实现船舶优先权而否定原告依法享有的权利。 447

> **No. HS-7.3-19** 船舶优先权应当通过法院扣押产生优先权的船舶行使,满1年不行使的,其船舶优先权消灭。 447

⑯ 原告中交第二航务工程勘察设计院与被告华通海运有限公司等船舶触碰损害赔偿纠纷案【武汉海事法院(2005)武海法事字第30号】················ 454

> **No. HS-7.3-20** 光船承租人承担相应的侵权责任,是基于其对船舶的经营、管理、控制行为与其在营运过程中造成的财产损失具有法律上的因果关系。因此,船舶触碰码头的侵权责任应由光船承租人负担。 ········· 454

> **No. HS-7.3-21** 海事赔偿责任限制主体在事故中有重大过失的,丧失责任限制权利。 ········· 454

⑰ 上诉人福建省泉州市丰泽船务有限公司与被上诉人南京兴安航运有限公司船舶碰撞损害赔偿纠纷案【福建省高级人民法院(2009)闽民终字第655号】······ 459

> **No. HS-7.3-22** 船舶所有人是最低安全配员的责任人,其不仅有为船舶配备合格船员、履行安全配员的法定义务,而且对船员的配备情况也应当是知情的。船舶没有履行最低安全配员的法定义务,而碰撞事故的发生又与船舶船员不适任、配员严重不足有因果关系,则该事故属于责任人的故意或者明知可能造成损失而轻率地作为或者不作为造成,责任人无权依照规定限制赔偿责任。 ········· 459

⑱ 原告祝峰与被告福州明发船务有限公司海上货物运输合同纠纷案【厦门海事法院(2010)厦海法商初字第6号】················ 464

> **No. HS-7.3-23** 责任人丧失海事赔偿责任限制的条件为:经证明,损失是由于责任人的故意或者明知可能造成损失而轻率地作为或者不作为造成的。船舶海损事故是恶劣海况和船舶操纵不当,以及该轮未充分考虑集装箱船舶装载特点所致。但这些原因不足以认定责任人对本起海损事故存在"故意或者明知"的主观过错,不影响责任人享受海事赔偿责任限制。 ········· 464

7.3.10 "有适用"的问题 ················ 467

⑲ 上诉人中国人民财产保险股份有限公司厦门市分公司与被上诉人泉州安盛船务有限公司等申请设立海事赔偿责任限制基金纠纷案【福建省高级人民法院(2010)闽民终字第111号】················ 467

> **No. HS-7.3-24** 《关于不满300总吨船舶及沿海运输、沿海作业船舶海事赔偿责任限额的规定》第5条规定中的"有适用",应理解为"有申请适用"。 ········· 467

7.3.11 沉船打捞费用追偿下的责任限制问题 ················ 469

⑳ 原告(反诉被告)广西钦州市桂钦船务有限责任公司与被告(反诉原告)厦门鸿祥轮船有限公司船舶碰撞损害赔偿纠纷案【宁波海事法院(2007)甬海法事初字第17号】················ 469

> **No. HS-7.3-25** 碰撞一方追偿的打捞清障费,对于碰撞对方而言属于限制性债权;海事赔偿责任限制应当先冲抵后限制。在冲抵之时,对非限制性债权应予剔除。 469

> **No. HS-7.3-26** 在设立海事赔偿责任限制基金的情况下,船舶优先权不再适用。船舶灭失的,船舶优先权消灭。 469

㉑ 上诉人大连东方国润海运有限责任公司与被上诉人南京康瑞水陆联运有限公司船舶碰撞损害赔偿纠纷案【浙江省高级人民法院(2011)浙海终字第23号】 …… 475

> **No. HS-7.3-27** 船舶碰撞案中沉船所有人与第三人约定的沉船打捞费用,对没有沉没的另一方船舶所有人而言,依然属于限制性债权。在非沉船船舶所有人已经设立海事赔偿责任限制基金的情况下,其支付与沉船船东的预付打捞费,依法可以请求返还。 475

㉒ 原告黄某某、惠州市某某船务有限公司与被告洞头县某某海运有限公司船舶碰撞损害责任纠纷案【广州海事法院(2012)广海法初字37号】 ……… 479

> **No. HS-7.3-28** 《中华人民共和国海商法》第207条规定的可以限制赔偿责任的海事赔偿请求不包括因沉没、遇难、搁浅或者被弃船舶的起浮、清除、拆毁或者使之无害提起的索赔,或者因船上货物的清除、拆毁或者使之无害提起的索赔。由于船舶碰撞致使责任人遭受前款规定的索赔,责任人就因此产生的损失向对方船舶追偿时,被请求人主张依据《中华人民共和国海商法》第207条的规定限制赔偿责任的,人民法院应予支持。 479

船舶船员卷

1. 船舶代理合同纠纷 …………………………………………………… 001
1.1 船舶代理人放货纠纷 ………………………………………………… 001

1 上诉人三星洛基克斯公司与被上诉人五矿船务代理有限责任公司、五矿船务代理有限责任公司日照分公司船舶代理合同纠纷案【山东省高级人民法院(2007)鲁民四终字第101号】…………………………………………… 001

> **No. CB-1.1-1** 委托人将承载的货物到达目的港后的放货事宜委托给船舶代理人,没有关于要求船舶代理人放货前需请示或通知委托人的约定,因此在货物卸载后,船舶代理人将货物交付给持有正本提单的收货人,不存在过错。委托人于放货完毕后要求船舶代理人留置货物,因货物已经不在船舶代理人的控制之下,失去将货物留置的条件,船舶代理人不应对此向委托人承担赔偿责任。 001

2 原告中国工商银行汕头市韩江支行与被告中国汕头外轮代理公司无正本提单交货纠纷案【广州海事法院(2000)广海法汕字第15号】………………… 003

> **No. CB-1.1-2** 垫付信用证项下货款的开证行选择以无正本提单交货侵权为诉因提起诉讼,没有违反法律规定,法院予以采纳。 003

> **No. CB-1.1-3** 提单依据信用证交易通常程序流转,在开证申请人未付款赎单的情况下,提单作为债权担保而为开证行所占有,开证行对提单享有质权。开证行是受开证申请人的委托而与受益人建立信用证关系的,开证行垫付货款接受提单应视为其代表开证申请人而为,故从受益人角度而言,货物所有权已经转移为开证申请人享有。但是开证申请人只有通过付款赎单、合法持有提单,才享有完整的提单项下的物权。开证申请人付款赎单前,应确认开证行是提单的合法持有人,对提单享有质权。在权利质押的法律关系中,开证行是质权人,开证申请人是出质人,质押的标的是提单。开证行可以在开证申请人不履行债务时凭提单提货,并与开证申请人协议将提取的货物用于清偿所担保的债权。开证申请人在与开证行签订《进口押汇协议》时,已经凭保函提取了提单项下的全部货物,开证行已无法实现提单的质权。开证申请人无单提货后又与开证行签订《进口押汇协议》,是一种欺诈行为,法院认定《进口押汇协议》无效。开证行实际上是为开证申请人垫付了信用证款项,开证申请人应向其偿还垫付的信用证款项。 003

> **No. CB-1.1-4** 承运人的船务代理作为专业公司,在未收回正本提单的情况下,擅自接受收货人(开证申请人)的保函放货,造成开证行合法持有正本提单而不能依法提取或控制货物,侵害了开证行对提单所享有的质权,应当对此产生的法律后果承担赔偿责任,赔偿开证行因此无法通过实现提单质权而获得开证申请人尚未偿付的信用证代垫款及垫付信用证项下货款之日起算的利息。 004

1.2 船舶代理人签发提单纠纷 ··· 007

3 原告寰宇租船公司与被告中国湛江外轮代理公司船舶代理合同纠纷案【广州海事法院(2000)广海法湛字第46号】·· 007

> **No. CB-1.2-1** 对于涉外船舶代理合同纠纷,因当事人没有选择本案实体争议所适用的法律,且涉案货物运输的装货港以及被告所在地均位于中国,根据《中华人民共和国民法通则》第145条第2款规定的最密切联系原则,适用中国法律处理实体争议。 ········ 007

> **No. CB-1.2-2** 委托人通过代理人委托船舶代理人作为期租船舶的船舶代理,船舶代理人接受委托,双方委托代理合同成立。代理人不履行职责而给被代理人造成损害的,应当承担民事责任。委托人有权指示船舶代理人在尚未收到应收运费的情况下,拒绝签发运费预付提单。虽然此前委托人曾指示船舶代理签发提单,但提单被收回后,委托人有权重新指示船舶代理人拒绝签发,船舶代理人应当按照委托人新的指示不予签发,但船舶代理人未尽代理职责,擅自向托运人签发运费预付提单,超越代理人的代理权限,应当承担违约责任。因其向托运人签发运费预付提单,视为船舶代理已收取了提单项下货物的运费,应将运费赔付委托人。 ········ 008

1.3 代理办理远洋渔业捕捞许可证 ··· 011

4 上诉人珲春市瑞达贸易有限公司与被上诉人杨由发船舶代理合同纠纷案【山东省高级人民法院(2007)鲁民四终字第50号】·· 011

> **No. CB-1.3-1** 根据《中华人民共和国渔业法》的规定,到他国管辖海域从事捕捞的,国家实施许可证管理。农业部《远洋渔业管理规定》第7条要求"到他国专属经济区作业的,应当提供与外方的合作协议或他国政府主管部门同意入渔的证明、我驻项目所在国使(领)馆的意见,代理开展远洋渔业项目的主体需向相关部门提交代理协议并申请相关项目审批"。该程序性要求系代理人办理批准手续所必须遵守的。在本案合同未办理中朝两国政府审批手续的情况下,当事人无视合同的明确约定,明知远洋捕捞行为违法,仍然共同赴朝捕捞,该行为对合同的主要内容实施了变更。该变更及履行行为因违反《中华人民共和国渔业法》及其他法律的强制性规定而无效,由此产生的损失,法院根据我国法律关于无效合同的规定处理。 ········ 011

1.4 船舶代理人管理船舶资料不当 ··· 017

5 原告福州成明贸易有限公司与被告珠海经济特区长源船务企业有限公司船舶挂靠、代管合同纠纷案【广州海事法院(2001)广海法商字第12号】·· 017

> **No. CB-1.4-1** 船舶挂靠及代管单位未经同意擅自将船舶资料提供给他人使用,损害了船舶资料所有人的合法权益,应承担相应的民事责任,在船舶挂靠及代管单位已无法返还船舶资料的情况下,应向船舶资料的所有人支付船舶资料的受让费。 ········ 017

6 再审申请人东宁县华埠经济贸易公司与原审上诉人威海外运、威海原木材公司船舶进口代理合同、废钢船买卖合同纠纷案【最高人民法院（2000）交提字第 3 号】 ········· 021

> **No. CB-1.4-2** 依据《中华人民共和国和俄罗斯联邦关于民事和刑事司法协助的条约》第 29 条的规定，在俄国境内制作的官方文件、经俄国法院或者主管机关制作或证明的文书，只要经过签署和正式盖章即为有效。故俄罗斯航海船舶登记局签署的文件和公证人签署证明的文件，无须公证认证，即可作为证据使用。 ········· 021

> **No. CB-1.4-3** 本案是基于其与代理人的代理合同及与买方的船舶买卖合同而发生的船舶进口代理合同和国内废钢船买卖合同纠纷，当事人和合同事实均在中国境内，应适用中国的法律。因涉案船系从俄罗斯联邦共和国进口，部分证据源于该国，有关船舶所有权的转移及源于该国证据的效力，应当适用中国与俄罗斯的双边条约。 ········· 021

> **No. CB-1.4-4** 依据最高人民法院《关于在审理经济纠纷案件中涉及经济犯罪嫌疑若干问题的规定》第 1 条的规定，同一公民、法人或其他经济组织因不同的法律事实，分别涉及经济纠纷和经济犯罪嫌疑的，经济纠纷案件和经济犯罪嫌疑案件应当分开审理，故经济纠纷案件的涉案人员有犯罪嫌疑，也不影响其依据合法有效的合同法律关系维护自己的合法权益，对相关责任人提起诉讼，法院对民事纠纷仍然可以审理。 ········· 021

> **No. CB-1.4-5** 代理人在履行代理义务时，维护委托人的合法权益是其默示的基本义务。船舶代理及进口货物代理，有义务履行受委托的全部船舶代理和办理货物进口手续等事项，并交付形成或获取的相关文件资料，不得以委托人未给付代理费而拒绝向其交付相关文件资料。代理人拒不向委托人交付资料，反而将有关资料交予他人，违反了代理合同的约定，应当承担由此产生的损害后果。 ········· 021

> **No. CB-1.4-6** 代理人与他人恶意串通，损害委托人的利益，依据《中华人民共和国民法通则》第 66 条第 2 款、第 3 款的规定，应当与侵权人共负连带民事赔偿责任。 ········· 021

2. 船舶抵押权纠纷 ········· 033

2.1 担保期间 ········· 033

1 原告中国工商银行股份有限公司宁波某支行与被告恒某某航运有限公司船舶抵押合同纠纷案【宁波海事法院（2011）甬海法商初字第 229 号】 ········· 033

> **No. CB-2.1-1** 巴拿马法律难以查明，法院根据最密切联系原则适用中国法。 ········· 033

> **No. CB-2.1-2** 当事人约定的或者登记部门要求登记的担保期间，对担保物权的存续与否不具有法律约束力。 ········· 033

> **No. CB-2.1-3** 法院判决认定船舶抵押权的担保人承担担保责任,而且认定具体数额以其他法院生效的判决书为准。 033

2.2 船舶抵押权人的追及权 036

2 原告奉化市桐照农村信用合作社与被告林汉章船舶抵押借款合同纠纷案【宁波海事法院(2001)甬海商初字第27号】 036

> **No. CB-2.2-1** 未经船舶抵押权人同意转卖船舶,而受让人也没有代被告清偿合同债务,法院支持船舶抵押权人行使抵押权并优先受偿。 036

2.3 船舶抵押权人转让债权 037

3 申请再审人浙江国联港务工程股份有限公司与被申请人杭州蓝海港务工程有限公司船舶抵押借款合同纠纷案【浙江省高级人民法院(2009)浙海提字第1号】 037

> **No. CB-2.3-1** 债权人可以将合同的权利全部或部分转让给第三人,但根据合同性质不得转让、按照当事人的约定不得转让或依照法律规定不得转让的除外。由于我国金融机构属于许可证管理制度管理,中国人民银行《关于商业银行借款合同项下债务转让有关问题的批复》明确规定,商业银行未经许可,不得将其债权转让给非金融企业,否则该债权转让合同无效。 037

2.4 船舶最高额抵押借款合同纠纷 041

4 原告宁波市商业银行股份有限公司北仑支行与被告中宇浙江疏浚工程有限公司、赵军、沈国庆、阮惠利船舶抵押借款合同欠款纠纷案【宁波海事法院(2007)甬海法商初字第55号】 041

> **No. CB-2.4-1** 船舶抵押权人与抵押人签订的最高额抵押合同约定了最高债权限额,该限额包括本金、利息、逾期利息等。超过限额之外的债权,抵押权人对抵押的船舶不具有优先受偿权。 041

> **No. CB-2.4-2** 船舶抵押权合同约定,抵押人的法定代表人更换,或者抵押人未及时偿付任何一期欠款,抵押权人有权提前收回全部贷款,并要求抵押人支付相应的利息、复利、逾期罚息。该约定不违反法律的规定,法院予以支持。 041

2.5 船舶抵押权的从属性 045

5 原告科纳银行诉被告江门市银湖拆船有限公司、澳大利亚五矿公司、广东省金属回收公司船舶抵押权纠纷案【广州海事法院(2010)广海法初字第737号】 ... 045

> **No. CB-2.5-1** 船舶抵押权是从权利,依附于它所担保的主债权而存在,因此主债权是否存在,是抵押权人行使船舶抵押权的先决条件。　　045

> **No. CB-2.5-2** 船舶登记证书、卖契没有记载船舶抵押权,故船舶买受人应当认定为善意买受人,船舶抵押权人不能行使追及权,不能否认船舶转让的效力。　　045

⑥ 原告中海国贸(广州)有限公司与被告广州新公铁运输服务有限公司船舶购买和管理服务合同纠纷案【广州海事法院(2001)广海法初字第 79 号】 …… 049

> **No. CB-2.5-3** 船舶购买和管理服务合同项下的船舶在国外登记注册,具有涉外因素。因各方当事人的住所地、合同签订地以及合同履行地均在中国,依据《中华人民共和国民法通则》第 145 条规定的最密切联系原则,应当适用中国法律处理实体争议。　　049

> **No. CB-2.5-4** 《中华人民共和国商业银行法》第 11 条第 2 款规定,未经中国人民银行批准,任何单位和个人不得从事吸收公众存款等商业银行业务。企业法人间签订的《船舶购买和管理服务合同》包括资金垫付和提供技术咨询服务两项内容。资金垫付行为实为企业间借贷。因垫付款的企业法人不具备经营金融业务的资格,双方的借贷行为违反法律规定,法院确认资金垫付部分的合同无效(不影响技术咨询服务部分的效力)。垫付企业垫付的本金应由受益者偿还,合同中约定的资金占用费,实质属于约定的借贷利息,依法予以收缴,上缴国库。担保人以其所属船舶提供的抵押担保以及提供的保证担保,因系为无效的企业间借贷所作担保,应认定无效。根据《中华人民共和国担保法》第 5 条第 2 款关于担保合同被确认为无效后,债权人、债务人、担保人均有过错的,应当根据其过错各自承担相应的民事责任的规定,因各方当事人对该担保均有过错,应分担相应的责任。　　049

2.6 船舶拍卖对船舶抵押权的影响 ………………………………………… 052

⑦ 原告北欧商业银行—欧洲银行与被告佛他贸易有限公司船舶抵押权纠纷案【天津海事法院(2005)津海法商初字第 401 号】 ………………… 052

> **No. CB-2.6-1** 朝鲜法院拍卖船舶的法律事实已经发生且被朝鲜法院的法律文书所证明,虽然当事人否认朝鲜法院拍卖程序的合法性,但不能否认朝鲜法院强制拍卖船舶的法律事实。根据《中华人民共和国海商法》的规定,依法拍卖并从拍卖价款中优先受偿是实现船舶抵押权的唯一途径,船舶抵押权未在朝鲜法院拍卖时主张并实现,丧失了实现抵押权的唯一机会。　　052

3. 船舶所有权纠纷 …… 057

3.1 未经抵押权人同意的船舶转让 …… 057

1 原告阮维昌、阮维潮、张舟为与被告张亚寿船舶权属纠纷案【广州海事法院（2008）广海法初字第381号】…… 057

> **No. CB-3.1-1** 船舶抵押权设定后，未经抵押权人同意，抵押人不得将被抵押船舶转让给他人。由于事前未取得抵押权人同意，船舶所有权人不得将其所有的被抵押船舶转让给他人，但受让人代为清偿债务消灭抵押权的除外。 …… 057

2 原告杭州联合农村合作银行周浦支行与被告邵雪良船舶所有权纠纷案【宁波海事法院（2009）甬海法事初字第23号】…… 060

> **No. CB-3.1-2** 最高额抵押借款合同办了具有强制执行效力的公证书，抵押权人有权根据执行证书确定的执行标的，申请法院强制执行。 …… 060

> **No. CB-3.1-3** 在法院执行过程中，船舶买方对执行提出异议，但是由于该船舶转让未征得抵押权人的同意，且未办理船舶过户登记手续，故船舶抵押权人的权利不受船舶转让的影响。 …… 060

3.2 船舶所有权的物上请求权 …… 062

3 原告何世福、何观仁、何洪达诉被告梁光民、湛江市捷海砂石工程有限公司船舶权属纠纷案【广州海事法院（2008）广海法初字第150号】…… 062

> **No. CB-3.2-1** 物权请求权不适用诉讼时效。 …… 062

> **No. CB-3.2-2** 船舶所有权的转让应当向船舶登记机关登记，未办理所有权登记的，不能对抗第三人。但是，第三人亦不得侵害这种所有权，或妨碍所有权人合法行使对船舶占有、使用、收益、处分的权利。 …… 062

4 原告陈昌根、张国恒与被告徐振石、吴美火、宋昌华、郑建国、陈云国、孔海丰、杨仁德船舶所有权侵权纠纷案【宁波海事法院（2007）甬海法事初字第50号】…… 066

> **No. CB-3.2-3** 船舶所有人以侵权为由起诉，无权主张依据船舶租赁合同之中的违约金条款计算船期损失，但是可以参照船舶租金的标准计算船期损失。 …… 066

> **No. CB-3.2-4** 侵害船舶所有权的侵权人应当负责返还船舶，并赔偿船舶所有人的船期损失。 …… 066

3.3 船舶所有权登记的对抗效力 …… 069

5 上诉人周绍利与被上诉人周海艳船舶所有权确认纠纷案【天津市高级人民法院(2010)津高民四终字第22号】…… 069

> **No. CB-3.3-1** 当事人双方合意将涉案船舶登记在一方(登记船东)名下,但这并不代表真实的物权关系,另一方(真正的船东)对船舶所有权的行使不能对抗第三人。真正的船东作为所有权人,有权申请变更和申领船舶相关证书,法院有权作出确权判决,并要求登记船东对此提供协助船舶相关证书的变更和申领手续。 …… 069

6 上诉人 Sealink Sdn Bhd(西林克公司)、Era Surplus Sdn Bhd(易拉公司)与被上诉人绍兴天龙进出口有限公司船舶所有权侵权纠纷案【浙江省高级人民法院(2008)浙民四终字第48号】…… 072

> **No. CB-3.3-2** 船舶等物权的设立、变更、转让和消灭,未经登记,不得对抗善意第三人。而涉案船舶在被申请扣押时,虽然所有权已经移转,但因未经登记,不产生物权的公示效力。因此,申请扣押船舶的行为不具有主观上的过错,申请人不应承担经济赔偿的过错责任。 …… 072

7 上诉人周青顺与被上诉人戎松堂、原审被告贝红明船舶所有权侵权纠纷案【浙江省高级人民法院(2009)浙海终字第53号】…… 077

> **No. CB-3.3-3** 船舶承租人未经船舶所有人许可,擅自将涉案船舶出卖,属于无权处分,侵犯了船舶所有权,应当承担赔偿责任。所签订的船舶买卖合同系无效合同。 …… 077

> **No. CB-3.3-4** 在购买涉案船舶时,第三人没有查询所有权归属情况,存在主观过错,不符合善意第三人的法定要件,不能取得涉案船舶的所有权。第三人购买涉案船舶并将其拆解,侵犯了船舶所有权,系共同侵权,应当与无权处分人承担连带赔偿责任。 …… 077

3.4 船舶共有纠纷 …… 079

8 原告潘大庚、王金保、郑军法与被告王仙寿、杨智慧、连云港星环贸易有限公司船舶所有权纠纷案【宁波海事法院(2011)甬海法台事初字第2号】…… 079

> **No. CB-3.4-1** 对共有船舶的转让,如未经2/3船舶所有权人同意,该转让属于无权处分。 …… 079

> **No. CB-3.4-2** 无权处分人与第三人恶意签订船舶买卖合同,且有权处分之人未追认合同效力,该合同自始无效。即使双方当事人对合同效力均无异议,法院也有权主动审查。 …… 079

9 原告张某某与被告宁波某围垦工程有限公司船舶共有纠纷案【宁波海事法院(2011)甬海法商初字第 306 号】·············· 080

> **No. CB-3.4-3** 当事人签订合伙经营协议。一方当事人认为双方实为借款合同关系的,应就其主张承担举证责任。当事人不能证明双方系借款合同关系,亦未主张退伙清算的,法院判决驳回原告的还款诉请。 080

4. 船舶建造合同纠纷 ·············· 083

4.1 船舶建造合同的合同效力 ·············· 083

1 原告桂平市城厢第二水运公司诉被告广西壮族自治区桂平船厂船舶建造质量损害赔偿纠纷案【广州海事法院(2004)广海法初字第 264 号】·············· 083

> **No. CB-4.1-1** 涉案船舶改建是根据《中华人民共和国船舶和海上设施检验条例》(1993 年)的规定,中国籍船舶的所有人或者经营人在建造或者改建船舶时必须向船舶检验机构申请建造检验。未及时办理申请手续的,船舶改建合同属于效力待定合同。根据最高院合同法有关司法解释,在一审法庭辩论终结前仍未办理批准手续的,该合同未生效。故双方当事人应当根据各自的过错比例,分担船舶沉没的事故损失。 083

2 上诉人富阳市天旺煤炭有限公司与上诉人宁波宇顺船舶有限公司船舶建造合同纠纷案【浙江省高级人民法院(2009)浙海终字第 2 号】·············· 092

> **No. CB-4.1-2** 当事人超越经营范围订立合同,人民法院不因此认定合同无效。但违反国家限制经营、特许经营以及法律、行政法规禁止经营规定的除外。而船舶建造不属于国家限制经营、特许经营以及法律、行政法规禁止经营的行业,故超越经营范围订立合同并不导致合同无效。而且,涉案船舶最终由有资质的造船厂实际建造。法院认定船舶建造合同有效。 092

> **No. CB-4.1-3** 船舶建造合同的根本目的是建造一艘质量合格的船舶,而实际建造船舶的船厂具备造船资质,取得了主管部门的建造许可,合同已实际履行。因此,签订造船合同的承揽人不具有造船资质,不构成根本违约。 092

3 原告广州渔轮厂与被告阳江市江城阳兴渔业有限责任公司、冯祖兴船舶建造合同纠纷案【广州海事法院(2000)广海法商字第 99 号】·············· 097

> **No. CB-4.1-4** 《建造合同》是双方当事人真实、一致的意思表示,虽然没有按照合同约定办理律师见证手续,但双方当事人确认了合同内容,船厂已经履行了合同义务,定作人在合同履行期间并未对合同效力提出异议,实际接受了船厂建造的船舶,而且在接船后与船厂进行结算并支付了部分造船款项,故法院认定建造合同合法有效,对双方有约束力。船厂履行了合同约定的交船义务,定作人应依约支付造船款。 097

No. CB-4.1-5 船厂与定作人签订的《抵押合同》已依约由双方法定代表人签字,加盖单位公章或合同专用章,且该合同的主合同《建造合同》具有法律效力,故《抵押合同》合法有效,作为抵押物的船舶交付后,登记船舶所有人与船厂办理了船舶抵押权登记手续,可以推定登记船舶所有人继受了《抵押合同》之中的定作人义务。因定作人逾期未履行债务,船厂有权依法对登记船舶所有人所属的船舶行使船舶抵押权。 ………………………………………………………… 098

4.2 建造中船舶所有权的认定 …………………………………………… 102

4 原告 Sealink Sdn Bhd、Era Surplus Bhd 与被告绍兴天龙进出口有限公司、浙江天龙进出口贸易有限公司船舶所有权侵权纠纷案【宁波海事法院(2006)甬海法事初字第 5 号】………………………………………………………… 102

No. CB-4.2-1 确认船舶的所有权状况,应首先核实船舶所有权登记。对于建造中船舶、未进行所有权登记的,应该根据船舶建造合同各方当事人的合意确定所有权归属。 ………………………………………………………… 102

No. CB-4.2-2 当事人提交的律师意见书、法条摘录、案例、学理著作等,是查明外国法的途径之一。 ………………………………………………………… 102

No. CB-4.2-3 船舶建造(买卖)合同之外的第三人错误扣押船舶,当事人主张船期损失参考船舶建造(买卖)合同中的逾期交船违约金标准予以确定,对方当事人不能提交反证予以反驳的,人民法院可予以支持。 ……………………… 102

5 原告嘉某有限公司与被告广东江门某有限公司船舶权属纠纷【广州海事法院(2012)广海法初字第 272 号】………………………………………… 108

No. CB-4.2-4 对在建船舶起诉确认船舶所有权的,可以结合船舶建造合同交接协议、设备材料提供方等因素,综合认定船舶建造合同的约定。 ……… 108

No. CB-4.2-5 在建船舶已经下水,即可认定为海上移动式装置即海商法上之船舶。船名在船身上已作标记,并且具有国际海事组织的编号,可以识别,法院认定该轮可以成为法律上的独立物予以确权。 ………………………………… 108

4.3 船舶建造的合同性质及法律适用 …………………………………… 111

6 原告南通友好海运有限公司与被告无锡市安泰动力机械有限公司、浙江华夏船舶制造有限公司船舶建造合同违约赔偿纠纷案【宁波海事法院(2009)甬海法商初字第 55 号】……………………………………………………………… 111

No. CB-4.3-1 船舶建造合同属于合同法中的承揽合同,且应当适用《产品质量法》。 ……………………………………………………………………… 111

No. CB-4.3-2 船舶定作人有权选择船舶主机的生产商或者销售商(船舶建造人)承担船舶主机的赔偿责任,但是无权主张二者承担连带责任。 …… 111

No. CB-4.3-3 超过船舶建造合同的质量保证期,船舶主机的生产商仍然应当对船舶主机损坏及船舶定作人的船期损失等损失承担最终赔偿责任。 …… 111

4.4 船舶建造合同的履行抗辩权 …… 115

7 上诉人福州浩航船务有限公司与上诉人浙江七里港船业有限公司、原审被告陈华平船舶建造合同纠纷案【浙江省高级人民法院(2011)浙海终字第33号】 … 115

No. CB-4.4-1 涉案船舶的定作人虽然提出未完全履行付款义务系行使先履行抗辩权,但抗辩权行使的目的在于对抗请求权,而涉案承揽人在诉讼前未请求定作人向其支付剩余的造船款,故定作人不能主张先履行抗辩权,从而拒付船款。 …… 115

No. CB-4.4-2 定作人未按合同约定付款构成违约,承揽人在定作人未按期支付造船款的情况下,自行垫资将船舶建造完毕并转售,有权向定作人主张船舶价款的差价损失。 …… 116

No. CB-4.4-3 金融危机属于正常商业风险,应当能够预见,不适用最高人民法院《关于适用〈中华人民共和国合同法〉若干问题的解释(二)》第26条规定的情势变更。 …… 116

4.5 船舶建造合同的损害赔偿 …… 122

8 上诉人福建国航远洋运输(集团)股份有限公司与上诉人武汉国裕物流产业集团有限公司、扬州国裕船舶建造有限公司船舶建造合同纠纷案【福建省高级人民法院(2010)闽民终字第419号】 …… 122

No. CB-4.5-1 涉案船舶建造合同仅约定了交船如果超过约定日期90天,买方有权选择弃船并要求退还预付款及支付约定利息,除此之外,并未约定其他影响合同目的实现的违约情形。法院认为,本案判断卖方船舶建造人是否构成根本性违约的标准,是卖方是否存在延期交船超过90天的事实。 …… 122

No. CB-4.5-2 船东应当预见到船舶建造人在船舶建造完成后可获得一定的利润,因此,法院判决保护可得利益的损失。在船舶建造人不提供证据的情况下,法院依职权调取船舶建造人的年检报告书,并基于其中损益表反映的经营利润情况,确定其可得利益的损失数额。 …… 122

4.6 船舶建造合同的佣金 …… 132

9 上诉人上海电气国际经济贸易有限公司、上海华利船舶工程有限公司与被上诉人格雷格航运公司船舶建造佣金合同纠纷案【上海市高级人民法院(2011)沪高民四(海)终字第160号】 …… 132

No. CB-4.6-1 本案系船舶建造佣金合同纠纷，经纪人并未在中国注册，没有取得从事经纪业务的资格。但是，涉案船舶建造合同的当事人不在同一国家，属于跨国居间服务。经纪人作为居间人订立合同、收取费用的行为符合国际商事惯例。合同合法有效。 …… 132

No. CB-4.6-2 船舶建造合同由于当事人的违约而解除，除非另有合同约定，否则合同解除不能减免当事人支付居间费的法律责任。 …… 132

5. 船舶买卖合同纠纷 …… 141

5.1 船舶买卖合同的效力及解除 …… 141

1 上诉人浙江海宇疏浚工程有限公司与被上诉人陈刚、傅明丰、郑怀洪、张宏光等船舶买卖合同违约赔偿纠纷案【浙江省高级人民法院（2009）浙海终字第39号】 …… 141

No. CB-5.1-1 船舶买方提出，涉案船舶是300立方米绞吸式挖泥船且是内河船舶，与《船舶买卖合同》约定的2 000立方米挖泥船不符，并且，请求解除《船舶买卖合同》。法院查明，本案当事人以现状交付船舶，不符合海上航行施工要求，而且，船舶卖方不能出具符合约定的证书和船舶国籍证书。经查，涉案船舶是改装船舶，改装尚未结束，而且船舶卖方已经实地上船检验，因此，原有的船舶检验证书并不具有实质意义，须待船舶改装完毕后经相关船检部门检验后才能出具船检验证书。法院认定，即使现状交付的船舶与船舶检验证书的汇载差异较大，船舶买方也无权因此解除合同。 …… 141

2 原告卓平与被告黄卫群船舶买卖合同纠纷案【厦门海事法院（2012）厦海法商初字第88号】 …… 144

No. CB-5.1-2 违反《中华人民共和国海商法》关于船舶买卖合同应当以书面形式订立的规定，并不必然导致合同无效，当事人未采用书面形式但一方已经履行主要义务而对方接受的，该合同成立。 …… 144

3 上诉人宏源国际海运有限公司与被上诉人五星锦绣海运有限公司船舶买卖合同纠纷案【上海市高级人民法院（2012）沪高民四（海）终字第40号】 …… 146

No. CB-5.1-3 废钢船买卖合同区别于普通二手船买卖合同，即便船舶不符合适航条件，也不阻碍合同目的的实现，故船舶不适航不构成根本违约。 …… 146

4 原告上海远宏游艇销售服务有限公司与被告上海混沌投资有限公司船舶买卖合同纠纷案【上海海事法院（2011）沪海法商初字第797号】 …… 155

No. CB-5.1-4 国内企业之间订立的船舶买卖合同，不应以欧元结算。国内交易以外币结算是被《中华人民共和国外汇管理条例》禁止的，故法院不保护相应的汇率损失。 …… 155

5 原告李树怀等与被告顺德市勒流镇扶间建联船舶修造厂船舶买卖合同纠纷案【广州海事法院(2000)广海法商字第116号】 ················ 157

> **No. CB-5.1-5** 《购船合约》的卖方未违反国家限制经营、特许经营以及法律、行政法规禁止经营的规定,故合同不因卖方超越经营范围而无效。 157

> **No. CB-5.1-6** 因卖方已无法依约定办理船舶行驶港澳航线的有关手续,也没有交付船舶,构成根本性违约,导致《购船合约》的合同目的无法实现,符合合同解除的条件。买方有权解除本案《购船合约》,卖方应返还购船款,同时依约支付违约金。 157

5.2 船舶交付争议 ················ 160

6 上诉人吴其华等与被上诉人高体雄、高学华船舶买卖合同纠纷案【福建省高级人民法院(2011)闽民终字第168号】 ················ 160

> **No. CB-5.2-1** 《船舶买卖合同》虽未以具体条款约定船舶的建造日期,而是按现状交付,但附随船舶的《海上船舶检验证书簿》记载的建造完工年份,是衡量船舶现有价值的重要指标之一,也是买卖双方在交易过程中需要考虑的关键因素之一。卖方向买方交付的《海上船舶检验证书簿》记载船舶建造年份的行为,可视为其保证该船舶符合船舶检验证书上的检验结果。卖方交付船舶实际的船舶建造日期和《海上船舶检验证书簿》记载的日期不一致的,买方可以以重大误解为由申请撤销合同。 160

7 原告李智洪与被告石德友船舶买卖合同纠纷案【广州海事法院(2001)广海法初字第279号】 ················ 169

> **No. CB-5.2-2** 船舶买卖合同的卖方在交船之时,应负责使船舶符合适航状态。由于交船时船舶适航证书过期导致船舶无法营运的,卖方应当承担违约责任。 169

8 原告(反诉被告)林梅友与被告(反诉原告)梁美玲、周余良、管华平船舶买卖合同纠纷案【广州海事法院(1999)广海法深字第102号】 ················ 172

> **No. CB-5.2-3** 在交付船舶时,卖方应该按合同的约定交付船舶附随的证书。卖方交付了伪造的《船舶检验证书簿》,无论其是否知道伪造,其交付不真实证书的行为构成违约,应当赔偿由于其提供伪造证书给买方造成的损失。但是,由于伪造的证书本身并没有影响涉案船舶营运,没有给买方造成损失。买方要求卖方赔偿的整改费用、停航损失和码头费用与伪造证书本身无任何因果关系,不应支持。 172

No. CB-5.2-4 虽然《船舶买卖合同》约定船舶按现状交付,但卖方交付船舶的同时也交付了船舶检验证书的行为,应视为其保证该船符合船舶检验证书上的检验结果。船舶交付之后通过年度检验,并进行了换证检验,检验机关颁发了新的《船舶检验证书簿》,证明该轮船体、轮机、受压容器、电力、无线电、消防、救生、信号等设备符合现行规则、规范对其使用部分的各项规定,是适航的船舶,检验结果与卖方交付的《船舶检验证书簿》上的检验结果基本一致。故,法院认定卖方所交付的船舶符合其交付的《船舶检验证书簿》对该船的描述,船舶在交付时符合当时规则、规范的要求。 172

No. CB-5.2-5 接受船舶时,买方有理由依赖《船舶检验证书簿》的记载确定船舶的质量状况,但在船舶于交船后进行第一次年度检验时,如果船舶存在影响适航的质量问题,进行年度检验时就能够也应该发现,买方主张卖方交付的是一艘不合格的船舶而提起的赔偿之诉的诉讼时效期间,最迟应自此时起算。 173

⑨ 原告(反诉被告)陈志安与被告(反诉原告)鲁忠瑞船舶买卖合同纠纷案【宁波海事法院(2000)甬海商初字第299号】 180

No. CB-5.2-6 船舶买卖合同履行过程中,在船舶未经交接、验收和付清所欠船款的情况下,买受人擅自驾船驶离,属于违约行为。 180

No. CB-5.2-7 在买受人擅自驾船离开之后船舶发生了损坏、修理,虽然船舶未完成法律意义上的交付,但是,买受人占有期间的船舶损失风险应由买受人自行承担。 180

5.3 船舶优先权对船舶买卖合同的影响 182

⑩ 原告王跃康与被告孙腾、董海芬船舶买卖合同纠纷案【宁波海事法院(2007)甬海法舟商初字第169号】 182

No. CB-5.3-1 船舶买受人以船舶出卖人隐瞒船舶优先权债务为由请求解除合同,该请求不符合法律中有关合同解除的规定,买受人无权解除合同。 182

No. CB-5.3-2 船舶买受人由于船舶转让之前的船舶优先权而导致损失,出卖人应对买受人的损失承担瑕疵担保义务。船舶经司法拍卖执行的,买受人的损失数额参照拍卖价格确定。 182

No. CB-5.3-3 在船舶被司法拍卖的情况下,买受人自船舶被扣押之时起,船舶所有权已确定消灭,买受人自船舶被扣押之时即已损失整船,无权主张扣押期间的船期损失。 182

5.4 挂靠船舶的船舶买卖 …… 185

11 原告罗继福与被告杨贻武、宁波福海海运有限公司船舶股份转让纠纷案【宁波海事法院(2007)甬海法商初字第61号】 …… 185

> **No. CB-5.4-1** 船舶登记所有人仅为被挂靠公司，在船舶股份转让之时，如果买方知悉船舶实际所有权人的情况，应当征得实际所有权人的同意，该转让才能具有法律效力。 …… 185

6. 船舶修理合同纠纷 …… 190

6.1 船舶修理事故的损害赔偿 …… 190

1 原告荷属安的列斯/东方航运有限公司诉被告中国/澄西船舶修造厂船舶修理合同纠纷案【武汉海事法院(2003)武海法商字第69号】 …… 190

> **No. CB-6.1-1** 火灾原因和事故责任认定的法定机关是县级以上公安消防部门。如果公安消防部门从未出具调查报告，法院可以综合考虑起火位置受控制情况、消防协议的防火责任划分、当事人接触并提供证据的难易程度等内容，认定一方当事人承担举证责任。 …… 190

> **No. CB-6.1-2** 原告向武汉海事法院提交的诉状中仅有其代理人的签名，缺少原告的身份证明和委托代理人享有代理权的证据，在提交诉状且诉讼时效届满之后，又提交了经公证认证的授权委托书。法院认定，自原告的代理人获得经公证认证的授权委托书之后，才视为其提起有效起诉的时间，故本案已过诉讼时效。 …… 190

2 上诉人印度国家航运公司、联合印度保险公司与被上诉人青岛北海船舶重工有限责任公司船舶修理合同纠纷案【山东省高级人民法院(2008)鲁民四终字第95号】 …… 195

> **No. CB-6.1-3** 海事局作为中国海上安全监督管理主管机关，对海上交通事故依法行使行政管理权。船舶在修理过程中进水而坐底、推定全损，构成重大海上交通事故。海事局组织了全过程调查，委托了检验公司对事故船舶进行检查和检验，出具了海事调查报告。海事调查报告及其结论意见可以作为法院在审理案件中的诉讼证据，除非有充分事实证据和理由足以推翻海事调查报告及其结论意见。 …… 195

> **No. CB-6.1-4** 原告提交的起诉状虽然只有其委托代理人的签字，但原告出具的授权委托书中明确含有"提起索赔"的授权，应理解为包含以起诉方式提出索取赔偿的意思表示，故起诉状由原告委托代理人签章，符合法律规定。 …… 195

No. CB-6.1-5 船厂如对船舶安全负有法定义务,前提是船东将船舶交由船厂保管。船舶进水坐沉时,船员在船,船长负责管理船舶,船东控制船舶。法院依照《中华人民共和国海商法》第35条的规定,认定船舶并未交付给船厂,船长仍然负责船舶的管理和驾驶,并负有安全责任。在并非船厂原因导致船舶坐沉的情况下,应由船东自行承担相应的责任。 195

6.2 船舶修理迟延交船纠纷 … 216

3 上诉人 Grand Rodosi Inc.(格兰德罗德西公司)与被上诉人舟山万邦永跃船舶修造有限公司船舶修理合同纠纷案【浙江省高级人民法院(2009)浙海终字第149号】 … 216

No. CB-6.2-1 船舶所有人向船舶修理人提出增加工程项目,视为双方已对修理的履行期予以变更。因此导致的船舶修理期限延长不由船舶修理厂负责。 216

No. CB-6.2-2 虽然试航完成后涉案船舶并未驶回船厂,而是停泊在公共锚地,但该轮锚泊期间的相关费用均系船舶修理人向有关部门支付,该公共锚地可视作该修理人租用的场地,涉案船舶仍处于万邦公司的范围内。船舶修理人以撤销船舶报关许可的方式留置该外籍船舶,属于合法行使留置权。 216

4 原告广州市番禺德和航运有限公司诉被告广州市番禺粤新造船有限公司船舶修理合同纠纷案【广州海事法院(2003)广海法初字第105号】 … 225

No. CB-6.2-3 在船舶修理改造期间,委托方要求增加了修理项目。由于双方没有约定新的修理期限,或者双方经协商没有就新的修理期限达成一致,委托方应当举证证明根据合同有关条款或者交易习惯,修理方存在逾期修理行为。如无法举证,委托方不能向修理方索赔逾期修理的各项损失。 225

5 上诉人胶南市水产供销公司与被上诉人胶南市船舶修造厂船舶修理合同纠纷案【山东省高级人民法院(2006)鲁民四终字第48号】 … 232

No. CB-6.2-4 因船舶修造人和定作人均未提供交船记录,实际交船日期无法确定,法院认为双方交船日期不可能早于渔业船舶安全证书记载的船舶的完工日期,据此认定以渔业船舶安全证书记载的船舶的完工日期为实际交船日期。船舶修造人迟延交船,应向定作人承担约定的违约责任。 232

No. CB-6.2-5 根据《中华人民共和国合同法》的规定,抵消分为法定抵消和合意抵消,法院依照船舶修造人提供的录音记录,认定在交接船的当时双方已经明知互欠债务,而且双方曾就互欠债务进行协商,法院据此推定双方对于互负债务的相互抵消已协商一致,构成合意抵消。 232

6.3 船舶修理留置权纠纷 ·················· 235

6 原告福建省马尾造船股份有限公司与被告亚联管理咨询服务有限公司船舶修理合同纠纷案【厦门海事法院(2009)厦海法商初字第550号】········· 235

> **No. CB-6.3-1** 为实现留置权的费用属于留置担保的范围。原告委托专业律师进行诉讼,其支付的律师费用是必要的,属于实现留置权的必要和合理支出,法院予以保护。 235

7 原告广州远洋船舶修理厂有限公司与被告卡斯特里公司船舶修理合同纠纷案【广州海事法院(2000)广海法事字第65号】··············· 237

> **No. CB-6.3-2** 涉外船舶修理合同纠纷案件,因当事人没有选择处理合同争议所适用的法律,依照《中华人民共和国民法通则》第145条第2款的规定,选择适用合同履行地国的法律。法院据此选择船舶修理地法律,即我国法律。 237

> **No. CB-6.3-3** 船厂履行了修理船舶的合同义务,船舶所有人应支付船舶修理费用。因双方对修理费支付期限没有约定,根据《中华人民共和国合同法》第263条的规定,船舶所有人应在签署《工程完工验收单》之日支付修理费。船舶所有人拖欠修理费,属于违约行为,应承担违约责任。 237

> **No. CB-6.3-4** 船舶修理人从船舶开始修理时起到该轮被法院扣押时止,一直占有该轮。因船舶所有人未支付修理费,船厂留置船舶以保证船舶修理费用得以偿还,符合《中华人民共和国海商法》第25条规定的留置权的法律条件。法院对船舶的扣押并不消灭船厂依据法律对船舶所享有的担保物权。法院确认船厂对船舶享有留置权。 237

6.4 船舶修理质量争议 ······················ 241

8 原告湛江造船厂与被告湛江市东海岛经济开发试验区航运公司船舶修理合同纠纷案【广州海事法院(2002)广海法初字第134号】··············· 241

> **No. CB-6.4-1** 中华人民共和国船舶检验局颁布的《船舶及海上设施法定检验规则》规定了船舶安全航行与作业标准,但该规则不构成船舶修理标准。 241

> **No. CB-6.4-2** 按照法定检验规则等技术规范,船舶适航是船舶所有人或经营人的法定义务,不是修船人的法定义务。如果修船人已经按照船方要求完成约定的修理项目而船舶仍不适航,为了船舶适航,船方可以继续委托修船人进一步就约定项目之外的项目进行修理。如果船方不继续委托,修船人没有义务在船方委托的项目外进一步修理至船舶适航。 241

9 原告广东海运股份有限公司与被告湛江海滨船厂船舶修理合同纠纷案【广州海事法院(2001)广海法湛字第4号】···················· 251

> **No. CB-6.4-3** 船厂接受委托修理船舶，完工之后对船舶按照双方的约定进行了质量检验，并验收合格，此后发生尾轴漏油。法院认为，对通过工程完工质量检验不能发现的质量问题，应当按其是否在保质期内发生，以最终判断工程质量是否符合质量要求。委托人应就船舶尾轴漏油发生在保质期内承担举证责任，未能提供充分有效的证据予以证明的，法院对其提出的尾轴修理质量不合格的诉请不予支持。 251

7. 船舶营运纠纷 ……………………………………………………… 255

7.1 船舶合伙经营纠纷 ……………………………………………… 255

1 上诉人叶宗耀与上诉人裘明通、被上诉人泮振宇船舶合伙经营合同纠纷案【浙江省高级人民法院(2008)浙民四终字第50号】…………… 255

> **No. CB-7.1-1** 通常情况下，确定合伙人之间的债权债务应当以清算结果为准，但本案并无一方当事人正式申请对合伙体的账目进行审计，也未采取相应措施使合伙体的财务账册到案，且在法院给予当事人自行对账时间的情况下，也未取得对账结果。法院根据现有证据和条件，对部分时段的账目进行审查处理，对其中一部分事实已经清楚的账目予以先行判决。 255

2 上诉人王志康与被上诉人赵后军、赵志军、邵悟挺、王科、钱召权、王惠庆、夏良位船舶合伙经营纠纷案【浙江省高级人民法院(2009)浙海终字第1号】… 264

> **No. CB-7.1-2** 合伙人无直接的书面证据以证明该合伙的性质，法院对合伙关系的性质按通常情形进行考量，即在不足以认定为经营性合伙的情况下，应认定为股本性合伙，同时，即使船舶登记为某一合伙人所有，也不影响推定各合伙人共有船舶。 264

3 上诉人刘伯林与被上诉人刘殿茂、刘德芝、郑苏卿、刘金钢及原审被告鞠世胜船舶合伙纠纷案【山东省高级人民法院(2006)鲁民四终字第39号】………… 268

> **No. CB-7.1-3** 渔船合伙关系自合伙人之一死亡而终止，合伙人因病不参与海上作业，并不失去合伙人身份，可依约参与合伙资产分配和承担合伙义务。合伙人在合伙关系清算过程中，有参与资产及收益分配的权利，但同时也要承担相应的股东义务。 268

> **No. CB-7.1-4** 法院根据渔船的售价，结合合伙人所占的股份，认定合伙人可分得的渔船固定资产的分配额。因另一合伙人拒不提供渔船收入情况，当地渔业主管部门和统计部门又没有同类渔船相关统计数据的情况下，法院参照要求合伙清算的合伙人的收益，推算其在合伙清算中应分得的纯收入。 268

> **No. CB-7.1-5** 根据合伙协议的约定，合伙人在不能上船期间，负有找人出海或出钱请合同工的义务，其未能派人上船代替出海，应按约定支付工人的工资。法院依据近3年的当地职工年平均工资，计算出其应支付的工资总额，并从其可分得的经营收益中扣除。 268

7.2 船舶物料供应合同纠纷 ………………………………………… 273

4 原告东方航运有限公司与被告海南龙力船务公司船用燃油确权纠纷案【海口海事法院(2002)海商初字第 77 号】………………………………… 273

> **No. CB-7.2-1** 根据期租协议的约定,燃油属于期租人所有。由于船舶所有人的原因导致船舶被扣押,扣押期间消耗的燃油属于为海事请求人的共同利益而支付的其他费用,应当从船舶拍卖所得价款中先行拨付。 …………… 273

5 上诉人营口经济技术开发区福海疏浚工程有限公司与被上诉人天津港丰船舶燃料销售有限公司船舶燃油供应合同纠纷案【天津市高级人民法院(2011)津高民四终字第 2 号】 ………………………………………… 275

> **No. CB-7.2-2** 油品销售合同和对账单均加盖了船舶专用章,且船东未否认该印章的真实性。虽然船东与承包经营人协议约定经营期间发生的一切费用及一切事务均由承包经营人负责承担,但该承包经营协议约定的内容未向供油商明示,不能对外产生约束力。船舶所有人应对其船舶加油行为承担款项给付责任。 ………… 275

6 原告舟山市升宇石油销售有限公司与被告林永生、郑海明船舶物料供应合同纠纷案【宁波海事法院(2009)甬海法温商初字第 62 号】………… 278

> **No. CB-7.2-3** 在多次向船舶供应燃油及偿还部分欠款的情形下,如果合同双方当事人对油款支付方式无特别约定,法院认为应当根据通常的商业惯例,认定合同双方当事人按加油发生时间滚动结算货款。 ……………………………… 278

> **No. CB-7.2-4** 加油单上盖有船章,法院推定船舶登记所有人为合同当事人,承担还款责任。 ……………………………………………………………… 278

7 原告舟山市金晖石油有限公司与被告王兴君、舟山安邦船务发展有限公司、宁波宁杭海运有限公司船舶物料供应合同纠纷案【宁波海事法院(2010)甬海法舟商初字第 193 号】 ………………………………………… 281

> **No. CB-7.2-5** 本案加油单由船长、大副出具,应推定由实际经营人承担燃油的付款责任。船舶登记的"船舶经营人"实为船舶被挂靠人,如无证据证明其参与船舶的实际经营,法院认定该被挂靠人不承担燃油的付款责任。 ……… 281

> **No. CB-7.2-6** 船舶实际所有人应对船舶经营期间的燃油欠款承担连带还款责任。 ……………………………………………………………………… 281

8 上诉人蔡华峰与被上诉人林洪船舶物料供应合同纠纷案【山东省高级人民法院(2009)鲁民四终字第 63 号】 …………………………………… 283

> **No. CB-7.2-7**　根据国务院《对确需保留的行政审批项目设定行政许可的决定》，石油成品油批发、仓储、零售经营资格审批由商务部、省级人民政府商务行政主管部门实施。因此，船舶燃油供应者在不能证明已取得行政许可的情况下从事应当取得许可的石油成品油销售业务，违反了法律的强制性规定。依照最高人民法院《关于适用〈中华人民共和国合同法〉若干问题的解释（一）》第10条的规定，当事人超越国家限制经营、特许经营以及违反法律、行政法规规定订立的合同，法院认定燃油供应合同无效。　283

> **No. CB-7.2-8**　因燃油购买者已实际使用柴油，且已无返还可能，故应向燃油供应者支付油款。购买者在实际收取油料但未支付油款的情况下，就欠付油款的问题自愿出具还款协议，承诺了还款日期，并载明了预期还款的违约责任，该还款协议本身并不违反法律和行政法规的强制性规定，法院对其中的违约条款的效力予以认定。　283

⑨ 原告徐立明与被告浙江海鑫船舶贸易有限公司、杨林斌、潘林国、吴正忠船舶物料供应合同欠款纠纷案【宁波海事法院（2010）甬海法台商初字第43号】　286

> **No. CB-7.2-9**　合伙人建造船舶，以挂靠企业的名义签订船舶物料供应合同，判决由合伙人共同承担还款责任。从保护善意第三人的角度出发，挂靠企业亦应承担连带还款责任。　286

⑩ 原告阿卓燃油有限公司与被告瑞德柏格航运有限公司、曼德福钦航运公司船舶油料供应合同纠纷案【广州海事法院（2000）广海法商字第110号】　288

> **No. CB-7.2-10**　供油协议约定适用英国法律，依据《中华人民共和国民法通则》第145条的规定，涉外合同的当事人可以选择处理合同争议所适用的法律，法院适用英国法律处理实体争议。　288

> **No. CB-7.2-11**　根据英国《1979年货物买卖法》（SALE OF GOODS ACT 1979）第17条第1项、第19条第1项的规定，英国法律允许当事人自由约定标的物所有权的移转时间。当事人签订的《海运燃油、润滑油和其他产品销售标准条款》中有关供油方在收到客户支付的价款之前，产品的所有权并不转移给客户、占有该产品的一方只是作为供油方的保管人保管该产品的规定，该约定符合英国法律的规定，合法有效。但船舶所有人并非合同当事人，不受该合同的约束，供油方不得向其主张权利。　288

> **No. CB-7.2-12**　光船承租人的受油方没有在供油协议所规定的时间内支付油款，构成违约。依照有关产品所有权的移转时间的规定，其承租船舶接受的燃油所有权仍由供油方享有，光船租赁人只是以保管人的身份占有该产品，作为燃油所有权人的供油方有权请求返还燃油。因船舶被法院强制拍卖、燃油被变卖，供油方有权请求光船承租人返还相应的变卖价款。　288

7.3 其他 ……………………………………………………………………………… 295

⑪ 肖宏银诉福建世达海运有限公司船舶挂靠合同纠纷案【厦门海事法院（2011）厦海法商初字第 247 号】…………………………………………………………… 295

No. CB-7.3-1 船舶挂靠合同的法律关系实际上是委托管理合同关系，在委托合同下，当事人可以随时解除委托合同，但因此给对方造成损失的，除不可归责于解除方的事由外，应当赔偿对方的损失。被挂靠人认为挂靠合同仍在有效期内、拒绝挂靠人的解约要求的主张于法不合，法院不予采纳。 …… 295

⑫ 原告李经明与被告厦门厦经纬船务有限公司船舶经营管理合同纠纷案【厦门海事法院（2012）厦海法商初字第 28 号】…………………………………… 298

No. CB-7.3-2 《船舶管理协议》对涉案船舶所有权约定的法律关系，仅在当事人之间有效，不能约束合同当事人以外的其他人。涉案船舶由船舶登记所有人为贷款而抵押予银行，并向船舶登记机关办理了抵押权登记时，未经抵押权人的银行同意，船舶登记所有人不得将被抵押船舶转让给他人。在此情形下，船舶实际所有人要求登记所有人协助船舶所有权变更登记手续的，法院不予支持。 …… 298

⑬ 原告中国长城资产管理公司杭州办事处与被告孔仙昌、朱友营、李先进、陈茂民、尚贤法、台州市椒江区白云街道办事处、赵加勤船舶借款合同纠纷案【宁波海事法院（2002）甬海商初字第 9 号】 ……………………………………… 301

No. CB-7.3-3 债权人将债权转让给第三人时，仅通知了合伙体中的某一债务人。该债务人不是合伙事务的执行人，对债权转移确认的行为不能代表全体合伙人，该债权转让对其他船舶合伙人不具有法律约束力。 ………………………… 301

No. CB-7.3-4 债务人在债权转让通知上签章，构成诉讼时效中断。 …… 301

⑭ 原告王新军与被告周正日船舶营运借款合同纠纷案【宁波海事法院（2010）甬海法台商初字第 110 号】……………………………………………………… 304

No. CB-7.3-5 合伙造船的一方合伙人退出合伙。在退伙之时，原合伙人书面确认了应向其退还的款项，该确认应视为双方对合伙期间的债务进行了结算。此后，原合伙人主张退伙、合伙人在退伙之前有违约事宜，该主张不能再得到法院的支持。 …………………………………………………………………………… 304

No. CB-7.3-6 归还部分欠款的，由于双方未约定还款的性质，法院根据司法解释推定该款优先用于冲抵利息，如有余款再冲抵本金。 ……………………… 304

⑮ 原告宁波某控股有限公司与被告宁波某运有限公司、宁波某海运有限公司、胡某某船舶营运借款合同纠纷案【宁波海事法院（2012）甬海法商初字第191号】…… 306

> No. CB-7.3-7　企业借贷合同违反有关金融法规，属于无效合同。因该合同取得的财产，应当予以返还；不能返还或者没有必要返还的，应当折价补偿。双方关于利息的约定，由于合同无效而不予支持。　306

> No. CB-7.3-8　保证人为无效借贷合同提供担保，导致担保合同无效，应承担相应的过错责任，应对债务人不能清偿的借款本金承担1/3的民事责任。　306

⑯ 上诉人刘友敏与被上诉人福建明辉海外投资有限公司船舶营运有关的借款合同纠纷案【福建省高级人民法院（2011）闽民终字第171号】…… 307

> No. CB-7.3-9　《投资购船合同》约定投资人不参加经营，不承担风险，并享有利润，属于名为投资，实为借款的合同。投资人作为出借人，有权收回"投资款"本金，但无权要求利息。投资人虽然仅为个人，并非企业法人或者事业法人，但法律并未禁止企业向个人借款，不可参照最高人民法院《关于审理联营合同纠纷案件若干问题的解答》的有关规定，认定《投资购船合同》无效。　307

8. 船舶租用合同纠纷 …… 313

8.1 定期租船合同纠纷 …… 313

❶ 原告陈贺高与被告盈高管理服务有限公司定期租船合同纠纷案【广州海事法院（2000）广海法商字第138号】…… 313

> No. CB-8.1-1　涉港定期租船合同纠纷案，原告住所地、合同约定地、交还船港均在广东省，内地与合同有最密切联系，依据《中华人民共和国民法通则》第145条规定的最密切联系原则，适用内地法律处理本案。　313

> No. CB-8.1-2　以并不存在的公司名义与承租人签订定期租船合同，实际行为人应承担因该合同产生的出租人的权利和义务，具有诉权，有权要求承租人支付租金。　313

❷ 原告海口南青集装箱班轮有限公司与被告厦门南泰船业有限公司定期租船合同纠纷案【上海海事法院（2010）沪海法商初字第336号】…… 316

> No. CB-8.1-3　在海上货物运输合同项下，被认定为负有责任的人向第三人提起追偿请求的，时效期间为90日，自追偿请求人解决原赔偿请求之日起或者收到受理对其本人提起诉讼的法院的起诉状副本之日起计算。　316

> No. CB-8.1-4　根据定期租船合同的约定，由于船舶原因或船员未做到谨慎处理货物而造成的货损、货差，由船舶出租人负责。船舶承租人作为承运人，对托运人承担责任之后，可以根据定期租船合同的约定向船舶出租人追偿。　316

3 原告上海兆新船务有限公司与被告上海宝英航运有限责任公司定期租船合同纠纷案【上海海事法院(2011)沪海法商初字第199号】⋯⋯⋯⋯　319

> No. CB-8.1-5　关于多次往返航次的租船合同，租船合同没有约定装、卸货期限及其计算办法，也没有约定滞期费率和速遣费率。由于合同约定不明，出租人、承租人应当分担船舶停泊等候装卸的时间损失。如因单方违约导致了时间损失，违约方应当承担赔偿责任。　319

> No. CB-8.1-6　由于租船合同未约定滞期费条款，故船舶出租人的损失应当以实际发生的船舶营运成本为依据，即船舶在停泊等候装卸货时的副机燃油消耗及船员工资。　319

4 原告鹤山市水运公司诉被告江门江宁航运有限公司、江门国际货运代理公司定期租船合同租金纠纷案【广州海事法院(2003)广海法初字第470号】⋯⋯　322

> No. CB-8.1-7　船舶买卖合同中约定了所有权保留条款，即约定在未付清全部船舶价款的前提下，船舶所有权仍属于卖方所有。根据所有权保留条款，在买方未付清全部价款之前，船舶卖方有权出租船舶，因此承租人无权以此主张拒付租金。　322

5 原告海发船务有限公司与被告福州保税区星浦数字船务有限公司定期租船合同欠付租金纠纷案【青岛海事法院(2003)青海法海商初字第117号】⋯⋯　327

> No. CB-8.1-8　出租方是否拥有船舶的所有权，不是船舶租用合同成立的必备要件。出租方可以出租其本身拥有的船舶，也可以出租其租赁的船舶。根据《中华人民共和国海商法》第270条的规定："船舶所有权的取得、转让和消灭，适用船旗国法律。"原告提交的船旗国玻利维亚国颁发的船舶登记证书证实，其对涉案船舶有所有权，有完备的船舶证书，具备出租条件。原告属于依伯利兹法律注册的合法公司，具有从事国际航运业务的资格。原被告双方在签订合同时，虽然合同中原告的名称有"香港"字样，但在该合同盖章时，其所用公章仍为其注册的合法名称。原告作为出租人、被告作为承租人签订定期租船合同，并不违反法律规定，不能以原告不能提供船舶所有权证书为由，认定原告虚构合同主体和合同标的物，构成"合同诈骗"。　327

> No. CB-8.1-9　承租人违约未付租金，出租人可依约撤船，并主张欠付租金，但应依约返还属于承租人的燃油和输送设备。拆除设备的费用属于必然产生的费用，不属于违约损失，因当事双方对该费用的负担没有约定，出租人要求承租人支付该费用，既没有合同依据，也没有法律依据，法院不予支持。　327

⑥ 原告蒋泉茂与被告毛顺忠定期租船合同欠付租金纠纷案【上海海事法院
(2005)沪海法商初字第282号】·· 334

> **No. CB-8.1-10** 船舶在租期内不符合约定的适航状态或者其他状态，出租人应
> 当采取可能采取的合理措施，使之尽快恢复。根据《中华人民共和国海商法》的
> 规定，船舶不符合约定的适航状态或者其他状态而不能正常营运连续满24小时
> 的，对因此而损失的营运时间，承租人可以不付租金，但是上述状态是由承租人造
> 成的除外。 334

> **No. CB-8.1-11** 承租人应当按照合同约定支付租金。承租人未按照合同约定支
> 付租金的，出租人有权解除合同，并有权要求赔偿因此遭受的损失。 334

⑦ 原告重庆中侨船务有限公司与被告重庆新世纪游轮管理有限公司船舶租赁
合同纠纷案【武汉海事法院(2001)武海法商字第5号】·························· 336

> **No. CB-8.1-12** 法律并未强制规定定期承租人签订租船合同时应具有租船资
> 格，即拥有水路运输许可证，也未规定无证经营船舶运输必然导致租用船舶行为
> 违法。承租人无证经营船舶旅游运输与租用船舶无法律上的直接联系，不影响船
> 舶租赁合同的效力。 336

⑧ 原告浙江省舟山市普陀永安海运有限责任公司与被告徐保云、济南济通轮船
运输有限公司定期租船合同履行纠纷案【上海海事法院(2004)沪海法商初字
第313号】·· 339

> **No. CB-8.1-13** 双方在订立定期租船协议时对航行区域没有约定，对由于航区
> 限制导致的协议不能履行，双方都有过失，应当对相应损失各自承担责任。 339

> **No. CB-8.1-14** 合同的权利义务终止，不影响合同中的结算和清理条款的效力。 339

⑨ 上诉人钱广法与被上诉人付万和船舶租赁合同纠纷案【天津市高级人民法院
(2010)津高民四终字第0015号】·· 342

> **No. CB-8.1-15** 尽管出租人提供的船舶中的一艘船舶是内河船，按照相关的法
> 律规定不能在沿海作业，而且也不符合当事人之间的合同约定，但承租人在明知
> 的情况下未提出异议并使用该船舶，视为承租人对该船舶的接受。 342

> **No. CB-8.1-16** 当事人一方主张解除合同的应通知对方，但法律对通知的方式
> 并没有作出规定。当涉案双方已经就是否继续履行合同不能达成一致时，一方通
> 过行为的方式将解除合同的意思传递给对方，对方不作拒绝表示，此后也未要求
> 继续履行合同，因此应当认定双方已经解除了合同。 342

⑩ 原告毛某某、应某某与被告浙江某海洋经济科技开发有限公司定期租船合同纠纷案【宁波海事法院(2011)甬海法商初字第330号】·················· 346

> **No. CB-8.1-17** 公司因项目部的行为在与工程建设有关的一般事项上对公司具有约束力,故他人有理由相信项目部有权代表公司签订租船协议,法院对项目部代表公司签署的租船协议的效力应当予以认定。 346

> **No. CB-8.1-18** 租船协议对船舶怎样使用以及由谁来配置船员,并未作出明确的约定,但在协议约定的租赁期内,船舶承租人从未对该船的使用提出任何异议,且承租人的其他船舶也加盖了船章予以证实,故承租人应支付实际承租期间的租金。 346

⑪ 原告台山市南方船务有限公司与被告广州市环通建港工程有限公司定期租船合同纠纷案【广州海事法院(2006)广海法初字第52号】·················· 349

> **No. CB-8.1-19** 当事人协商一致,可以变更合同,在承租人未能举证证明已与出租人就合同变更达成一致意见,其单方面改变租金计算方法,不能构成合同变更,仍应按照原合同约定支付租金。 349

⑫ 上诉人福州源洲航运有限公司与被上诉人南安市轮船有限公司定期租船合同纠纷案【福建省高级人民法院(2010)闽民终字第581号】·················· 352

> **No. CB-8.1-20** 法人人格混同的问题,应结合不同法人的组织机构、高管人员、经营业务以及财务管理等方面综合判定。公司组织机构、人员、经营业务范围以及财务混同,可认定法人人格混同。 352

⑬ 原告郭能广与被告佛山市顺德区晋宏贸易有限公司与疏浚工程有关的船舶租金支付纠纷案【广州海事法院(2009)广海法初字第341号】·················· 357

> **No. CB-8.1-21** 船舶的挂靠公司以自己的名义与他人签订船舶租用合同,但并非船舶所有人,也未实际从事疏浚作业,只是接受实际船舶所有人的委托,以自己的名义对外办理签订合同事宜,实际船舶所有人从事疏浚作业,故实际船舶所有人有权收取船舶租金,挂靠公司应将收取的租金交付给实际船舶所有人。 357

⑭ 原告吉利轮船有限公司与被告北京华夏企业货运有限公司舶舶租赁合同纠纷案【天津海事法院(2003)津海法商初字第471号】·················· 359

> **No. CB-8.1-22** 在定期租船合同项下,当事人没有关于航速不够承租人可以解除合同提前还船的特别约定,有关法律也没有赋予承租人以此解除合同提前还船的权利,承租人没有提供足够的证据证明船舶在其租用期间的航速达不到约定的航速,即使航速低于合同约定的速度,也只能要求赔偿损失。故承租人提前还船构成违约,应当承担违约责任。 359

> **No. CB-8.1-23** 在定期租船合同项下,承租人提前还船,出租人可以索赔的项目包括:自提前还船时起至出租人将船舶交付给新的租船人止的租金和燃油损失、船舶租给新租家的租金差额损失、船舶自还船地点至新租合同约定的交船地点的引航费和燃料舱检验费、提早还船期间的利润损失。承租人提前还船,并不必然导致出租人向其上家提前还船,出租人无证据证明其已实际向其上家赔偿损失,且该损失与承租人的违约没有因果关系,法院不予支持。 ……359

15 原告广东省石龙港务局诉被告东宝船务有限公司定期租船合同纠纷案【广州海事法院(2002)广海法初字第454号】…… 362

> **No. CB-8.1-24** 定期租船合同约定的租赁期间届满后,承租人继续使用租赁物,出租人没有提出异议的,原租赁合同继续有效,但租赁期限为不定期。有关租金及滞纳金的计算标准应依原合同的约定,但租赁期限为不定期。在不定期租赁期间,出租人有随时撤回船舶的权利,承租人亦有随时交还船舶的权利。 ……362

16 上诉人中远航运股份有限公司与被上诉人中国人民财产保险股份有限公司上海市分公司定期租船合同保险代位求偿纠纷案【浙江省高级人民法院(2009)浙海终字第145号】…… 364

> **No. CB-8.1-25** 保险单抬头与实际签章不一致时,以签章为准识别保险人。 ……364

> **No. CB-8.1-26** 保险单记载的被保险人虽为船舶管理人,在证实船舶管理人代船舶所有人办理保险事宜的情况下,保险利益应当归船舶所有人,保险人向船舶所有人赔付后,依法取得代位求偿权,有权代船舶所有人向定期租船合同的承租人追偿其赔付范围内的损失。 ……364

> **No. CB-8.1-27** 定期租船合同当事人可以自由约定各自的权利、义务,只有在船舶租用合同没有约定或者没有不同约定时,才能适用《中华人民共和国海商法》关于定期租船合同的规定。 ……365

> **No. CB-8.1-28** 船长、船员虽然直接受雇于出租人,但在航运业务中,实际上同时具备了承租人和出租人的代理人身份,故不能简单地将船长、船员的行为直接认定为代表出租人。在出租人与承租人约定承租人在船长的监督下自负风险和费用、负责包括积载在内的全部货物操作的情况下,因船长听从承租人指示安排配载所造成的船舶损失,应由承租人承担,出租人有权向承租人索赔,但因货物积载造成船舶舱板超出承重能力,已涉及船舶安全,船长在船员编制积载图时未能尽到合理的监督义务,运输过程中又疏于检查货物状况,应对涉案事故承担部分责任,故出租人也应承担次要责任。 ……365

8.2 光船租赁合同纠纷 ·· 371

17 原告（反诉被告）王勤稳与被告台州市江海船务有限公司、被告（反诉原告）管保顺、王仙根、王小康、吴保法、王保连、张理法租船合同纠纷案【宁波海事法院（2000）甬海商初字第21号】 ························· 371

> **No. CB-8.2-1** 将内河货船光租用于海上航行，违反了《中华人民共和国海商法》和《中华人民共和国内河交通安全管理条例》的强制性规定，相应的光船租赁合同和解约协议无效，出租人多收的租金应予退还，且双方应按实际履行中的过错各自承担相应的责任。因船舶的结构和稳性均不适合在海上航行，未报经港监准许，未采取必要的安全措施，亦未配备合格的职务船员，冒险航行造成途中搁浅事故，导致船东弃船，双方对此均有过错，船东应负主要责任，被告光船承租人负次要责任，应按照合同约定的租金认定损失。 ··· 371

> **No. CB-8.2-2** 船舶的挂靠单位和被挂靠单位对外应承担连带责任。 ··· 371

18 原告钟海平与被告邵道元光船租赁合同纠纷案【宁波海事法院（2010）甬海法商初字第129号】 ··· 374

> **No. CB-8.2-3** 出租人在将船舶光租给承租人的情况下，未经承租人同意出售给他人，构成违约，因涉案船舶已售予他人且事实上导致租船合同无法继续履行，承租人有权解除合同，要求返还定金和预付款。但因承租人未能依约接船而委托中介人另行找船，也应承担相应的责任，故，法院不支持双倍返还定金，酌定由出租人返还部分定金。 ··· 374

19 原告全玉清诉被告郭永昌、湛江市水运总公司船务公司光船租赁合同纠纷案【广州海事法院（2005）广海法初字第52号】 ························ 376

> **No. CB-8.2-4** 在光船租赁期间，未经出租人书面同意，承租人不得转让合同的权利和义务，或者以光船租赁的方式将船舶转租。转租未经出租人的书面同意，法院认定转租的光船租赁系无效合同。 ··· 376

> **No. CB-8.2-5** 法院认定合同无效，因该合同取得的财产应当返还；不能返还或者没有必要返还的，应当折价补偿。有过错的一方应当赔偿对方因此所受到的损失。双方都有过错的，应当各自承担相应的责任。 ··· 376

20 原告吴海山与被告洞头县新起点旅游有限公司、第三人洞头县兴海渡运有限公司船舶租用合同纠纷案【宁波海事法院（2009）甬海法温商初字第18号】 ······ 382

> **No. CB-8.2-6** 公司股东有权为了公司的利益以自己的名义直接向人民法院提起诉讼，请求确认公司与第三方签订的船舶租赁合同无效。 ··· 382

> **No. CB-8.2-7** 船舶以明显低的价格出租给第三方,法院认定出租人与第三方有恶意串通的主观恶意,该船舶租赁合同无效。 …… 382

21 上诉人王建才、周桂荣与被上诉人文登市泽库镇滩西村村民委员会船舶租用合同纠纷案【山东省高级人民法院(2008)鲁民四终字第109号】…… 385

> **No. CB-8.2-8** 在签订的书面租船合同约定的履行期届满后继续租用船舶,法院认定合同约定期满后的租船行为是合同约定的租船行为的延续,租金数额应参照双方的书面合同确定。 …… 385

> **No. CB-8.2-9** 债务人部分履行债务的,应视为同意履行债务,根据最高人民法院《关于审理民事案件适用诉讼时效制度若干问题的规定》第22条,应当引起诉讼时效中断。 …… 385

> **No. CB-8.2-10** 债权人无证据证明向债务人主张过某份租船合同的租金,在诉讼时效已届满后,债权人对该份租船合同约定的租船租金的请求权及违约金请求权超过法定诉讼时效,丧失胜诉权。 …… 385

> **No. CB-8.2-11** 被告未能举证证明租船行为与夫妻共同生活无关,夫妻对共同债务负有共同清偿责任。 …… 385

22 原告彭梅生、卢惠文与被告黄祥船舶租赁合同纠纷案【广州海事法院(2001)广海法商字第49、50号】…… 390

> **No. CB-8.2-12** 在光船租赁合同项下,船舶租赁合同的出租人是否船舶所有人,并不影响租船合同的效力。虽然出租人未能证明其为船舶所有人,但将其占有的船舶按约定交付承租人使用,无证据证明有第三人主张该行为侵犯其合法权利,因光船租赁合同未办理登记手续,不能对抗善意第三人,但对合同当事人具有约束力。出租人依约将船舶交给承租人使用,承租人应依照合同约定支付租金。 …… 390

> **No. CB-8.2-13** 租船协议约定,出租人交船给承租人使用时,应保证船只各种正常运作及交付船只有关证书。出租人在交船时已交付船舶的船舶检验证书簿、船舶签证簿等基本船舶证书,虽然承租人在租期内因船舶证书不齐,一度不能航行香港,但租船协议没有明确船舶航行区域及原告应交付哪些证书,法院认定出租人已经履行了交付船舶证书的义务。承租人不得以出租人提供的船舶证书不齐为由拒绝支付船舶租金。 …… 390

8.3 船舶融资租赁合同纠纷 …… 395

23 原告湖北某国际融资租赁有限公司与被告宁波某海运有限公司海事债权确权纠纷案【宁波海事法院(2012)甬海法权字第5号】…… 395

9. 船员劳务合同纠纷 …… 397

9.1 法律适用 …… 397

1 上诉人李宝森与被上诉人颜维兵船员工资纠纷案【山东省高级人民法院(2009)鲁民四终字第101号】…… 397

> **No. CB-8.3-1** 对于以售后回租方式订立的船舶融资租赁合同，法院确认有效，并据此认定承租人未按合同约定支付租金构成违约，承租人应支付租金及其延付利息、罚息，并承担为实现债权而支出的诉讼费用、律师代理费。承租人预先支付的保证金等，可以冲抵其欠付的租金。 …… 395

> **No. CB-9.1-1** 《中华人民共和国劳动合同法》《中华人民共和国工伤保险条例》《非法用工单位伤亡人员一次性赔偿办法》和劳动与社会保障部《关于确立劳动关系有关事项的通知》，均是调整用人单位与劳动者之间的劳动关系的法律、法规、部门规章，不适用于自然人之间形成的劳务合同关系。自然人之间的劳务合同关系属于广义的雇佣关系，应由普通民事法律调整。 …… 397

9.2 船员劳务合同关系的认定 …… 400

2 原告尹长星与被告宁波镇海明旭船务有限公司、福州泰海船务有限公司船员劳务合同欠款纠纷案【宁波海事法院(2009)甬海法商初字第196号】…… 400

> **No. CB-9.2-1** 船员在光船租赁期间上船工作，未提供证据证明其与船舶所有人之间存在劳动合同关系，也未提供证据证明其系受船舶所有人等派遣上船工作，因此不能向船舶所有人主张工资。 …… 400

3 上诉人赵平、刘卫红与被上诉人李本洋船员工资纠纷案【山东省高级人民法院(2007)鲁民四终字第7号】…… 402

> **No. CB-9.2-2** 雇主死亡后，雇佣关系主体发生变更，接管或继承雇主船舶的人与雇员形成雇佣关系，应承担相应的义务。 …… 402

> **No. CB-9.2-3** 对于夫妻关系存续期间对外所负的债务，债务人妻子不能举证证明债权人与债务人明确约定涉案债务为个人债务，也未能举证证明债权人知道债务人夫妻对婚姻关系存续期间所得的财产约定归各自所有，夫妻一方在婚姻关系存续期间对外所负的债务应当按夫妻共同债务处理，夫妻应对债务共同承担清偿责任。 …… 402

> **No. CB-9.2-4** 提起诉讼引起诉讼时效中断的情形，是以当事人向法院递交口头或书面起诉状为准，不以法院是否受理立案为准。对负有连带清偿共同债务人的任何一方主张权利，均会引起对共同债务诉讼时效的中断。 …… 402

4 原告苏约夫·苏约与被告吉玛印公司、卡斯特里公司船员劳务报酬纠纷案
【广州海事法院(2000)广海法事字第49号】…… 410

> **No. CB-9.2-5** 船员劳务报酬纠纷,当事人没有选择处理合同争议所适用的法律,依照《中华人民共和国民法通则》第145条的规定,应适用与争议有最密切联系的法律。因案件管辖地以及涉案船舶被扣押和被拍卖地在中国,故适用中国法律。 410

> **No. CB-9.2-6** 船员在船舶上工作,虽与船舶的所有人和经营人没有直接签订劳务合同,但双方形成了事实上的劳务合同关系。船员履行了合同义务,有权获取劳动报酬,船舶所有人和经营人应向船员支付薪酬。因船舶所有人违约不支付薪酬,船员提起诉讼,为诉讼而支出的委托律师公证费、外交送达文书翻译费、公证费等,也应由船舶所有人和经营人承担。 410

5 上诉人王作成与上诉人沧州市远盛劳务合作有限公司船员劳务合同返还保证金纠纷案【天津市高级人民法院(2005)津高民四终字第123号】…… 412

> **No. CB-9.2-7** 公司在不具备从事对外劳务合作资质的情况下,与海员签订具有对外劳务合作性质的船员培训、劳务合同的行为超越了经营范围,且其超越经营范围所从事的经营活动,违反了国家特许经营的有关规定,应认定所涉船员培训、劳务合同无效。 412

> **No. CB-9.2-8** 根据《中华人民共和国海员证管理办法》,海员证仅限持证人在为其申请办理海员证的单位工作时使用。海员脱离原所在单位或派出单位,应将海员证交回,由所在单位或派出单位送交原颁发机关注销。法院对海员提出由其个人保管船员服务簿的请求不予支持。 412

9.3 船员工资的优先权 …… 417

6 原告冯剑辉与被告海南汇祥实业有限公司、海南汇威货运有限公司船员劳动合同纠纷案【广州海事法院(2000)广海法商字第161号】…… 417

> **No. CB-9.3-1** 船员按合同约定,接受用人单位委派登轮工作,用人单位应依合同约定支付报酬。船舶所有人虽然与船员之间不存在劳动合同关系,但根据《中华人民共和国海商法》第22条第1款第1项的规定,船员因在船舶工作期间的船员劳务报酬提出的海事请求,对船舶享有船舶优先权,船员可以依法通过法院扣押船舶行使船舶优先权。船舶所有人为解除对船舶的扣押提供的相应担保,船员对船舶所有人提供的担保享有优先受偿权。 417

> **No. CB-9.3-2** 合同约定的聘用期限届满前,用人单位派人上船接替船员的大副职务,船员办理了交接手续,双方对解除该合同均无异议。根据《中华人民共和国劳动法》第28条和劳动部发布的《违反和解除劳动合同的经济补偿办法》第5条的规定,经劳动合同当事人协商一致,由用人单位解除劳动合同的,用人单位应根据劳动者在本单位的工作年限,每满1年发给相当于1个月工资的经济补偿金。工作时间不满1年的,按1年的标准发给经济补偿金。 418

7 原告朱沛云与被告浙江鸿嘉海运有限公司船员劳务合同纠纷案【宁波海事法院(2012)甬海法台商初字第22号】·················· 421

> **No. CB-9.3-3**　船员就工资欠款主张船舶优先权,法院不再要求其以扣押船舶的方式行使。　421

8 原告欧某某与被告广州某船务有限公司船员劳务合同纠纷案【广州海事法院(2012)广海法初字101号】·················· 422

> **No. CB-9.3-4**　内河船不适用《中华人民共和国海商法》有关船舶优先权的规定。　422

9.4 船员的劳务报酬、社会福利、经济补偿或赔偿金 ·················· 423

9 原告何某与被告广州市某船务有限公司船员劳务报酬纠纷案【广州海事法院(2011)广海法初字第425号】·················· 423

> **No. CB-9.4-1**　船员的用人单位自用工之日起超过1个月不满1年未与船员订立书面劳动合同的,应当向船员每月支付两倍的工资。　423

> **No. CB-9.4-2**　由于用人单位没有为船员购买社会保险,船员有权在评定伤残后主动解除劳动关系,而且可以向用人单位主张解除合同的经济补偿金。　423

> **No. CB-9.4-3**　船员应当证明其已依法向劳动行政部门投诉并且用人单位逾期未付工资,否则无权向用人单位主张迟延支付工资及经济补偿金的赔偿金。　423

10 原告周庆华与被告广东华龙远洋渔业有限公司船员劳动合同纠纷案【广州海事法院(2004)广海法初字第43、78号】·················· 428

> **No. CB-9.4-4**　船员的用人单位应当按照法律的规定和合同的约定向船员支付工资,并且为船员缴纳社会保险、提供福利待遇。　428

> **No. CB-9.4-5**　船舶驾驶不是船长的个人行为,而是以船长为指挥的全体船员相互协作的共同行为,同时受船舶本身的技术状况、航行水域的各种自然条件等因素的影响。对于船舶碰撞事故,船长的用人单位如不能举证证明船长对碰撞事故有过错以及过错程度,就不能相应扣减船长的工资。　428

> **No. CB-9.4-6**　船员劳动合同中约定用人单位从船员收入中预扣部分款项作为合同押金,应认定为无效条款。　428

⑪ 原告伍兴与被告珠海经济特区海通船务有限公司船员劳务报酬纠纷案【广州海事法院(2000)广海法事字第71号】·· 435

No. CB-9.4-7 船员依照合同约定,接受用人单位指派登轮完成了安排的工作任务,用人单位有义务按其工资分配制度和标准,向原告发放工资和有关福利补贴。但由于社会保险费是由用人单位向社会保险部门缴纳的费用,船员没有提供社会保险手册以证明用人单位已经停止为其缴纳社会保险费用,对其申请用人单位支付保险费的请求不予支持。关于雇主两全险保险费,由于用人单位已经投保,船员也已享受相应福利,对船员的该请求不予支持。法院将两项保险费从应付工资中予以扣除。 435

No. CB-9.4-8 根据《中华人民共和国海商法》第22条第1款第1项的规定,船员工资及其他劳动报酬属于船舶优先权,船员已在法院拍卖船舶时办理了债权登记,故可就拍卖价款优先受偿。 435

⑫ 原告金祥定与被告浙江勤丰海运有限公司船员劳务合同工资欠款纠纷案【宁波海事法院(2010)甬海法台商初字第29号】·· 437

No. CB-9.4-9 劳动合同在合同期届满前被解除,用人单位即被告应在解除劳动合同时一次付清劳动者工资。无故拖欠劳动者工资,用人单位除全额支付原告的工资报酬外,还需加付25%的经济补偿金。 437

No. CB-9.4-10 劳动者认为用人单位提出解除合同,应当支付解除合同的经济补偿金,对此劳动者应就用人单位的解约负有举证责任。 437

No. CB-9.4-11 根据船运业的惯例,船员在航行期间轮流当班、轮流休息,在没有证据证实双方在船上有额外加班工作或就休息日、法定节假日有特别约定的情况下,劳动者主张休息日、法定节假日的加班工资,法院不予支持。 437

⑬ 原告邓兰艳与被告重庆东方轮船公司船员劳务合同纠纷案【武汉海事法院(2005)武海法商字第548号】·· 439

No. CB-9.4-12 在雇员未履行相应的劳动义务的情况下,雇主有权根据法律规定或者双方的合同约定解除与其之间的劳动合同关系,但是必须证明其已向雇员履行了通知义务。 439

No. CB-9.4-13 雇员有权要求雇主根据法律规定或者合同约定补缴不当除名期间的养老金。由于养老金的缴纳数额并非由当事人自行决定,而是由社会保险经办机构根据国家法律、行政法规以及被告东方公司的经营状况、职工人数等有关情况确定,故法院判令雇主向社保机构核定并补缴养老费用。 439

14 上诉人居琦与被上诉人长航凤凰股份有限公司上海华泰海运分公司船员劳务合同纠纷案【上海市高级人民法院(2010)沪高民四(海)终字第174号】 …… 442

> **No. CB-9.4-14** 因用人单位作出的解除劳动合同决定而发生的劳动争议,由用人单位承担举证责任。 442

> **No. CB-9.4-15** 用人单位招用与其他用人单位尚未解除或者终止劳动合同的劳动者,给其他用人单位造成损失的,应当承担连带赔偿责任。 442

> **No. CB-9.4-16** 用人单位支付劳动者的工资报酬低于当地最低工资标准的,要在补足低于标准部分的同时,另外支付相当于低于部分25%的经济补偿金。 442

10. 船员服务合同纠纷 …………………………………………… 449

1 上诉人林强与被上诉人杨春燕船员服务合同纠纷案【山东省高级人民法院(2009)鲁民四终字第18号】 …………………………………… 449

> **No. CB-10.1-1** 在未取得《境外就业中介许可证》的情况下,从事船员出国中介服务属于《无照经营查处取缔办法》第4条第1款第5项规定的由工商行政管理部门予以查处的行为。 449

> **No. CB-10.1-2** 工商行政管理局依照规定作出处罚决定,是行政处罚行为,不属于《中华人民共和国合同法》第52条规定的导致合同无效的情形,不能以中介受到行政处罚为由认定关于安排培训和实习后取得相关船员证件、安排船员到境外船舶工作的合同无效。 449

2 上诉人于忠敏与被上诉人青岛中邦国际船舶管理有限公司海员服务合同纠纷案【山东省高级人民法院(2009)鲁民四终字第12号】 ………… 452

> **No. CB-10.1-3** 根据山东省交通厅港航局文件及其颁发的国际海运辅助业经营资格登记证,涉案的外派单位可以接受船舶所有人或船舶承租人、船舶经营人的委托,经营船舶买卖、租赁及其他船舶资产管理;机务、海务和安排维修;船员招聘、训练和配备;保证船舶技术状况和正常航行的其他服务等国际船舶管理业务。但是,上述文件不足以证明该外派单位具有外派船员的经营资质。外派单位明知其不具有外派船员的经营资质而与船员签订劳务派遣合同,法院认定外派单位在合同签订时存在欺诈行为,船员有权主张撤销该合同。 452

> **No. CB-10.1-4** 由于外派单位不具有外派船员的资质,致使合同目的不能实现,外派单位存在过错,双方的外派合同应予撤销。外派单位应向船员返还所收取的费用,船员通过培训取得的船员证书等应予退还。但是,船员未提交证据证明其主张的未能外派期间的损失,而且法院认为虽然未从事外派海员工作,尚可通过其他途径获取收入,故法院对船员主张的经济损失不予支持。 452

11. 船员人身伤亡损害赔偿纠纷 ·· 456

11.1 船员自身过错的影响 ·· 456

1 上诉人李新东与被上诉人刘和国、被上诉人员心奎海上人身损害赔偿纠纷案
【浙江省高级人民法院(2009)浙海终字第103号】 ························· 456

> **No. CB-11.1-1** 本案争议在于双方当事人之间是雇佣合同关系还是承揽合同关系。法院认为,承揽合同具有为完成一定工作、合同标的为承揽人的工作成果的重要特征。本案双方当事人约定按数量计酬,但这只是报酬支付方式,而缺少关于承揽的标的、质量、承揽方式、材料的提供、履行期限、验收标准和方法等承揽合同通常应具备的内容,故认定当事人构成雇佣合同关系。 ············ 456

> **No. CB-11.1-2** 雇员在从事涉案清砂劳动前,已有多次类似的劳动经历,对于该类工作之性质、特点、风险及本案作业的具体环境、条件、风险等应有相当之经验及认识。据此,法院认定雇员对于事故发生具有重大过失,酌定雇员自负20%的损失。 ············ 456

> **No. CB-11.1-3** 涉案《补偿协议》是在雇员受伤未完全康复的情况下所签订,雇员此后还产生了误工费、伤残赔偿金、后续治疗费等费用。法院认为,该协议构成显失公平,可予撤销。 ············ 456

2 原告徐明与被告丁立军海上人身伤亡损害赔偿纠纷案【宁波海事法院(2002)甬海事初字第104号】 ························· 461

> **No. CB-11.1-4** 船员在工作之中操作不当,对其自身受伤害有一定的过错,应适当减轻雇主的赔偿责任。 ············ 461

3 原告吴桂萍与被告宁波滨海船舶修造有限公司、浙江省三门县海运公司海上人身伤亡损害赔偿纠纷案【宁波海事法院(2008)甬海法事初字第45号】 ··· 463

> **No. CB-11.1-5** 受害人在作业时未进行必要的工具检查,在作业过程中亦未采取必要的防护措施,安全意识淡薄,故受害人对事故的发生具有重大过错,法院酌定其自负20%的损失。 ············ 463

> **No. CB-11.1-6** 发包人明知承包人自身不具备船舶除锈的安全生产条件,仍然将生产场所等出租,根据《中华人民共和国安全生产法》的有关规定,认定发包人与承包方、承租方承担连带赔偿责任。 ············ 463

4 原告李偿娥、于秋仙、林云干、林平诉被告潘爱芳、郑昌富海上人身损害责任纠纷案【宁波海事法院(2011)甬海法台事初字第43号】 ················ 467

> **No. CB-11.1-7** 雇员在船舶靠泊装货期间,在船上如厕时突然昏厥,后经医院抢救无效死亡,系自身疾病原因所致。该雇员死亡与其所任船上职务及从事的实际工作之间并无必然因果关系,死者家属亦未举证证实雇主对于死者的去世存在相应的主观过错。但因事发地点位于当时正在进行装货作业的船舶上,属于工作场合,客观上不能完全排除雇员的昏厥、死亡与其从事的实际工作之间存在局部关联的可能。因此,法院根据公平原则,判令雇主承担30%的补偿责任。 ……467

5 原告刘历历与被告舟山市定海永恒船舶修造服务有限公司、舟山市沥港船舶修造有限公司海上人身伤亡损害赔偿纠纷案【宁波海事法院(2008)甬海法舟事初字第4号】……470

> **No. CB-11.1-8** 受害人在不具有电焊资质的前提下从事电焊操作,对违规操作导致的事故具有重大过失,法院酌情其承担20%的责任。……470

> **No. CB-11.1-9** 在船舶修理的承包经营中,如果作为承包人的雇主不具有船舶修理资质,应由发包人与承包人对人身伤亡事故承担连带赔偿责任。……470

11.2 船东的安全保障义务 ……475

6 原告蒋荷娣与被告乐亨国海上人身伤亡损害赔偿纠纷案【宁波海事法院(2002)甬海事初字第18号】……475

> **No. CB-11.2-1** 雇主负有对雇员工作期间的人身健康给予必要照顾的附随义务。对远洋渔船上生产作业的雇员,雇主对其人身健康给予关照的附随义务应与这种特殊的工作环境相适应,未能及时帮助雇员回航治病导致延误治疗的,法院认定雇主没尽到对雇员健康给予必要照顾的附随义务,构成责任竞合。……475

> **No. CB-11.2-2** 当事人对造成损害均无过错,但一方是在为对方的利益或者共同的利益进行活动的过程中受到损害的,法院根据公平原则,判令一方给予另一方经济补偿。……475

7 上诉人郑建国与被上诉人刘学军海上人身伤亡损害赔偿纠纷案【浙江省高级人民法院(2009)浙海终字第151号】……477

> **No. CB-11.2-3** 最高人民法院《关于审理人身损害赔偿案件适用法律若干问题的解释》第6条规定的安全保障义务的责任主体,为从事住宿、餐饮、娱乐等经营活动或者其他社会活动的自然人、法人、其他组织。事发船舶在当时尚处于改建阶段,未对公众开放,故不属于经营活动,也不属于从事其他社会活动,因此其船舶所有人不属于司法解释规定的社会活动的安全保障义务人。但是,由于该改建船存在危险性,船舶所有人也有义务对登船人员的安全尽相应的注意义务,如警示提醒、提供伴护、照明指引等,否则应当对事故损失承担次要责任。……477

⑧ 原告孙胜然与被告亚太船务有限公司海上人身伤亡损害赔偿纠纷案【厦门海事法院（2010）厦海法事初字第 48 号】·················· 481

No. CB-11.2-4　在船舶停泊期间，非值班船员上岸休息，是航海实践的惯例，均属于工作期间。船员为了回到工作的船舶而受伤，应当属于在受雇期间间接为了雇佣活动而受伤，雇主应当承担赔偿责任。船员未尽到应有的安全注意义务，也未尽到一般人对自己应有的通常的安全注意义务，可以减轻船东的赔偿责任。 481

11.3 赔偿金的确定标准 ·················· 484

⑨ 原告周良米与被告张志挺海上人身伤亡损害赔偿纠纷案【宁波海事法院（2007）甬海法事初字第 60 号】·················· 484

No. CB-11.3-1　雇主与船员未签订书面船员劳务合同，致使船员担任的具体职务与工资标准产生争议，主要责任在于雇主。法院据此认定船员的职务，并按当地情况酌定船员的工资标准。 484

No. CB-11.3-2　双方当事人对护理时间有争议，法院根据司法鉴定意见书认定护理时间。 484

No. CB-11.3-3　被扶养人还有其他成年子女等扶养人的，赔偿义务人只需赔偿受害人应当承担的部分扶养费。 484

⑩ 原告张理想与被告毛华兵、陈福华、中国人寿保险股份有限公司三门县支公司海上人身伤亡损害赔偿纠纷案【宁波海事法院（2007）甬海法台事初字第 33 号】·················· 489

No. CB-11.3-4　虽然医院出具证明认定受害人可休息 3 个月，但根据有关规定，因伤持续误工的误工时间最晚只能计算至定残前一日，故以较短的后者为准。 489

No. CB-11.3-5　受害人未能提供其需要护理的证明，但考虑其受伤严重，法院保护其住院期间的护理费，酌定 35 元/天。 489

No. CB-11.3-6　原告不能证明其曾在城镇连续生活 1 年以上，其住所应认定为其户籍所在地，并按农村户口计算残疾赔偿金。 489

No. CB-11.3-7　法院未支持雇员向保险公司直接起诉。 489

⑪ 原告刘勇诉被告郑原兵海上人身伤亡损害赔偿纠纷案【宁波海事法院（2010）甬海法台事初字第 36 号】·················· 493

No. CB-11.3-8 受害人未提供有效证据证实其月工资为5 000元,雇主亦不予认可,故法院按照全省上一年度职工日平均工资标准计算受害人的误工损失。 ……… 493

No. CB-11.3-9 受害人以违约为诉因进行起诉,并主张精神抚慰金。法院认为受害人的人身损害较为严重,精神损害客观存在,故支持精神抚慰金的诉请,并酌定合理数额。 ……… 493

12 上诉人杨守俊与被上诉人刘金亮海上人身损害赔偿纠纷案【山东省高级人民法院(2010)鲁民四终字第104号】 ……… 495

No. CB-11.3-10 录音包含雇员工作天数、月工资数额、雇主为雇员购买人身保险、雇主给雇员看病治疗等内容。雇主否认该录音系其与雇员通话情况的记录。鉴于该录音内容足以体现雇主与雇员之间的雇佣情况,对其真伪,法院给予雇主7日期限提出鉴定申请,若其在给定期限内未申请,法院视其放弃异议的权利。雇主未在法院给定期限内对录音真伪申请鉴定,法院据此认定该录音资料具有证明力,予以采信。而且,住院病案首页联系人的记载,与录音资料中关于雇主为雇员看病的情况相互印证,进一步佐证了雇员受雇于雇主、因受雇作业受伤的事实。 ……… 495

No. CB-11.3-11 雇员在受雇用过程中从事雇佣工作而受伤,雇主应向雇员赔偿医疗费、住院伙食补助费、护理费、残疾赔偿金等。 ……… 496

No. CB-11.3-12 目前我国精神损害抚慰金责任的承担仅适用于民事侵权案件,雇员基于雇佣关系起诉精神损害抚慰金,法院不应支持。 ……… 496

11.4 船员工伤保险 ……… 499

13 原告黄贞生、钟国珍、黄郑、黄顺、何洁云诉被告陈炳根水上工伤事故社会保险待遇赔偿纠纷案【广州海事法院(2004)广海法初字第360号】 ……… 499

No. CB-11.4-1 我国境内的各类企业、有雇工的个体工商户应当按规定参加工伤保险,为单位全部职工或者雇工缴纳工伤保险费。如果未参加工伤保险,用人单位职工发生工伤的,应当由用人单位按照《中华人民共和国工伤保险条例》规定的工伤保险待遇项目和标准,支付费用。 ……… 499

14 原告黄国辉与被告佘明仁、李宛然海上人身损害赔偿纠纷案【厦门海事法院(2010)厦海法事初字第19号】 ……… 507

No. CB-11.4-2 个人非《中华人民共和国劳动法》意义上的用人单位,与个人之间系《中华人民共和国民法通则》所调整的雇佣关系,而非《中华人民共和国劳动法》所调整的劳动关系,个人并无义务为其雇员建立工伤保险关系。鉴于个人在雇佣活动过程中受伤,雇员选择以侵权起诉其个人雇主,其伤残等级应参照《道路交通事故受伤人员伤残评定》标准予以确定。《劳动能力鉴定——职工工伤与职业病致残等级鉴定》对涉案情形不适用。 ……… 507

⑮ 原告陈成法与被告浙江中兴海运有限公司海上人身伤亡损害赔偿纠纷案【宁波海事法院(2010)甬海法舟事初字第3号】 ································ 509

> **No. CB-11.4-3** 在存在劳动合同关系的情形下,受雇人主张其在工作期间因履行职务而受伤害,不能选择依赖"雇主责任"直接向雇主索赔人身伤害损失,而应依法经由工伤认定——行政诉讼之程序获得工伤保险救济。 509

> **No. CB-11.4-4** 受雇人在工作期间受伤,在其可能丧失工伤保险等其他救济权利的情况下,法院根据民法的公平原则,判令雇主补偿部分损失。 509

11.5 调解协议书的法律效力 ································ 513

⑯ 原告苟洪源与被告欧后顺海上人身伤亡损害赔偿纠纷案【宁波海事法院(2010)甬海法事初字第54号】 ································ 513

> **No. CB-11.5-1** 在雇主与受伤船员签订调解协议书时,受害人尚未确定伤残等级,双方对定残后应获得的赔偿未明确约定。考虑到受害人当时尚未定残,其对定残后可得之赔偿亦存在认识上的显著缺陷,且受害人定残后依法可获之赔偿额与调解协议书约定的赔偿额差距巨大,已构成重大误解并导致显失公平。因此,法院判决对调解协议书内容予以变更,对原告定残之后3项费用(包括残疾赔偿金、精神损害抚慰金、鉴定费),雇主应当另行支付。 513

⑰ 原告李剑与被告李爱松海上人身伤亡损害赔偿纠纷案【宁波海事法院(2010)甬海法台事初字第16号】 ································ 515

> **No. CB-11.5-2** 涉案《人民调解协议书》系双方真实意思表示,形式规范,但因约定的和解款项与原告各项费用或损失的数额相差过大,对原告而言显失公平,法院同意受害人申请撤销该调解协议。 515

海上保险卷

1. 海上保险法的基本原则 …………………………………………………… 001
1.1 保险利益原则 …………………………………………………………… 001

1 原告黄春发有限公司与被告中国太平洋保险公司广州分公司海上运输货物保险合同纠纷案【广州海事法院(2000)广海法重字第 1 号】………………… 001

> **No. HX-1.1-1**　保险人承保一切险,应对承保货物失踪是否属于外来原因所致,是否属于一切险的责任范围承担举证责任,其出具的保险单没有列明外来原因的范围,也没有提供充分有效的证据证明货物失踪不属于外来原因所致,法院认定货物失踪是外来原因所致,属于一切险的责任范围。 ………… 001

> **No. HX-1.1-2**　根据保险利益原则,被保险人在投保时或发生保险事故时,对保险标的应当具有保险利益。故买方的进口代理人在投保时或发生事故时,对保险标的不具有保险利益。 ………………………………………………… 001

2 原告烟台市威盛国际船舶管理有限公司与被告中国大地财产保险股份有限公司威海中心支公司船舶保险合同纠纷案【青岛海事法院(2009)青海法海商初字第 353 号】………………………………………………………………… 012

> **No. HX-1.1-3**　船舶经营管理人,以自己的名义与保险人签订《远洋船舶保险单》,既是投保人也是被保险人,在船舶事故发生时,对保险标的具有保险利益。 ………………………………………………………………………… 012

> **No. HX-1.1-4**　保险人没有按照保险合同的约定及时履行保险人的义务,并拒绝支付保险赔偿金,导致船舶不能及时维修、长期处于停运状态,依照《中华人民共和国保险法》第 23 条的规定,保险人应赔偿被保险人的船期损失。 ………… 012

3 原告东方建筑材料公司与被告中国人民保险公司宜昌市伍家区支公司、中国人民保险公司宜昌分公司海上货物运输保险合同纠纷案【武汉海事法院(2001)武法商字第 8 号】………………………………………………… 020

> **No. HX-1.1-5**　货运代理人对代理托运的货物不具备法定的可保利益,但是可以根据托运人的委托,以自己的名义购买保险,此时,货运代理人的购买保险行为实质上是代理托运人所为的投保行为。由于托运人具有法律上的可保利益,因而,保险人不得以不具备保险利益为由拒绝赔偿。 ……………………… 020

4 原告荆门新立医用纺织品有限公司与被告中国平安财产保险股份有限公司湖北分公司海上货物运输保险合同纠纷案【武汉海事法院(2011)武海法商字第867号】……023

> **No. HX-1.1-6** 根据贸易条款,在货物风险已转移至买方,且货物运输的正本提单亦在货物运输途中流转至买方,买方最终凭正本提单在卸货港提取了货物,此时,卖方对涉案保险货物不具有保险利益。……023

5 上诉人上海金荣翔企业发展有限公司与被上诉人中国太平洋财产保险股份有限公司上海分公司海上保险合同纠纷案【上海市高级人民法院(2012)沪高民四(海)终字第73号】……025

> **No. HX-1.1-7** 提单已经转让给收货人,且收货人已经提货的,根据《中华人民共和国保险法》第49条的规定,保险标的转让的,保险标的的受让人承继被保险人的权利和义务,托运人或被保险人不再具有保险利益。……025

6 上诉人福建省南安市南泰船业有限公司与被上诉人太平保险有限公司泉州中心支公司海上保险合同纠纷案【福建省高级人民法院(2010)闽民终字第13号】……029

> **No. HX-1.1-8** 虽然投保人向保险人投保水路货物运输承运责任险并约定其为被保险人,但其既不是船舶的所有权人,也不是经营人的,对保险标的没有保险利益,无权向保险人主张保险赔偿。……029

7 上诉人泉州鸿圣轻工有限公司与被上诉人天安保险股份有限公司浙江省分公司海上运输货物保险合同纠纷案【福建省高级人民法院(2010)闽民终字第553号】……031

> **No. HX-1.1-9** 虽然报关单载明的交易方式为FOB,但在运输环节与保险均由卖方自行安排并支付费用,这实际上已对贸易方式作出了重大变更,货交收货人之前的一切风险仍归属于卖方,故保险人关于货物越过船舷风险即转移的主张,法院不予支持,卖方具有保险利益。……031

> **No. HX-1.1-10** 货损因承运人的非法行为所致,并因此导致货物不能在预定抵达目的地的日期起6个月以内交讫,托运人对此也并无过错或存在任何故意或过失,案涉货物损失应认定属于一切险责任范围的保险事故。……031

8 原告赵典藏、金志贝、陈德喜、吴昌南与被告中国人民财产保险股份有限公司温州市分公司船舶保险合同保险赔款纠纷案【宁波海事法院(2006)甬海法温商初字第39号】……039

> No. HX-1.1-11　在船舶所有人和船舶经营人分离的情况下,以船舶作为保险标的(而非船舶经营人的经营收益)的保险利益,应当认定为由船舶所有人享有。　039

> No. HX-1.1-12　保险单记载船舶经营人(实为被挂靠人)作为被保险人,但保险为沿海内河船舶一切险,因此应视船舶经营人系代理船舶所有人签订保险合同。　039

1.2 近因原则 …………………………………………………………… 046

⑨ 原告华泰财产保险股份有限公司浙江省分公司与被告中远集装箱运输有限公司海上货物运输合同纠纷案【上海海事法院(2011)沪海法商初字第627号】……………………………………………………………………… 046

> No. HX-1.2-1　保险事故应与保险责任存在因果关系,保险事故虽然发生在保险责任期间,作为第三人的承运人有证据证明涉案货损系因托运人过错所致,即涉案事故原因属于承运人法定免责事由,故承运人不应承担损害赔偿责任,保险人取得代位求偿权后,也无权请求其赔偿。　046

⑩ 原告福建省某轮船公司与被告某财产保险股份有限公司广东分公司海上保险合同纠纷案【宁波海事法院(2011)甬海法商初字第294号】………… 052

> No. HX-1.2-2　被保险人既应证明有承保风险的具体事实发生,还应证明该事实与承保风险间存在近因关系。因各种原因导致的海难事故,被保险人应举证证明保险事故的直接原因系保险风险所致,否则无权获得保险赔偿。　052

1.3 最大诚信原则 ……………………………………………………… 055

⑪ 上诉人中国太平洋保险公司杭州分公司与被上诉人应芝龙船舶保险纠纷案【浙江省高级人民法院(2001)浙经二终字第105号】……………………… 055

> No. HX-1.3-1　被保险人对船舶在开航时已处于不适航状态事实上知情,事后以不知道船舶不适航为由要求不能免除保险人的赔偿责任,不符合保险合同的最大诚信原则。　055

> No. HX-1.3-2　属于法定保险责任的免责事项,即使认定保险人未履行除外条款告知义务,保险人也可以依法免责。　055

⑫ 上诉人大众保险股份有限公司宁波分公司与被上诉人浙江润欣港航工程有限公司船舶保险合同纠纷案【浙江省高级人民法院(2009)浙海终字第96号】… 058

> No. HX-1.3-3　保险人在接到出险通知后未组织实地勘验,亦未提出相应的维修建议或要求,在拒赔告知书中也未提及擅自修理是否影响理赔,不但怠于行使其权利,亦违背了保险人的最大诚信原则。被保险人为减少损失而及时对船舶进行修理,在修理前未及时通知保险人,不影响其保险索赔。　058

2. 海上保险合同的成立、解除和转让 ………………………………… 064

2.1 合同成立 ……………………………………………………………… 064

1 原告伍玉荣与被告中国人民保险公司台山市支公司船舶保险合同纠纷案【广州海事法院(2000)广海法事字第59号】……………………………… 064

> **No. HX-2.1-1** 船舶共有人之一向保险人投保,并交纳了保费,保险单中载明的被保险人是仅为该投保人个人而非全部共有人,也未反映出其是代理全部共有人身份的保险合同,仅在该投保人个人与保险公司之间有效,其他共有人并不是该保险合同所保障的被保险人,其他共有人以个人名义索赔,不享有该保险合同项下的保险赔偿金请求权。 064

2 原告汽船相互保险协会(百慕大)有限公司与被告蓝贝壳航运有限公司船舶保赔保险合同保险费纠纷案【武汉海事法院(2001)武海法宁商字第132号】…… 068

> **No. HX-2.1-2** 根据英国的海上保险的司法实践,承保条已被认可为海上保险单,保险人一旦签署保险经纪人准备的承保条,该保险合同便视为成立。 068

3 上诉人杭州翔盛进出口有限公司、杭州翔盛纺织有限公司与被上诉人太平保险有限公司浙江分公司海运货物保险合同纠纷案【浙江省高级人民法院(2009)浙海终字第80号】………………………………………………… 072

> **No. HX-2.1-3** 被保险人就涉案货物向保险公司投保时货物已装船,保险人在货物装船数日后签发保单依然有效。保险人收到投保人的要约时,应当对将要承保的标的物的品质等相关状况进行审查核实以决定承保与否。如果保险人对保险标的未经审核即承保或应当知道保险标的物已经出险而仍然予以承保,则保险人应当承担由此产生的法律责任,即视为保险人已经放弃对签发保险单时标的物品质的异议权。 072

2.2 合同转让 ……………………………………………………………… 081

4 原告某保险公司深圳分公司与被告某综合航运公司、深圳市某实业公司、东莞市某实业公司海上货物运输合同纠纷案【广州海事法院(2009)广海法初字第455号】…………………………………………………………… 081

> **No. HX-2.2-1** 海上货物运输保险合同可以由被保险人背书或者以其他方式转让,合同的权利义务随之转移。 081

> **No. HX-2.2-2** 境外形成的检验报告作为外文书证未附中文译本和证明事实,亦未经公证、认证,法院不予作为证据采纳。 081

⑤ 原告中国平安财产保险股份有限公司北京分公司与被告智利航运国际有限公司海上货物运输合同纠纷案【上海海事法院（2009）沪海法商初字第948号】·················· 087

> **No. HX-2.2-3** 保险人已经提供从收货人处取得的经过托运人空白背书的指示提单，且报关单中载明实际收货人系涉案货物的收货人，故收货人通过空白背书转让的方式取得了涉案提单，为提单的合法持有人。此时，保险人根据收货人指示进行赔付后，即可取得代位请求赔偿权，保险合同的相关权利、义务随提单转让给收货人。 087

2.3 合同解除 ·················· 090

⑥ 原告中国大地财产保险股份有限公司舟山中心支公司诉被告乐清市运鸿海运有限公司、虞元飞船舶保险合同保费返还纠纷案【宁波海事法院（2009）甬海法温商初字第26号】·················· 090

> **No. HX-2.3-1** 因保险公司工作人员的失误导致的多退保险费，应由船舶登记所有人按所有权份额承担不当得利的退款责任。如共同所有权人死亡，保险公司未追加其继承人作为共同被告，视为保险公司放弃对该部分份额的权利。 090

> **No. HX-2.3-2** 保险公司因自身疏忽导致不当得利发生，且在保险费多退事实发生后，未在第一时间及时行使救济权利，因此导致的利息损失应由其自行承担。 090

3. 被保险人义务 ·················· 094

3.1 告知义务 ·················· 094

① 原告中谷集团浙江粮油有限公司与被告中国人民保险公司广州市珠江支公司保险合同纠纷案【广州海事法院（2003）广海法初字第92号】·················· 094

> **No. HX-3.1-1** 保险合同中的投保人应客观、真实、全面地向保险人介绍保险标的的情况，没有履行这个义务时，保险人有权解除合同，对合同解除前的保险事故不承担责任。 094

② 原告中国人民财产保险股份有限公司深圳市分公司与被告深圳金秀国际仓运有限公司海上货物运输合同货损纠纷案【广州海事法院（2003）广海法初字第296号】·················· 099

> **No. HX-3.1-2** 托运人有义务将危险品的正式名称和性质以及应当采取的危害措施书面通知承运人。由于托运人的保险代位请求赔偿权人未能证明托运人曾向承运人说明货物的特性及装载的要求，承运人对涉案货物按普通货物装载而引发的货损并无过错，保险代位请求赔偿权人要求承运人赔偿因其过错造成的货物损失，无法律依据，不予支持。 099

③ 上诉人西谷商事株式会社与被上诉人中国人民保险公司青岛市分公司海上货物运输保险合同纠纷案【山东省高级人民法院(2002)鲁民四终字第45号】 103

> **No. HX-3.1-3** 货物装在甲板上并用拖轮拖带运输这种方式有自己特殊的风险,能够影响保险人据以确定保险费率或是否同意承保的判断,构成《中华人民共和国海商法》第222条规定的"重要情况"。投保人投保时未将货物装载于驳船甲板上由拖轮拖带运输这一"重要情况"告知保险人,视为被保险人未尽如实告知义务,这一"重要情况"导致保险事故后,保险人可免予赔偿。 103

④ 原告上海汉虹精密机械有限公司与被告太阳联合保险有限公司海上保险合同纠纷案【上海海事法院(2010)沪海法商初字第714号】 108

> **No. HX-3.1-4** 被保险人因过失未履行如实告知义务的,保险人对保险合同解除前发生的与未告知情况没有因果关系的保险事故造成的损失,应当负赔偿责任,保险合同的解除不影响保险人承担该部分的保险责任。 108

> **No. HX-3.1-5** 被保险人在诉讼时效内,既没有向负有责任的第三人索赔,也没有向法院提起诉讼,导致保险人在理赔后无法在诉讼时效期限内起诉第三人,保险人可以相应扣减或免除保险赔偿。 108

⑤ 上诉人怡信有限公司与被上诉人中国平安财产保险股份有限公司北京分公司、中国平安财产保险股份有限公司船舶保险合同纠纷案【天津市高级人民法院(2008)津高民四终字第58号】 113

> **No. HX-3.1-6** 废钢船虽然在起拖前由专业验船师进行了检验并出具了适航证书,但船舶缺陷通过通常合理的检验即可发现时,并非潜在缺陷。潜在缺陷是指由谨慎的检验人以通常、合理的方法不能发现的瑕疵。被保险人并未在订立合同前将船舶缺陷的重要情况告知保险人,未尽到如实告知义务,保险人不应当承担保险赔偿责任。 113

⑥ 原告嘉兴某化工进出口有限公司与被告某责任保险股份有限公司嘉兴中心支公司海上保险合同纠纷案【宁波海事法院(2012)甬海法商初字第274号】 121

> **No. HX-3.1-7** 投保单记载的装载工具有两条船舶,视为被保险人在投保时已经向保险人告知了转运的事实。保险人无权以转运未向其通知为由拒绝赔偿。 121

> **No. HX-3.1-8** 在被保险人已委托检验机构、完成初步证明的情况下,保险人未提供充分证据证明检验公司内容为虚假、伪造或其相关记载完全无据,法院对检验机构的结果应予认定。 121

3.2 保证义务

7 原告邬苏国与被告中国太平洋保险公司舟山市分公司船舶保险合同纠纷案
【宁波海事法院(2000)甬海商初字第114号】······ 123

> **No. HX-3.2-1** 保险合同约定,船舶驶出载明的航区造成的损失、费用和责任,保险公司不承担责任。由于船舶违反了保险合同约定的航区保证义务,保险公司有权拒赔。　　　　　　　　　　　　　　　　　　　　　　123

3.3 提供材料的义务 ······ 125

8 上诉人中国太平洋财产保险股份有限公司舟山中心支公司与被上诉人庄和昌船舶保险合同纠纷案【浙江省高级人民法院(2009)浙海终字第4号】······ 125

> **No. HX-3.3-1** 行使先履行抗辩权的前提需存在对等给付,即双方当事人存在相当的主给付义务。被保险人根据约定,应当向保险人提交相关材料,但是此类材料并非与保险事故有关的主要材料,该义务与保险人支付赔款的义务不相当。因此,保险人行使先履行抗辩权缺乏相应的条件,无法得到支持。　　　　　　125

3.4 出险后义务 ······ 128

9 原告海源润铝材玻璃有限公司与被告中国平安财产保险股份有限公司秦皇岛中心支公司水路货物运输保险合同赔偿纠纷案【上海海事法院(2005)沪海法商初字第37号】······ 128

> **No. HX-3.4-1** 一旦保险事故发生,被保险人应当立即通知保险人,并采取必要的合理措施,防止或者减少损失。被保险人收到保险人发出的有关采取防止或者减少损失合理措施的特别通知的,应当按照保险人通知的要求处理。对于被保险人违反前款规定所造成的扩大损失,保险人不负赔偿责任。　　　　　　128

4. 保险人的义务 ······ 131

4.1 合同条款解释义务 ······ 131

1 原告广东富虹油品有限公司与被告中国平安财产保险股份有限公司深圳分公司海上货物运输保险合同纠纷案【广州海事法院(2005)广海法初字第211号】······ 131

> **No. HX-4.1-1** 保险人收到被保险人的赔偿请求后,应当及时作出核定,与被保险人协商赔偿,履行赔偿义务;保险人未及时履行赔偿义务的,除支付保险赔偿金外,还应当赔偿被保险人因此受到的损失。　　　　　　　　　　　131

> **No. HX-4.1-2** 保险人没有举证证明其在投保人接受保险单以前已向投保人明确说明了保险除外责任条款,应认定保险人在订立保险合同时没有向投保人说明除外责任条款,保险单规定的除外责任条款不产生效力,保险人无权依据保险单中的除外责任条款拒赔。　　　　　　　　　　　　　　　　131

② 再审申请人海南丰海粮油工业有限公司与原审上诉人中国人民财产保险股份有限公司海南省分公司海运货物保险合同纠纷案【最高人民法院（2003）民四提字第 5 号】 ………………………………………………………………… 140

> **No. HX-4.1-3** 在海上运输货物保险合同中，中国人民保险公司《海洋运输货物保险条款》规定的一切险，除包括平安险和水渍险的各项责任外，还包括被保险货物在运输途中由于外来原因所致的全部或部分损失。在不存在被保险人故意或者过失的情况下，除非被保险货物的损失属于保险合同规定的保险人的除外责任，保险人应当承担运输途中外来原因所致的一切损失。 …………………… 140

③ 上诉人浙江奥圣船务工程有限公司与上诉人中国人寿财产保险股份有限公司浙江省分公司等海上保险合同纠纷案【天津市高级人民法院（2010）津高民四终字第 137 号】 ………………………………………………………………… 145

> **No. HX-4.1-4** 中国人民银行《沿海内河船舶保险条款解释》对搁浅的概念进行的限定，属于中国人民银行的行业内部规定，并不属于保险合同约定的范围，如保险公司未将该相关内容告知被保险人，该解释对被保险人不发生法律效力。 …… 145

> **No. HX-4.1-5** 保险公司的分支机构，虽依法可以独立参加诉讼并独立对外承担责任，但并不影响被保险人向其上级总公司提出赔偿的权利，法院可以判决保险公司的分支机构和其上级总公司共同承担赔偿责任。 …………………………… 145

④ 原告湖北华闽海运有限公司与被告阳光财产保险股份有限公司泉州中心支公司海上保险合同纠纷案【厦门海事法院（2012）厦海法商初字第 147 号】 … 154

> **No. HX-4.1-6** 保险条款约定的如依法能从第三者或其他保险获得赔偿时，本保险仅对不足额部分予以赔偿之条款，属于减轻保险人责任的条款，在保险人未尽到说明义务的情况下，属于无效条款。 ……………………………………… 154

> **No. HX-4.1-7** "除外责任"上以粗体印刷方式显示，且保险人也对免除责任条款的内容向被投保人作了明确说明，除外责任条款有效。在除外责任条款有效的条件下，保险人欲免责还需要证明保险事故系免责事由所致。 ……………… 154

4.2 及时赔付义务 …………………………………………………………………… 157

⑤ 上诉人海南昌信船务有限公司与中国太平洋保险公司海南分公司船舶保险合同纠纷案【海南省高级人民法院（1999）琼经终字第 87 号】 ……………… 157

> **No. HX-4.2-1** 发生保险事故造成损失后，保险人应当及时向被保险人支付保险赔偿。保险人拒绝赔偿，属于违约行为，依法应承担向被保险人支付保险金和赔偿因迟延支付保险金造成被保险人损失的法律责任。 ……………………… 157

⑥ 原告江苏省航运公司张家港公司与被告华泰财产保险股份有限公司南京分公司、第三人南京兴安航运有限公司船舶保险合同纠纷案【武汉海事法院(2001)武海法通商字第65号】………………………………………… 162

> **No. HX-4.2-2** 在不足额保险中,为减少损失而产生的打捞费等施救费用,保险公司应当按保险金额与保险价值的比例赔付。 …… 162

5. 保险标的的损失和委付 ………………………………… 165

5.1 保险标的的损失 ……………………………………… 165

❶ 原告重庆市长江三峡旅游船有限公司与被告中国人民财产保险股份有限公司重庆市分公司船舶保险合同纠纷案【武汉海事法院(2006)武海法商字第159号】………………………………………………………………… 165

> **No. HX-5.1-1** 在财产保险合同中,保险价值应该与保险标的的实际价值相当。定值保险高于船舶在事故发生之时的实际价值,法院认定违反补偿原则,高出部分不应获得赔偿。 …………………………………………… 165

> **No. HX-5.1-2** 船舶发生实际全损,被保险人要求保险人委付时,保险人有权拒绝接受被保险人的委付。 ………………………… 165

❷ 原告中国太平洋财产保险股份有限公司深圳分公司、中化国际石油公司与被告莫林大财产有限公司海上货物运输合同货差纠纷案【广州海事法院(2005)广海法初字第417号】……………………………………………… 173

> **No. HX-5.1-3** 主张油类货物短少数量应扣除0.5%的自然损耗和计量误差,无法律依据。 ……………………………………………… 173

❸ 原告中国平安财产保险股份有限公司青岛分公司与被告朗帆(香港)有限公司海上、通海水域货物运输合同纠纷案【上海海事法院(2009)沪海法商初字第710号】………………………………………………………………… 176

> **No. HX-5.1-4** 在运输合同项下,应以货物实际价值计算货损金额,参照国际惯例,大宗散货在运输交接过程中的合理计量允差可确定为0.5%。 …… 176

❹ 原告中国人民财产保险股份有限公司石家庄市分公司与被告中海发展股份有限公司海上货物运输合同货损代位偿纠纷案【天津海事法院(2005)津海法商初字第197号】……………………………………………………………… 179

No. HX-5.1-5 中国《出入境检验检疫指南》中有关检验检疫局计量的说明,只是说明计量器的误差,该项计量器的误差仅是检验检疫局计量时自己掌握的合理计算方法,与货物短重没有关联性。运输过程之中不是必然出现0.5%的允许误差,也没有证据表明油类运输0.5%的允许误差属于国际惯例。承运人应按提单表面记载的货物数量交付货物,而不是依据船上的空距报告记载的货物数量交付货物。 179

5 原告中国人民财产保险股份有限公司北京市直属支公司与被告铜河海运有限公司、寰宇船务企业有限公司海上货物运输合同代位求偿纠纷案【宁波海事法院(2003)甬海商初字第353号】 182

No. HX-5.1-6 承运人必须按提单记载的原油数量交付收货人。即使提单中有关货物状况的资料是由托运人提供的,承运人知道或有合理根据怀疑其接收或装船的货物状况与提单记载不符或无法核对时,也应该在提单上作出批注。即使承运人有装货港的空距报告证明实际接收的货物或装船的货物与提单记载不符(但数量证书、发票与提单记载数量相符),提单数量也应成为承运人交货义务的证据。 182

No. HX-5.1-7 0.5%范围之内的油类运输损耗系国际海上油运业惯例,法院予以认可。 182

5.2 委付 188

6 原告莫斯科考兰特有限公司与被告中国平安保险股份有限公司绍兴支公司、中国平安保险股份有限公司海上货物保险合同纠纷案【宁波海事法院(1999)甬海商初字第209号】 188

No. HX-5.2-1 被保险人要求保险人按照全部损失赔偿的,应当向保险人委付保险标的,但却未经委付而直接销毁全部货物,该行为有过错,应对此负部分法律责任。 188

No. HX-5.2-2 保险单抬头和印鉴均为平安总公司,但保险单上保险人的地址和电话为平安绍兴公司的营业场所。法院认定保险合同系平安绍兴公司与被保险人签订。 188

6. 保险赔偿 194

6.1 代位求偿权 194

1 原告中国人民财产保险股份有限公司某公司与被告某市某第三水运公司、杨某某水路货物运输合同纠纷案【广州海事法院(2010)广海法初字第403号】 194

No. HX-6.1-1 依据《中华人民共和国保险法》第60条之规定,受理保险人行使代位请求赔偿权利纠纷案件的法院,应当仅就造成保险事故的第三人与被保险人之间的法律关系进行审理,当事人关于保险合同是否成立等有关保险合同法律关系的抗辩,不在审理范围之内。 …… 194

No. HX-6.1-2 保险公司主张利息损失的,应从实际赔付之日起计算,而非从其打印赔款收据之日起算。 …… 194

❷ 原告中国人民财产保险股份有限公司宁波市分公司与被告深圳市华展国际物流有限公司、马士基(中国)航运有限公司、A.P.穆勒-马士基有限公司海上货物运输合同货损纠纷案【广州海事法院(2006)广海法初字第159号】…… 198

No. HX-6.1-3 保险代位求偿权是一种法定的权利,在保险人对被保险人实际赔付后即取得代位求偿权,该权利的取得并不以保险人取得权益转让书为必要条件。保险人向被保险人作出了保险赔付,持有涉案正本提单和保险单,依法取得了代位求偿权,有权提起诉讼,行使收货人的权利,要求承运人承担民事责任。 …… 198

❸ 原告中国平安财产保险股份有限公司江门中心支公司与被告中海集装箱运输深圳有限公司江门分公司、中海集装箱运输深圳有限公司、五洲航运有限公司海上货物运输合同货损赔偿纠纷案【广州海事法院(2006)广海法初字第84号】 …… 203

No. HX-6.1-4 抢劫并不同于海盗行为,不属于《中华人民共和国海商法》第51条规定的免责情形。 …… 203

❹ 原告中国人民财产保险股份有限公司海南省分公司与被告湛江市沧海船务有限公司、广州市港信航务实业有限公司船舶碰撞损害赔偿纠纷案【广州海事法院(2003)广海法终字第84号】 …… 206

No. HX-6.1-5 保险人支付的保险赔偿小于货物损失的,保险人依法只能在其保险赔偿范围内行使代位求偿权。 …… 206

❺ 原告中国人民财产保险股份有限公司上海市分公司与被告天津中远国际货运有限公司、中远集装箱运输有限公司海上货物运输合同纠纷案【天津海事法院(2004)津海法商初字第722号】 …… 210

No. HX-6.1-6 保险单和提单虽经背书,但均为空白背书,保险人持有正本保险单和全套正本提单,应认定其具有合法的代位求偿权。 …… 210

No. HX-6.1-7 承运人的签单代理人与保险人及被保险人之间没有海上货物运输合同关系,不应承担货损责任。 …… 210

⑥ 上诉人江苏省宝江运贸有限公司与被上诉人中国人民财产保险股份有限公司唐山市分公司沿海货物运输合同纠纷案【天津市高级人民法院（2010）津高民四终字第35号】……………………………………………………… 213

> **No. HX-6.1-8** 判断保险人是否取得代位求偿权，主要应审查其是否向被保险人支付了赔款。保险代位求偿权诉讼案件，对于保险合同关系是否成立等问题，不属于案件的审理范围。 213

⑦ 上诉人中国人民财产保险股份有限公司东莞市分公司与被上诉人王振旭海上保险合同代位求偿权纠纷案【福建省高级人民法院（2011）闽民终字第467号】……………………………………………………… 218

> **No. HX-6.1-9** 受理保险人行使代位请求赔偿权利纠纷案件的，人民法院应当仅就造成保险事故的第三人与被保险人之间的法律关系进行审理，第三人抗辩保险人理赔程序不正当的，并不对第三人责任承担产生任何影响。 218

6.2 保险责任的期间 …………………………………… 224

⑧ 原告广东恒兴集团有限公司与被告华泰财产保险股份有限公司广东省分公司海上货物运输保险合同纠纷案【广州海事法院（2007）广海法初字第426号】……………………………………………………… 224

> **No. HX-6.2-1** 保险条款中"仓至仓"责任自被保险货物运离保险单所载明的起运地仓库，或储存处所开始运输时生效，包括正常运输过程中的海上、陆上、内河和驳船运输在内，直至该项货物到达保险单所载明目的地收货人的最后仓库，或储存处所或被保险人用作分配、分派或非正常运输的其他储存处所为止。 224

> **No. HX-6.2-2** 在"仓至仓"运输的保险纠纷中，若无证据证明被保险人知道有转船运输的事实，转船运输并不影响保险合同的有效性；海上货物运输法律关系与海上货物运输保险法律关系是两个不同的法律关系，不能以承运人应否承担责任来决定保险人责任的归属与否。 224

⑨ 原告尤迪特包装私人有限公司、原告上海耀科印刷机械有限公司与被告大众保险股份有限公司海上保险合同纠纷案【上海海事法院（2011）沪法商初字第101号】……………………………………………………… 230

> **No. HX-6.2-3** 保险单背面条款责任起讫约定的"仓至仓"责任，保险责任的终止是在被保险货物到达保险单所载明目的地收货人的最后仓库或储存处所或被保险人用作分配、分派或非正常运输的其他储存处所为止。如未抵达上述仓库或储存处所，则以被保险货物在最后卸货港全部卸离海轮后满60天为止。如在上述60天内被保险货物需转运到非保险单所载明的目的地时，保险期间则以该项货物开始转运时终止。 230

⑩ 原告厦门鹭永信实业有限公司与被告中国人民保险公司厦门市分公司海上货物运输保险合同纠纷案【厦门海事法院(2004)厦海法商初字第219号】 … 233

> **No. HX-6.2-4** 货物保险"仓至仓"条款约定,自被保险货物运离保险单所载明的起运地仓库或储存处所开始运输时生效,直至该项货物到达保险单所载明目的地的最后仓库或储存处所或被保险人用作分配、分派或非正常运输的其他储存处所为止。因此,被保险人在拖车公司停车场开柜,停车场应视为分配、分派货物的场所,保单的责任期间到拖车公司的停车场止。被保险人不能证明在保险责任期间发生了保险事故,对其要求保险人支付保险赔款的主张不予支持。 233

⑪ 原告宁波钢铁有限公司与被告中国平安财产保险股份有限公司宁波分公司、中国平安财产保险股份有限公司水运货物运输保险合同纠纷案【宁波海事法院(2008)甬海法商初字第12号】 …………………………………………… 236

> **No. HX-6.2-5** 码头卸船险,承担的责任是货物在装卸过程中意外事故造成的直接损失,责任起自货物卸离海轮时,至装上运输车辆时终止。"卸离海轮"如无特别约定,按照对保险人不利的解释,自货物被吊离舱底开始计算保险期间。 236

> **No. HX-6.2-6** 被保险人有权选择依据保险合同向保险人索赔,也有权选择依据其他法律关系向责任方索赔。保险合同作出"被保险人必须先向事故责任方索赔,然后才能向保险人索赔"的限制性约定,该约定无效。 236

6.3 保险责任的范围 …………………………………………… 240

⑫ 华安财产保险股份有限公司与兄弟海运有限公司海上货物运输合同纠纷案【广州海事法院(1999)广海法深字第98号】 …………………………………… 240

> **No. HX-6.3-1** 依据买卖合同双方达成的货损货差赔偿协议,并不能证明货物短少发生在保险责任期间,法院不能以此作为定案的依据。 240

> **No. HX-6.3-2** 理货公司与进出口商品检验局对同一事项的检验结果有差异时,除有充分证据证明进出口商品检验局的结果有瑕疵,否则法院会以进出口商品检验局的结果为准。 240

⑬ 原告广东温氏食品集团有限公司与被告中国人民财产保险股份有限公司广州市分公司海上货物运输保险合同纠纷案【广州海事法院(2005)广海法初字第103号】 ……………………………………………………… 245

> **No. HX-6.3-3** 保险合同对保险金额及赔偿或者给付期限有约定,保险人应当依照保险合同的约定,履行赔偿或者给付保险金义务。保险人未及时履行前款规定义务的,除支付保险金外,应当赔偿被保险人因此受到的损失。 245

> **No. HX-6.3-4** 被保险人为防止或者减少根据合同可以得到赔偿的损失而支出的必要的合理费用，为确定保险事故的性质、程度而支出的检验、估价的合理费用，以及为执行保险人的特别通知而支出的费用，应当由保险人在保险标的损失赔偿之外另行支付。 245

14 上诉人中国平安财产保险股份有限公司烟台中心支公司与被上诉人烟台大海国际船舶管理有限公司船舶保险合同纠纷案【山东省高级人民法院（2007）鲁民四终字第123号】 250

> **No. HX-6.3-5** 事故发生在保险责任期间，因船员疏忽行为造成的船舶损失事故，属于保险人船舶保险条款（1986年1月1日施行）一切险条款中船长、船员的疏忽行为所造成的船舶部分损失，为承保范围，保险人应当承担保险赔偿责任。 250

15 上诉人中国人民保险公司青岛市分公司与被上诉人巴拿马浮山航运有限公司船舶保险合同纠纷案【山东省高级人民法院（2001）鲁经终字第314号】 256

> **No. HX-6.3-6** 被保险人所属船舶在国外被当地法院扣留后，被保险人及时通知了保险人，并要求保险人为其提供担保，但保险人以间接碰撞不在保险责任范围为由拒绝提供担保。在达成和解协议前征求过保险人的意见，但保险人置之不理。被保险人这一行为的目的是为了减少自己的损失，应该说也是为了维护保险人的利益而实施的行为。保险人不积极作为，并不影响被保险人向其主张权利，保险人应该赔偿被保险人因间接碰撞所支付给对方船东的赔偿。 256

> **No. HX-6.3-7** 保险合同适用的船舶保险条款中约定保险人的责任包括法律费用。被保险人在国外法院因船舶间接碰撞纠纷参加诉讼，为了诉讼所支付的律师费应认定是法律费用，保险人应予赔偿。但被保险人支付的咨询费用不是必要的法律费用，不应由保险人负担。 256

16 上诉人巴拿马永跃船务发展有限公司与被保险人中国人民财产保险股份有限公司青岛市分公司船舶保险合同保险赔偿金纠纷案【山东省高级人民法院（2007）鲁民四终字第65号】 263

> **No. HX-6.3-8** 即使船东公司的股东之一同意或知道赔付，也无法得出船东公司同意或知道赔付的结论。被保险人曾委托其管理公司向保险人索赔，管理公司放弃被保险人的部分利益需经被保险人的授权。保险人没有证据证明被保险人委托管理公司代为确认保险赔付事宜或达成通融赔付的协议的，管理公司对赔付的同意和确认不能约束船东。 263

17 原告诚创科技（苏州）有限公司与被告中国太平洋财产保险股份有限公司苏州分公司海上保险合同纠纷案【上海海事法院（2010）沪海法商初字第724号】 272

> No. HX-6.3-9 保险单载明，保险人承保的险别为平安险和陆运险。由于货物受潮而导致湿损，并不属于平安险和陆运险的保险责任范围，因此保险人不应承担责任。……272

18 原告上海申福化工有限公司与被告中国人民财产保险股份有限公司上海市分公司海上保险合同纠纷案【上海海事法院(2010)沪海法商初字第914号】…… 275

> No. HX-6.3-10 律师费、货物的进口关税和进口增值税，不属于保险事故导致的损失，亦不属于《中华人民共和国海商法》规定的为防止或者减少可以得到赔偿的损失而支出的必要的合理费用，故该部分损失不属于保险赔偿的范围。……275

19 上诉人中国平安财产保险股份有限公司天津市南开支公司与被上诉人九三集团天津大豆科技有限公司海上保险合同纠纷案【天津市高级人民法院(2010)津高民四终字第32号】…… 279

> No. HX-6.3-11 大豆运输短重索赔，保险人欲以水分含量的减少属于货物的自然属性进行抗辩，就应该承担相应的举证责任，否则应承担举证不能的后果。……279

20 原告福州明发船务有限公司与被告中国人民财产保险股份有限公司武汉市硚口支公司等海上保险合同纠纷案【厦门海事法院(2009)厦海法商初字第488号】…… 281

> No. HX-6.3-12 公估费、船检费属于确定保险事故程度而支出的估价费用，属于必要的合理费用，原告可以请求保险人承担。……281

> No. HX-6.3-13 保险合同由保险公司分支机构与原告签订，且该分支机构具有独立承担民事责任的经济能力，该分支机构的上级保险公司无须承担连带责任。……281

21 原告广西明发海运有限公司与被告中国人民财产保险股份有限公司重庆市渝中支公司海上保险合同纠纷案【厦门海事法院(2009)厦海法商初字第528号】…… 287

> No. HX-6.3-14 船舶机器本身发生的故障所引起的其他损失或损坏，根据沿海船舶一切险中除外责任的约定，保险人不承担赔偿责任。……287

22 原告台州市神通海运公司与被告中国大地财产保险股份有限公司台州中心支公司船舶保险合同纠纷案【宁波海事法院(2008)甬海法台商初字第5号】…… 289

No. HX-6.3-15 被保险人与第三人签订的赔偿协议书中约定了逾期付款违约金,该约定不约束保险人。保险人即使未能及时理赔,也不承担该逾期违约金。 ………… 289

No. HX-6.3-16 保险人未能及时理赔,应当按照同期银行贷款利率计算逾期赔付的责任。 ………… 289

㉓ 原告包朝波、贺满青与被告中华联合财产保险股份有限公司舟山中心支公司海上保险合同纠纷案【宁波海事法院(2012)甬海法舟商初字第 104 号】…… 292

No. HX-6.3-17 突发脑出血死亡不属于意外伤害险的承保范围,其他类似保险合同均作如此释义,故该解释不属于免责条款范畴。而且意外伤害险的字面含义既然不包括自身疾病,故无须保险人对该除外责任作特别解释。 ………… 292

7. 保险纠纷的时效与举证责任 ………………………………………… 294

7.1 时效 …………………………………………………………………… 294

❶ 原告赵典藏、金志贝、陈德喜、吴昌南与被告中国人民财产保险股份有限公司温州市分公司船舶保险合同保险赔款纠纷案【宁波海事法院(2006)甬海法温商初字第 39 号】…………………………………………… 294

No. HX-7.1-1 在船舶所有人和船舶经营人分离的情况下,以船舶作为保险标的(而非船舶经营人的经营收益)的保险利益,应当认定为由船舶所有人所享有。 ………… 294

No. HX-7.1-2 被保险人故意不如实告知以及未告知或者错误告知对保险事故的发生有影响的举证责任,由保险人承担。 ………… 294

No. HX-7.1-3 海上保险合同的时效中断,适用《中华人民共和国海商法》的规定,不能仅因被保险人提出主张而中断时效。 ………… 294

❷ 原告深圳市光达航运有限公司与被告中国人民保险公司深圳市分公司保险合同纠纷案【广州海事法院(2000)广海法深字第 7 号】……………… 301

No. HX-7.1-4 海上保险合同纠纷,被保险人向保险人要求保险赔偿的请求权的时效期间为 2 年,自保险事故发生之日起计算。 ………… 301

No. HX-7.1-5 诉讼时效是法定的,当事人无权协商变更,船东责任险条款中对被保险人的索赔时效的规定无效。 ………… 301

❸ 上诉人上海安顺航运有限公司与被上诉人中国太平洋财产保险股份有限公司云南分公司海上货物运输合同纠纷案【上海市高级人民法院(2013)沪高民四(海)终字第 23 号】……………………………………………… 305

No. HX-7.1-6 保险人行使代位权之诉与受益人对第三人所提起的索赔之诉系同一事实、同一法律关系、同一诉讼标的额的诉讼,当任一诉讼已进入审理程序时,法院均不可能因同一事实以同样的案由再次立案,该事由也可成为诉讼时效中断的事由。 305

④ 上诉人百事昌化学公司与被上诉人中国人民财产保险股份有限公司北京市分公司海上保险合同纠纷案【天津市高级人民法院(2005)津高民四终字第160号】 312

No. HX-7.1-7 《中华人民共和国海商法》第267条规定的"时效因请求人提起诉讼、提交仲裁或者被请求人同意履行义务而中断",而"被请求人同意履行义务"应理解为请求人与被请求人协商赔偿事宜,并就具体赔偿数额达成协议。保险人同意赔付合理费用、同意对受损货物进行索赔工作、在有条件限制的情况下同意支付法律费用等意思表示,均不构成诉讼时效中断的事由。 312

7.2 举证责任分配 318

⑤ 原告海南省海口永昌兴船务有限公司与被告中国人民保险公司湖北省分公司船舶保险合同保险赔偿纠纷案【武汉海事法院(2001)武海法商字第23号】 318

No. HX-7.2-1 虽有船舶保险合同关系,且船舶发生海损事故亦发生在保险责任期间,但被保险人不能举证证明船舶发生事故的原因属于船舶保险责任范围,故不能主张保险赔偿。 318

No. HX-7.2-2 对于海损事故原因是否系不适航所致的问题,应根据谁主张谁举证的原则,认定主张不适航的货方承担举证不能的不利后果。 318

⑥ 原告苏黎世产物保险股份有限公司与被告华泓国际运输股份有限公司、万海航运新加坡私人有限公司海上货物运输合同纠纷案【上海海事法院(2010)沪海法商初字第56号】 320

No. HX-7.2-3 原被告双方对货损原因作出了不同的结论,由于两份检验报告均为原、被告单方检验,证明力均存在一定瑕疵,因此,根据举证责任的分配规则,由负有举证责任的一方承担举证不能的不利后果。 320

⑦ 上诉人 QAIS TRADING 与被上诉人中银保险有限公司浙江分公司海运货物保险合同纠纷案【浙江省高级人民法院(2010)浙海终字第44号】 324

No. HX-7.2-4 保险事故发生后,投保人、被保险人或者受益人应当向保险人提供其所能提供的与确认保险事故的性质、原因、损失程度等有关的证明和资料。受益人、被保险人应有初步举证的义务。从举证的能力考量,受益人系收货人,能够在第一时间知晓货物的状况以及获得相关单据,其举证能力强于保险人,故"保险标的丢失是否发生在责任期间"的举证责任,由受益人承担。 324

8. 其他 … 330

8.1 预约保险 … 330

1 原告深圳市金活医药有限公司与被告华泰财产保险股份有限公司深圳分公司水运货物保险合同纠纷案【广州海事法院（2006）广海法初字第227号】… 330

> **No. HX-8.1-1** 被保险人分别签发的保险单证的内容与预约保险单证内容不一致的，以分别签发的保险单证为准。 … 330

2 上诉人中国太平洋财产保险股份有限公司嵊泗支公司与被上诉人浙江省舟山天力化纤有限公司水运货物保险合同纠纷案【浙江省高级人民法院（2009）浙海终字第12号】… 334

> **No. HX-8.1-2** 预约保险单约定被保险人负有出运货物前的通知义务，由于该条款系保险人免责条款，而保险人未尽说明义务，该约定不发生效力。 … 334

> **No. HX-8.1-3** 保险人认为被保险人未及时向第三人索赔，导致诉讼时效届满，有权扣减保险赔偿金。法院认为，该行为不影响保险人先承担保险责任，再向第三人追偿，故驳回保险人的该主张。 … 334

8.2 重复保险 … 340

3 原告中国太平洋财产保险股份有限公司苏州分公司与被告上海海联运输有限公司、被告上海权亚船务有限公司通海水域货物运输合同纠纷案【上海海事法院（2011）沪海法商初字第1187号】… 340

> **No. HX-8.2-1** 是否构成重复保险，应以投保人及保险利益是否同一为标准。两份保险合同之间，投保人既非同一，保险利益亦不相同，并不构成重复保险。 … 340

8.3 在建船舶保险 … 345

4 原告中海工业（江苏）有限公司与被告中国太平洋财产保险股份有限公司扬州中心支公司、被告中国太平洋财产保险股份有限公司海上保险合同纠纷案【上海海事法院（2011）沪海法商初字第1308号】… 345

> **No. HX-8.3-1** 在建船舶未进行正式登记，也未取得主管部门颁发的正式证书，虽然其在试航阶段也具备了一定的水上航行能力，但仍处于对船体的测试检验阶段，最终能否通过测试进而取得正式的船舶资格并不确定，因而在建船舶不构成《中华人民共和国海商法》意义上的船舶，船舶定作人也就不能成为《中华人民共和国海商法》第十一章所规定的船舶所有人或船舶经营人。在承担责任时，船舶定作人无权享有海事赔偿责任限制。 … 345

8.4 第三人直接请求权 ·········· 351

5️⃣ 上诉人江生与被上诉人中国人民财产保险股份有限公司福州市台江支公司海上保险合同纠纷案【福建省高级人民法院(2011)闽民终字第719号】…… 351

> **No. HX-8.4-1** 责任保险的被保险人给第三人造成损害,被保险人对第三人应负的赔偿责任确定的,根据被保险人的请求,保险人应当直接向该第三人赔偿保险金。被保险人怠于请求的,第三人有权就其应获赔偿部分直接向保险人请求赔偿金。第三人据此直接向责任保险的保险人请求,属于适格原告。 351

8.5 共同保险 ·········· 356

6️⃣ 上诉人中华联合财产保险股份有限公司上海分公司与被上诉人中国太平洋财产保险股份有限公司上海分公司海上货物运输保险共保纠纷案【浙江省高级人民法院(2008)浙民三终字第187号】 ·········· 356

> **No. HX-8.5-1** 对于共保的概念,我国法律并无明文规定,但是中国保险监督管理委员会《关于大型商业保险和统括保单业务有关问题的通知》可作参考。 356

> **No. HX-8.5-2** 关于共保协议的内容,法无明文规定。法院根据双方的约定,判令在主承保人向被保险人支付全部保险赔偿之后,次承保人应当按照协议约定承担相应的保险赔偿金、共保理赔费用及相应的利息。 356

8.6 续保 ·········· 362

7️⃣ 原告支华祥与被告中华联合财产保险公司舟山中心支公司船舶保险合同纠纷案【宁波海事法院(2005)甬海法商初字第639号】 ·········· 362

> **No. HX-8.6-1** 被保险人提出续保要求并交付保险费,保险人同意续保并接受了保险费,但是保单载明的保险期间起始日期与原保单的保险期间截止日期相比有数日间隔,在此期间发生保险事故,法院认定仍由保险人承担责任。 362

> **No. HX-8.6-2** 保单载明的免赔额为20%,而预先制定保险条款载明保险人对碰撞责任赔偿3/4。法院认为特别约定之效力优先于预先制定的格式保险条款的效力,故免赔比例仅为20%。 362

海上货物运输卷

(上册)

1. 海上货物运输合同纠纷 ……………………………………………… 001
1.1 承运人 …………………………………………………………… 001
1.1.1 承运人的识别 ……………………………………………… 001

1 原告中保财产保险有限公司湛江经济技术开发区支公司与被告越海航运公司、克罗地亚航运公司、幸运海路服务有限公司海上货物运输合同货损货差赔偿纠纷案【广州海事法院(1999)广海法湛字第47号】……………… 001

> **No. HY-1.1-1** 航次租船合同项下的提单,一旦转让至善意提单持有人,承运人与提单持有人的法律关系应依提单法律关系确定,两者并非租船合同法律关系。 …… 001

> **No. HY-1.1-2** 提单签署栏载明提单承运人具体名称的且签发提单的人经该承运人授权,对持有提单的第三人而言,提单载明的承运人应视为海上货物运输合同的承运人。 …… 001

> **No. HY-1.1-3** 船舶管理人并非海上货物运输合同的承运人或实际承运人,其管理船舶而引起货物损失或其他事故损失或风险,应按照转承责任的赔偿原则由船舶所有人承担。 …… 001

2 原告广州粮油食品进出口公司与被告深圳海格龙威国际货运有限公司、时代船务有限公司海上货物运输合同货损纠纷案【广州海事法院(2001)广海法初字第224号】………………………………………………………………… 010

> **No. HY-1.1-4** 一方虽与托运人进行业务联系,并协助完成订舱手续,但并未签发提单,仅仅是转递相关信息的,该当事人不得认定为承运人,其与托运人也不构成海上运输合同法律关系。 …… 010

> **No. HY-1.1-5** 对于记名提单,承运人仍需要按照正本提单放货,否则应当承担无正本提单放货的后果。 …… 010

3 原告马乐博有限公司与被告厦门弘信国际货运代理有限公司无单放货纠纷案【厦门海事法院(2003)厦海法商初字第219号】…………………… 014

No. HY-1.1-6 一方虽自称其仅作为承运人的代理签发提单,但无法提供被代理人的具体授权予以证明,而且收取运费、在目的港对货物仍保有控制权的,可以认定该当事人是以自己的名义对外从事海上货物运输,具有承运人的法律地位,承担承运人的义务。即使在目的港由于第三人的原因而错误交付货物,不免除其作为承运人所承担的法律责任。…… 014

4 上诉人天裕海运有限公司与被上诉人山东远东国际海运有限公司海上货物运输合同货损纠纷案【山东省高级人民法院(2009)鲁民四终字第 14 号】… 017

No. HY-1.1-7 就海上货物运输合同纠纷,海事法院依法扣押当事船舶后,享有对案件的管辖权。…… 017

No. HY-1.1-8 提单持有人向承运人主张货损赔偿的海上货物运输合同纠纷,起运港系与合同有最密切联系地之一,在当事人均援引起运港法律情况下,法院可以适用起运港所在地的法律为准据法。…… 017

No. HY-1.1-9 期租合同仅约束订立合同的当事人,非期租合同的当事人不受期租合同约束。船舶所有人虽未签发提单,未订立海上货物运输合同,但船舶所有人的船舶承运了货物,实际履行了海上运输合同,根据法律规定,船舶所有人具有实际承运人的法律地位。…… 017

No. HY-1.1-10 承运人承担对提单持有人的海上货物运输合同项下的货物损害赔偿责任后,有权向负有责任的实际承运人追偿。…… 017

5 上诉人无锡新苏纺国际贸易有限公司与被上诉人福建省国贸运物流有限公司海上货物运输合同纠纷案【福建省高级人民法院(2010)闽民终字第652 号】…………………………………………………………………… 021

No. HY-1.1-11 提单仅为运输合同的初步证据,并非运输合同本身,不能单纯以提单的记载来确定合同承运人,应当结合其他证据加以认定。承运人的识别,不能简单地仅凭提单的记载来确定,还应当结合案件的其他证据进行认定。…… 021

No. HY-1.1-12 受托人以自己的名义,在委托人的授权范围内与第三人订立的合同,第三人在订立合同时知道受托人与委托人之间的代理关系的,该合同直接约束委托人和第三人,但有确切证据证明该合同只约束受托人和第三人的除外。尽管代理人以承运人的名义签发自己的货代提单,该提单一直由托运人持有未经流转,但有确切证据证明代理人在委托人的授权范围内与第三人订立的合同,第三人在订立合同时知道受托人与委托人之间的代理关系的,代理人不应当识别为承运人。…… 022

6 原告广东恒鑫能源有限公司与被告则立安那管理公司、被告双日株式会社海上货物运输合同纠纷案【厦门海事法院(2010)厦海法商初字第 187 号】……… 026

No. HY-1.1-13 提单中载明的向记名人交付货物,或者按照指示人的指示交付货物,或者向提单持有人交付货物的条款,构成承运人据以交付货物的保证。指示提单的托运人在提单上进行空白背书后,谁合法持有提单,谁就是提单的权利人。 026

No. HY-1.1-14 实际承运人是指接受承运人委托,从事货物运输或者部分运输的人,包括接受转委托从事此项运输的其他人。船舶所有人在没有充分证据证明船舶的经营权已交付给他人行使的情况下,应当被认定为同时也是船舶的经营人,即实际利用船舶从事运输、获取收益的人,也即实际从事货物运输的实际承运人。 026

No. HY-1.1-15 承运人向收货人交付货物时,收货人未将货物灭失或者损坏的情况书面通知承运人的,此项交付视为承运人已经按照运输单证的记载交付以及货物状况良好的初步证据。装货港货物的抽样及品质分析证书,如检验并非与承运人的联合检验,事后也没有经过承运人的认可,不构成提单货物状况记载,不能成为向承运人主张损失的依据。 026

7 原告佛山市光大服装有限公司与被告丰顺国际船务有限公司、深圳市鹏城海物流有限公司及其广州分公司、中海集装箱运输股份有限公司、Wm 集装箱航运公司海上货物运输合同纠纷案【广州海事法院(2007)广海法初字第316号】 031

No. HY-1.1-16 集装箱运输公司未取得无船承运人资质却签发提单从事无船承运业务,属违法经营,应由交通主管部门依职权处理,但其签发的提单并不属于《中华人民共和国合同法》第 52 条第 5 款违反法律、行政法规强制性规定的情形,应当认定为有效。 031

No. HY-1.1-17 一方当事人陈述某公司实际承运了货物,而实际承运船舶与该公司船舶名称明显不符且该公司明确予以否认的,且一方当事人并无其他证据证明某公司与实际承运船舶存在租赁或所有权关系的,该公司不应认定为实际承运人,从而不应承担实际承运人的责任。 031

8 原告广州市中之豪实业有限公司与被告马士基(中国)航运有限公司、马士基(中国)航运有限公司广州分公司、华光国际运输广州公司、海程邦达国际货运代理有限公司广州分公司海上货物运输合同货物交付纠纷案【广州海事法院(2002)广海法初字第 415 号】 038

No. HY-1.1-18 一方未从事实际运输,也未以自己的名义签发提单,仅以另一方的名义向承运人办理托运手续,其身份是另一方的货运代理人,而非承运人。一方接受另一方委托后,向其他方订舱取得了其他方签发的正本提单,并将全套正本提单交给另一方的,应视为其履行另一方委托合同项下义务;在此情况下,其对交付货物不承担责任。

承运人的代理人在提单上明确注明其仅作为承运人的代理人并证明取得承运人的委托授权的,且根据提单足可以识别承运人的,货物交付发生纠纷时应承担责任的是承运人而非该代理人。 038

⑨ 原告上海弘永服装发展有限公司与被告上海中轻国际货运有限公司、徐家伟、上海亚轮国际货运有限公司海上货物运输合同损害赔偿纠纷案【上海海事法院(2003)沪海法商初字第47号】……………………………………… 043

> **No. HY-1.1-19** 承运人是指本人或者委托他人以本人名义与托运人订立海上货物运输合同的人；实际承运人是指接受承运人委托，从事货物运输或者部分运输的人，包括接受转委托从事此项运输的其他人。 043

> **No. HY-1.1-20** 运输协议若缺少合同标的、数量、质量、履行期限、地点和方式等合同主要条款，无法依该协议履行，该协议仅为一份意向书。 043

⑩ 原告海澜国际贸易有限公司与被告韩国海空运输有限公司、全华物流中心有限公司海上货物运输合同损害赔偿案【上海海事法院(2005)沪海法商初字第6号】… 047

> **No. HY-1.1-21** 承运人对集装箱装运的货物的责任期间，是指从装货港接收货物时起至卸货港交付货物时止，货物处于承运人掌管之下的全部期间。承运人对非集装箱装运的货物的责任期间，是指从货物装上船时起至卸下船时止，货物处于承运人掌管之下的全部期间。在承运人的责任期间，货物发生灭失或者损坏，承运人应当承担赔偿责任。 047

⑪ 原告江苏玉兰木业有限公司与被告上海俄东船务有限公司、阿普利欧利货物运输有限公司海上货物运输合同纠纷案【上海海事法院(2008)沪海法商初字第586号】……………………………………………………………… 049

> **No. HY-1.1-22** 无船承运人的法律地位应该依据其在海上货物运输中实施的具体行为来认定。行为人仅实施代为签发提单、订舱等代理行为，所收取费用不含海运费，又能证明承运人授权其签发提单的，其仅具有货运代理人的身份，不应认定为承运人或实际承运人。 049

⑫ 原告东台市溱标不锈钢有限公司与被告天津捷运通物流有限公司海上货物运输合同纠纷案【上海海事法院(2010)沪海法商初字第1209号】………… 052

> **No. HY-1.1-23** 签发提单的人不能证明其所称被代理的承运人真实存在以及签发提单授权的，应承担提单项下承运人的责任。 052

> **No. HY-1.1-24** 承运人违反法律规定，无正本提单交付货物，损害正本提单持有人权利的，正本提单持有人可以要求承运人承担由此造成的损失。 052

> **No. HY-1.1-25** 提单持有人的货物损失赔偿应扣除已预收的部分货款。 052

13 原告宁波京甬进出口有限公司与被告挪威奥德费尔海运公司、新丰航运有限公司海上货物运输合同货损纠纷案【宁波海事法院(2005)甬海法商初字第15号】 …………………………………………………………………… 054

> **No. HY-1.1-26** 提单显示"代表船长签发","承运人"一栏还规定"船东或光船承租人为承运人,船舶所有人对此没有提出不同主张及相应证据的",应当认为该轮的船舶所有人为承运人。 054

> **No. HY-1.1-27** 承运人应对货物运输全程发生的货损货差承担赔偿责任,实际承运人应对实际承运期间发生的货损货差承担赔偿责任。实际承运人有充分的机会了解涉案货物的转运事实,在其未主张并证明涉案货物另由其他船安排转运且货物在装上实际承运人船舶前就已存在货损情况下,其提出对货损不承担赔偿责任的主张,不予支持。 054

14 原告宁波麦芽有限公司与被告 E.K. 航运公司、富士川海运有限公司海上货物运输合同货损赔偿纠纷案【宁波海事法院(2006)甬海法商初字第65号】 …… 058

> **No. HY-1.1-28** 海上运输货物由船舶所有人所属船舶承运,船舶所有人有更为充分的条件及机会去确定有关的运输委托关系,但其在卸货处理期间乃至诉讼中均未积极主张或披露有关情形,推定船舶所有人接受承运人委托或转委托,构成实际承运人。 058

> **No. HY-1.1-29** 实际承运人以航海日志证明海上恶劣天气,但该记载并无其他证据如气象、海浪资料等佐证,且其亦未证明所遇风浪不可预见、超出了船舶承受能力的,证据理由不充分,法院可据此认定实际承运人无权援引免责。 058

15 原告中保财产保险有限公司福建省分公司与被告俄罗斯远东海洋轮船公司海上货物运输代位求偿纠纷案【厦门海事法院(1999)厦海法商初字第11号】 …………………………………………………………………… 062

> **No. HY-1.1-30** 承运人签发的清洁提单是承运人和收货人之间关于提单记载的货物状况的最终证据。货物在卸货前已存在货损,可认定货物在承运人掌管期间发生货损,承运人应当承担相应的货损赔偿责任,但是承运人能够证明免责事由存在的除外。 062

> **No. HY-1.1-31** 根据提单的记载,提单由船长代理人签发的即视为船长签发,提单未明确记载承运人而船舶所有人也未提供证据证明其他人为承运人时,船舶所有人应当被视为承运人。 062

1.1.2 承运人的权利和义务 …………………………………………… 065

16 原告深圳南天油粕工业有限公司、中国人民保险公司辽宁省分公司与被告斯坦斯蒂船务有限公司海上货物运输货损赔偿纠纷案【广州海事法院(1999)广海法深字第 92 号】……………………………………………………… 065

> **No. HY-1.1-32** 收货人持有提单,在货物到港后办理了海关手续,向承运人提取了货物,在没有相反证据的情况下,应认定其对货物具有所有权。 … 065

> **No. HY-1.1-33** 支付保险费并不是保险合同成立的法定要件,是否支付保险费,不影响保险合同的成立。 … 065

> **No. HY-1.1-34** 承运人应当谨慎处理,为承运船舶配备适当的、船长船员能正确阅读理解的海图;若没有适当配备海图,致使船舶处于不适航状态,从而导致碰撞,承运人应当对因碰撞所导致的货损承担赔偿责任。 … 065

> **No. HY-1.1-35** 承运人在开航前和开航当时应当谨慎处理,对货物的各项设备进行检查,使货舱适于并能安全收受、载运和保管货物。 … 065

> **No. HY-1.1-36** 无论承运人是否对碰撞造成的损失免责,都不能免除其在碰撞发生后妥善保管照料货物的义务。 … 066

17 原告中设(南通)机械设备进出口公司进口分公司与被告新加坡成功海事私人有限公司海上货物运输合同纠纷案【天津海事法院(1999)津海法商初判字第 143 号】 ……………………………………………………………… 079

> **No. HY-1.1-37** 承运人有妥善地、谨慎地装载、搬移、积载、运输、保管、照料和卸载所运货物的义务。对燃油进行加温属于正常的管船行为,但承运人应当预见对燃油的加温可能会使船舱底部局部温度升高,且所运货物在运输过程中长期遇热会变质的特性,也是承运人应当了解的。在装货时,承运人应当对可能因加热燃油使舱底板受热较多的部分进行垫舱,承运人未履行该妥善积载的义务,属于管货过失,应当承担由此造成的货物损失。 … 079

> **No. HY-1.1-38** "FREE OUT"(船东不负责卸货费用)仅是约定货方支付卸货费,并不能免除承运人在卸货中的义务,即使是由于装卸工人的疏忽造成的损坏,承运人仍要承担责任。 … 079

18 原告深圳市大三合实业有限公司与被告广州外轮代理汕尾公司、深圳市深粤航运公司无正本提单放货纠纷案【广州海事法院(2000)广海法汕字第 36 号】 ………………………………………………………………………… 083

> **No. HY-1.1-39** 承运人未向海关申报提单项下的货物,也未对卸下的货物妥善保管,导致他人凭非涉案货物提单提走涉案货物,应当对由此产生的法律后果承担责任。船舶代理作为承运人的代理人及船代理的专业公司,应当依法履行代理职责,其明知托运人少报多卸的行为违法并将直接影响货物的实际交付而仍进行代理活动,对他人凭非涉案货物提单提走涉案货物有过错,应当承担相应的责任。 ……… 084

> **No. HY-1.1-40** 就海上货物运输向承运人要求赔偿的请求权,时效期间为1年,自承运人交付或应当交付货物之日起计算。货物交付的日期为卸完货之后,自卸完货之日起计算时效期间。权利人在取得提单前,在时效期间内不是提单持有人,不享有提单的任何权利,无权起诉承运人及其代理人,不具备构成时效中止的权利主体资格。因未发生不可抗力事件,也未发生不能克服的、客观存在的不能归责于权利人的障碍,权利人在时效期间届满后取得提单,不构成时效中止,其起诉已超过诉讼时效期间,应予驳回。 ……… 084

19 原告南海市大沥太平奇乐饮料食品有限公司与被告中海集装箱运输有限公司、营口中海货运代理有限公司水路集装箱货物运输合同货损纠纷案【广州海事法院(2000)广海法商字第95号】……… 088

> **No. HY-1.1-41** 运单载明由发货人装箱封箱及计数,即由托运人负责装箱。货物在运抵目的地后,交货时箱体、封志完好,但箱内货物损坏,托运人请求承运人对货损负赔偿责任,但其没有提供承运人造成货损的证明,则其主张不能得到支持。 ……… 088

> **No. HY-1.1-42** 不可抗力是指不可预见、不可避免并不能克服的客观情况。若目的港的严寒低温天气情况是通常存在的,班轮运输承运人对该情况可以预见,则严寒低温不构成不可抗力。 ……… 088

20 原告海南泰业贸易有限公司、海南金钢实业有限公司与被告远东海洋轮船公司、裕利船务有限公司海上货物运输合同货物交付纠纷案【广州海事法院(2000)广海法商字第145号】……… 093

> **No. HY-1.1-43** 提单持有人可以以适当方式处理提单下的权利。 ……… 093

> **No. HY-1.1-44** 承运人未及时申报货物,导致货物被查扣的,提单持有人取得提单后有权就查扣而无法交付货物的损失向负有责任的承运人追偿。 ……… 093

21 原告汕头市航星货运有限公司与被告天津轻丰货运有限公司深圳分公司、侨丰船务有限公司海上货物运输合同纠纷案【广州海事法院(2000)广海法深字第65号】……… 101

No. HY-1.1-45 承运人违反合同约定，未将货物运至目的港，而将货物滞留在中途港口，导致托运人重新安排转运而支出的转运费，系承运人违约所致，承运人应当赔偿托运人因其违约而支付的转运费及对应的利息损失。………………………… 101

22 原告广东省土产进出口（集团）公司与被告大连远洋运输公司、深圳联合国际船舶代理有限公司货物交付纠纷案【广州海事法院（2000）广海法深字第68号】… 106

No. HY-1.1-46 向提单持有人交付货物是承运人依据提单所负有的合同义务。提单中未载明理货费用支付的条款，收货人也未向承运人和理货公司提出理货申请，承运人以收货人未支付理货费为由拒绝办理提货手续，构成违约行为，应赔偿相关损失。………………………… 106

23 原告中国平安保险股份有限公司湛江办事处与被告泉州通达船业总公司水路货物运输合同货损赔偿纠纷案【广州海事法院（2000）广海法事字第68号】… 110

No. HY-1.1-47 沿海水路运输的承运人，其责任期间为从货物装上船时起至卸下船时止。按照《国内水路货物运输规则》的有关规定，沿海的货物运输承运人承担的是一种较为严格的赔偿制度，除非因不可抗力、货物本身的原因、托运人或收货人本身的过错所造成的货物损失外，承运人均应当承担赔偿责任。按照航海习惯，船舶在开航前应当及时注意收听或收看气象预报。承运船舶在开航前应当预见强热带风暴给所航行海域造成的影响，故不构成不可预见。承运人对船舶在运输途中因遭遇强热带风暴失去动力沉没导致货物全损应当承担赔偿责任。……………… 110

24 原告厦门诚毅船务公司与被告云浮硫铁矿企业集团公司海上货物运输合同纠纷案【广州海事法院（2000）广海法事字第95号】………………………… 114

No. HY-1.1-48 货物在托运当时存在表面状况不良的，承运人应当在提单上进行批注，否则应当向提单持有人交付表面状况良好的货物。………………… 114

No. HY-1.1-49 承运人明知托运货物表面状况存在严重问题且能够预见到出具清洁提单会遭受索赔，仍接受保函出具清洁提单；而托运人明知货物表面状况不良而出具保函换取清洁提单的，托运人也构成恶意行为。承运人和托运人双方对收货人的损失应当承担连带责任。………………… 114

No. HY-1.1-50 由于托运人对收货人的损失负有同等赔偿义务而没有赔偿，也没有为船舶获释而作出任何积极行为，致使船舶在扣押期间产生合理损失的，托运人对船舶的相应损失也负有赔偿责任。………………… 114

25 原告河北省粮油（集团）总公司与被告阿塞尔吉达金亚塞那依维提加里特有限公司海上货物运输合同纠纷案【天津海事法院（2000）津海商初字第416号】………………………………………………… 120

No. HY-1.1-51 在承运人的责任期间,货物发生灭失或损坏的,除由于承运人可以免责的原因外,承运人应当负赔偿责任。承运人不能提供证据证明其已妥善、谨慎地保管、照料货物的,应当承担举证不能的责任。 120

No. HY-1.1-52 散装大豆运输,除装货前应做好货舱准备工作保证货舱干燥无积水外,航行途中必须根据货舱内外露点和湿度正确通风,且承运人应当就此能提供有效的原始记录证明该轮船员已根据不同的气候和天气等情况测量了干湿度并根据测定的船内外露点进行了正确的通风,否则应当承担举证不能的责任。 120

26 原告本溪北台钢铁集团供销有限责任公司与被告南京华海船务有限公司、南京豪盛船务有限公司、营口市全通实业公司船载货物纠纷案【广州海事法院(2001)广海法汕字第10号】 123

No. HY-1.1-53 《中华人民共和国合同法》第315条规定,托运人或者收货人不支付运费、保管费以及其他运输费用的,承运人对相应的运输货物享有留置权。债权人行使留置权不以占有债务人所有的动产为必要条件,也不以债权人与动产所有人有债权债务关系为必要条件,只要债权人债权的发生与占有的动产有牵连关系就享有留置权。沿海水路运输包船运输合同项下,出租人为追索已届清偿期的运费留置船载货物,船载货物虽不属于承租人所有,但与出租人的债权有牵连关系,出租人对相应运输的货物享有留置权。 123

27 上诉人(印度)拉迪恩航运有限公司与被上诉人(中国)五矿贸易有限公司提单记载与实际货物不符损害赔偿纠纷案【山东省高级人民法院(2002)鲁民四终字第24号】 126

No. HY-1.1-54 根据提单背面条款第1款的约定,发生租约约定的法律适用并入提单的条件是在提单首页标明租约日期,因提单正面未记载租约和未标明租约日期,故应认定不存在承运人所欲主张的租约约定的法律适用条款并入提单的前提。 126

No. HY-1.1-55 承运人在提单上做出批注的情形限于提单记载的货物的品名、标志、包装或者件数、重量或者体积,货物的内在品质不属于承运人进行批注的范围。承运人在提单上的批注应当是船方在签发提单时根据通常的观察方法观察到和发现的货物状况。承运人是否做出批注不以他人的检验结果为依据。 126

No. HY-1.1-56 依据贸易合同所做的检验结果可以作为贸易合同双方解决争议的约定依据,但不能作为解决独立于贸易合同之外的海上运输合同的依据。 126

No. HY-1.1-57 当交货行为不能发生后,收货人用书面形式向承运人明确表示将该批货物的所有权重新归于卖方所有,承运人亦已按照其指示将货物交于卖方处理,对该批货物的处置承运人也不存在任何过错,收货人由此产生的损失与提单运输合同关系没有关联,其损失应当通过贸易合同解决。 126

28 原告武威百花蜂业天然保健品有限公司与被告法国达飞轮船有限公司海上货物运输合同纠纷案【天津海事法院(2003)津海法商初字第648号】………… 143

> **No. HY-1.1-58** 承运人对货物的责任期间,是从装货港接收货物时起至卸货港交付货物时止,货物处于承运人掌管之下的全部期间。货物运至目的港,即使无人提货,承运人可采取将货物卸在仓库或其他适当场所等措施妥善保管货物,其产生的费用和风险可向负有责任的人索赔,而不应擅自将货物转运至其他港口,承运人对擅自改港给托运人造成的损失应当承担赔偿责任。 143

29 上诉人青岛华青进出口有限公司与被上诉人 A.P. 墨勒−马士基有限公司海上货物运输合同纠纷案【山东省高级人民法院(2004)鲁民四终字第1号】…… 145

> **No. HY-1.1-59** 虽然提单记载运费到付,但提单载明收货人凭指示,由于货物没有运到约定的地点,没有在交货地提货,托运人没有指示收货人,故不能证明改变运输合同承担运费的主体,托运人仍需向承运人支付运费。 145

> **No. HY-1.1-60** 对于集装箱运输,由于托运货物经卸货港国家机关检验被认为违反法律规定而不得进入海关情况下,承运人得免除在卸货中转港继续转运货物至目的地义务。承运人将货物卸载,然后予以合理运输方式转运回国,尽到了谨慎处理的义务,托运人应当承担运费及由于转运回国所导致的合理费用。 145

30 原告福建省工艺品厦门进出口公司与被告裕利航运有限公司、厦门裕利集装箱服务有限公司无单放货纠纷案【厦门海事法院(2004)厦海法事初字第51号】………… 158

> **No. HY-1.1-61** 合同当事人可以选择合同适用的法律,但该法律不应违背我国社会公共利益或者法律法规的排除性、强制性、禁止性规定。 158

31 原告韩国进世贸易公司与被告连云港海运有限公司海上货物运输合同纠纷案【天津海事法院(2005)津海法商初字第37号】…………………… 162

> **No. HY-1.1-62** 对于非集装箱货物,承运人只有取得托运人的同意或根据航运惯例才有权将货物装于舱面,否则应当对因此引起的货损承担赔偿责任。 162

32 原告仙游县镱进工艺有限公司与被告上海沁洋国际货物运输代理有限公司、天津航星国际货运代理有限公司厦门分公司海上货物运输合同纠纷案【厦门海事法院(2009)厦海法商初字第8号】………………………… 164

> **No. HY-1.1-63** 海上货物运输向承运人要求赔偿的请求权,时效期间为1年,自承运人交付或者应当交付货物之日起计算。 164

> **No. HY-1.1-64** 在卸货港无人提取货物或者收货人迟延、拒绝提取货物的,承运人可以将货物卸在仓库或者其他适当场所。 …… 164

> **No. HY-1.1-65** 应当向承运人支付的运费、共同海损分摊、滞期费和承运人为货物垫付的必要费用以及应当向承运人支付的其他费用没有付清,又没有提供适当担保的,承运人可以在合理的限度内留置其货物。 …… 164

33 原告龙海市格林水产食品有限公司与被告太平船务有限公司太平船务(中国)有限公司、太平船务(中国)有限公司厦门分公司、中国外运福建有限公司漳州分公司海上货物运输合同纠纷案【厦门海事法院(2011)厦海法商初字第98号】 …… 168

> **No. HY-1.1-66** 提单中载明的向记名人交付货物,或者按照指示人的指示交付货物,或者向提单持有人交付货物的条款,构成承运人据以交付货物的保证。正本提单虽未签发,但承运人格式提单样稿正面明确记载"……提取货物或提货单应提交一份经背书已签字正本提单……"的,据此,承运人必须签发和交付正本提单而非以托运人要求签发提单为前提。承运人不凭提单交付货物,违反了与托运人关于凭提单交付货物的约定,应当承担相应的违约责任。 …… 168

34 原告山东淄博通宇新材料有限公司、中国产物保险股份有限公司与被告永兴航运有限公司、大连永吉船务代理有限公司、东龙亨船务代理股份有限公司海上货物运输合同损害赔偿纠纷案【青岛海事法院(2004)青海法海商初字第33号】 …… 171

> **No. HY-1.1-67** 承运人对适航的义务标准为应当谨慎处理使船舶适航,而非提供绝对适航船舶。 …… 171

> **No. HY-1.1-68** 船舶尽管在开航前和开航时具备有效证书,但如果不能经受预定航次的正常风险,不构成适航船舶。 …… 171

> **No. HY-1.1-69** 海上货物运输合同中的海上风险是海上特有的风险,且不可以预见的状况。 …… 171

> **No. HY-1.1-70** 承运人在事故发生当时或之后管理货物有过失,从而违反承运人谨慎而妥善地照料、管理货物义务的,承运人仍应当对货物损坏负责。 …… 171

35 原告联德电子(东莞)有限公司与被告深圳市外代国际货运有限公司海上货物运输合同纠纷案【广州海事法院(2008)广海法初字第330号】 …… 178

> **No. HY-1.1-71** 货物的运输承运人签发了运费预付的记名提单,其在没有证明货物运抵目的港后货物仍属托运人所有的情况下,以托运人拖欠其他货物运输费用为由留置货物,不符合法律的规定。承运人不当留置造成托运人损失,应当依照协议约定和法律规定承担违约赔偿责任。 …… 178

36 原告广州港兴隆物流有限公司与被告招商局国际货运公司广州分公司、招商局国际货运公司海上货物运输合同货物交付纠纷案【广州海事法院(2003)广海法初字第283号】 ········· 181

> **No. HY-1.1-72** 在委托合同关系中受托方有权以自己的名义从事与货物提取有关的一切事宜,具有提取货物的请求权。申请追加共同被告是原告行使自己的诉讼权利,与被告是否可以作为诉讼主体没有关系。承运人在没有收到有关费用前拒绝放货是合理的,而在收到费用后履行放货手续时无过错,对收货人的提货权并未造成侵害,所以对收货人以提货权受侵害提出侵权之诉,不予支持。 181

37 原告深圳市华运国际物流有限公司与被告海程邦达国际货运代理有限公司广州分公司、海程邦达国际货运代理有限公司海上货物运输合同纠纷案【广州海事法院(2003)广海法初字第392号】 ········· 185

> **No. HY-1.1-73** 适用中国法律审理时,在《中华人民共和国海商法》未有具体规定的情形下,适用《中华人民共和国合同法》相关规定,承运人在履行完合同规定的运输货物义务后,收货人不提货的,承运人有权要求托运人支付运费并承担不及时提货的其他费用。留置权是承运人享有的权利,是否行使应当由承运人决定。《中华人民共和国海商法》第88条第2款规定的是承运人行使留置权时货物价款的处理,不适用于承运人不行使留置权时的情形。 185

38 原告台山市志高休闲用品制造有限公司、志高股份有限公司与被告DSL星运公司、马士基物流(中国)有限公司、巴拿马绿色罗盘海运公司、哥本哈根A.P穆勒-马士基公司、法国达飞轮船有限公司海上货物运输合同货物交付纠纷案【广州海事法院(2007)广海法初字第171号】 ········· 190

> **No. HY-1.1-74** 提单是承运人保证据以交付货物的单证,提单中载明的向记名人交付货物的条款,构成承运人据以交付货物的保证。记名提单作为提单一种,承运人也应当凭提单交付货物。 190

> **No. HY-1.1-75** 经法院委托,有资质的价格评估机构采用国务院批准的具体评估办法中通常采用的市场估价法并随机抽取样本,对涉案货物在提单签发时的市场价值进行评估后,其评估参加人员接受当事人质询、答复合理,且当事人并无证据足以推翻评估报告结论的,法院对该评估结论的证明力予以认可。 190

39 原告山哥拉-多明戈斯公司与被告尼罗河航运私有限公司海上货物运输合同纠纷案【上海海事法院(2007)沪海法商初字第751号】 ········· 198

> **No. HY-1.1-76** 集装箱货物交接方式为堆场至堆场的,承运人的责任期间应当从装货港堆场接收货物时起至卸货港堆场交付货物时止,货物处于承运人掌管之下的全部期间。 198

> **No. HY-1.1-77** 承运人应当妥善地、谨慎地装载、搬移、积载、运输、保管、照料和卸载所运货物。冷藏集装箱可能因在目的港堆场缺少制冷而造成货损，承运人未举证证明其在交付货物前已恪尽职责，履行妥善、谨慎保管货物的义务，应当对货物受损承担赔偿责任。 …… 198

40 上诉人地中海航运公司与被上诉人南通刚正薄板有限公司、上海航吉国际货物运输代理有限公司海上货物运输合同纠纷案【上海市高级人民法院（2011）沪高民四（海）终字第 148 号】………………………………………… 201

> **No. HY-1.1-78** 实际承运人是指接受承运人委托，从事货物运输或者部分运输的人。 …… 201

> **No. HY-1.1-79** 承运人对驾驶船舶过失负有举证责任，举证不能的，不能享有法定免责。 …… 201

41 上诉人浙江天翔控股集团有限公司与被上诉人长荣海运新加坡公司、杭州鑫远国际货运代理有限公司海上货物运输合同纠纷案【上海市高级人民法院（2012）沪高民四（海）终字第 24 号】 ………………………………… 206

> **No. HY-1.1-80** 运输是整箱货交接的，货物由托运人自行装箱并加以铅封后交予承运人，承运人在签发提单时对箱内货物不负核对义务。 …… 206

42 上诉人东方海外货柜航运公司与被上诉人河北省五金矿产进出口公司、山东烟台国际海运公司海上货物运输合同纠纷案【浙江省高级人民法院（2001）浙经二终字第 109 号】 ……………………………………………… 211

> **No. HY-1.1-81** 《中华人民共和国海商法》将货物分为一般货物和危险货物，但并未规定托运人应当特别申报所运货物为国家限制进口货物。 …… 211

> **No. HY-1.1-82** 载货清单是运输过程中需随船携带以备海关检查的重要文件。船长在明知未携带载货清单将导致提单项下的货物被罚没的严重后果的情况下，放任这种后果的发生，承运人应当赔偿货方实际损失。 …… 211

43 原告浙江物产化工集团有限公司与被告上海鼎衡船务有限责任公司水路货物运输合同货损赔偿纠纷案【宁波海事法院（2009）甬海法商初字第 216 号】 …………………………………………………………………… 215

> **No. HY-1.1-83** 当事人在发货通知单中盖章构成其已收到货物并据此交付货物的保证，当事人和单证持有人之间水路货物运输合同关系成立。 …… 215

> **No. HY-1.1-84** 承运人未能彻底吹扫上一航次残余化学品致本航次货物受损的,承运人违反运输期间管理货物责任,应当承担赔偿责任。 ……… 215

44 原告河南省曙光水运有限公司与被告重庆宜化化工有限公司、宜昌锦程万和物流有限公司、李俊操水路货物运输合同纠纷案【武汉海事法院(2011)武海法商字第871号】 ……………………………………………………… 220

> **No. HY-1.1-85** 即使承运人行使留置权,其亦有将货物卸下船舶安全保管,以减少损失的义务。对承运人未及时卸货、将货物长期滞留在船上导致的损失,就损失扩大的部分,应由承运人自行承担。 ………………………………… 220

1.1.3 承运人的免责 …………………………………………… 223

45 原告西安市轻工业品进出口公司与被告天津航都长兴国际货运代理有限公司、韩进海运有限公司、美国航都公司海上货物运输合同纠纷案【天津海事法院(1998)海商初字第334号】 ……………………………………… 223

> **No. HY-1.1-86** 承运人应当将货物交付给出示正本提单的收货人,但托运人在货物交货前指示承运人将货物立即交付给特定收货人,托运人要求承运人承担未凭正本提单交付货物的赔偿责任,应不予支持。 ……………… 223

> **No. HY-1.1-87** 在正常操作中,实际承运人要求其代理按正本提单交付货物的函件不改变托运人作出明确指示并据此而交付货物所造成的法律后果。 ……… 223

46 原告中国人民财产保险股份有限公司北京分公司与被告潘太那快运公司、韩进海运有限公司、利德雷公司海上货物运输保险代位求偿纠纷案【天津海事法院(2004)津海法商初字第179号】 …………………………………… 225

> **No. HY-1.1-88** 由于爆炸和火灾先后及界限很难区分,因此对伴随爆炸的火灾适用火灾造成的货物灭失或损坏赔偿规定。火灾是承运人的免责事由之一,除非证明火灾是由于承运人过失造成,否则,承运人不承担赔偿责任。 ……… 225

47 原告中国人民财产保险股份有限公司北京分公司与被告环球海运中国有限公司、韩进海运有限公司、利德雷公司海上货物运输保险代位求偿纠纷【天津海事法院(2004)津海法商初字第184号】 ………………………………… 227

> **No. HY-1.1-89** 保险人可以凭一份或两份正本提单向承运人主张交付货物或货物损害赔偿的请求权。 ………………………………………………… 227

> **No. HY-1.1-90** 火灾发生时常伴随爆炸,在有可燃物附近,爆炸也导致火灾,火灾是海上货物运输合同承运人免责的一种法定事由,火灾既可以是一种现象,也可以是一种结果。除非提单持有人证明火灾是由于承运人本人的过失造成,承运人得免除对货物的损害赔偿责任。 ……………………………… 228

48 上诉人哈尔滨波特家具有限责任公司与被上诉人阳明海运股份有限公司海上货物运输合同纠纷案【天津市高级人民法院(2010)津高民四终字第23号】 … 230

> **No. HY-1.1-91** 在收货人不能提交正本提单的情况下,承运人为保护提单利害关系人和其自身合法权益,要求收货人出具担保办理放货手续的做法符合航运惯例,亦不违反法律规定。 230

> **No. HY-1.1-92** 在涉外案件中,各方当事人在诉讼中均援引中华人民共和国法律作为起诉、抗辩的依据,应当视为各方当事人合意选择适用中华人民共和国法律。此时,应当以中华人民共和国法律作为处理案件争议的准据法。 230

49 上诉人中国平安财产保险股份有限公司上海分公司与上诉人申利航运有限公司海上货物运输合同纠纷案【天津市高级人民法院(2011)津高民四终字第153号】 … 234

> **No. HY-1.1-93** 硫磺为国际海运危险品规则规定的危险品,具有强腐蚀性。承运人应当在装货前清扫货舱,并在舱壁舱底喷涂石灰水;在装卸时为避免扬尘应当向硫磺喷洒淡水。承运人喷涂石灰层的浓度和厚度不能满足散装硫磺的厚度要求,又存在发现黑色物质时舱底存有积水的情况,证明承运人未保障污水井通畅和及时排水,导致舱内水分不能排干,继而导致石灰石软化、硫磺和舱底板发生化学反应的,应当认定承运人在备舱和管理货物方面有过失。 234

> **No. HY-1.1-94** 收货人在卸货港负责卸货,发现货物受损后,应当及时通知港口经营人改变原有装卸作业方法、分拣货物以减少损失,否则应当承担损失扩大的后果。 234

> **No. HY-1.1-95** 承运人和收货人均违反各自的义务,共同造成最后的损失,法院可以酌定双方各承担相应责任。 234

50 原告大连北方粮食交易市场海侨粮油有限公司与被告柳州地区柳州港运输公司、陈丽弦、广西苍梧县航运四公司水路货物运输合同货损纠纷以及柳州地区柳州港运输公司、陈丽弦反诉水路货物运输合同运费、滞期费纠纷两案【广州海事法院(2006)广海法初字第70、110号】 … 239

> **No. HY-1.1-96** 承运人对运输过程中货物的毁损、灭失承担赔偿责任,但承运人证明货物的毁损、灭失是因不可抗力、货物本身的自然性质或者合理损耗以及托运人、收货人的过错造成的,不承担赔偿责任。 239

> **No. HY-1.1-97** 收货人提货时应当按照约定的期限检验货物。对检验货物的期限没有约定或者约定不明确,依照《中华人民共和国合同法》第61条的规定仍不能确定的,应当在合理期限内检验货物。收货人在约定的期限或者合理期限内对货物的数量、毁损等未提出异议的,视为承运人已经按照运输单证的记载交付的初步证据。 240

51 原告金海岸国际贸易有限公司与被告盐城中大国际贸易有限公司海上货物运输合同纠纷案【上海海事法院（2007）沪海法商初字第 655 号】……… 248

> **No. HY-1.1-98** 承运人同托运人达成协议在舱面上积载货物，此后，由于装载货物的特殊风险而造成货物损失的，承运人不承担赔偿责任。 248

> **No. HY-1.1-99** 舱面货物由于海浪冲击、海水侵蚀而发生损害，以及部分因加固绳索松动而发生碰撞，是舱面货在恶劣天气情况下面临的特殊风险，不属于承运人管理货物过失。 248

52 原告平湖市富华箱包厂、上海中纺联纺织服装有限公司与被告环捷国际货运代理(上海)有限公司海上货物运输合同纠纷案【上海海事法院（2009）沪海法商初字第 259 号】……… 251

> **No. HY-1.1-100** 承运人签发提单以外的单证是订立海上运输合同和承运人接受该单证所列货物的初步证据，但不是据以交付货物的保证。 251

> **No. HY-1.1-101** 货代收据仅是接收货物后出具的收据，不是提单，不具有物权凭证的功能。承托双方未约定承运人须凭货代收据交付货物的，承运人不凭货代收据交付货物，不违反运输合同的规定。 251

53 原告上海信达机械有限公司与被告上海港复兴船务公司海上货物运输合同纠纷案【上海海事法院（2010）沪海法商初字第 1221 号】……… 254

> **No. HY-1.1-102** 沿海货物运输合同双方约定参照交通运输部《国内水路货物运输规则》分担运输风险和责任的，承运人对货物损坏或迟延交付是否承担责任，可以援引该规则第 48 条第（一）项至第（十）项规定的承运人在沿海运输中的免责事由，但承运人对免责事由应当承担举证责任，否则仍应承担赔偿责任。 254

> **No. HY-1.1-103** 应当积载于舱面货物的运输风险是特殊风险，但不因此免除承运人的适航义务以及妥善地装载、搬移、积载、运输、保管、照料和卸载所运货物。 254

54 上诉人惠州鸿裕贸易有限公司与被上诉人长荣海运股份有限公司海上货物运输合同纠纷案【上海市高级人民法院（2011）沪高民四（海）终字第 112 号】……… 267

> **No. HY-1.1-104** 对于外国法院的司法行为引起的无单放货或者不能交付货物的损失，承运人对此没有过错的，不予负责。 267

No. HY-1.1-105 在国外法院出示函件解除对货物扣押之前,承运人无法控制货物,承运人理当可以免除货物交付的责任。 267

55 原告中国·山东隆盛进出口有限公司与被告马耳他·天鹅海事有限责任公司、毛里求斯·T&O海运有限责任公司、希腊·海联海事有限责任公司、希腊·比埃雷夫斯海联海运有限责任公司海上货物运输合同货损索赔纠纷案【武汉海事法院(2006)武海法商字第390号】 270

No. HY-1.1-106 承运人的船长在国际航线航行途中自信其航行经验,过于靠近岸边行驶,造成船舶与不明暗礁触碰并搁浅,属于驾驶船舶过失。承运人依法免除因为船员驾驶船舶而导致的货物损坏的赔偿责任。 270

56 原告宁波顶佳进出口有限公司与被告地中海航运公司海上货物运输合同纠纷案【宁波海事法院(2005)甬海法商初字第271号】 277

No. HY-1.1-107 基于集装箱货物运输方式的特点,提单明确记载由托运人装箱、装载和铅封,而承运人未被允许打开铅封去核对集装箱内货物数量、质量、状况和内容物等,只要集装箱的铅封未被破坏、改变,即使集装箱中实无货物,也不能认为由承运人造成,因此,集装箱内有无货物及货物的品质系货物买卖合同下的争议,买卖双方应该按照货物买卖合同处理。 277

No. HY-1.1-108 虽收货人未和承运人专门订立用箱书面协议,作为海上货物运输合同的一部分,收货人超期使用集装箱构成违约的,应支付超期使用费,收货人支付超期使用集装箱费用,也符合航运实践和航运惯例。 277

57 原告巴润摩托车有限公司与被告长荣海运股份有限公司海上货物运输合同纠纷案【宁波海事法院(2006)甬海法商初字第240号】 282

No. HY-1.1-109 基于目的港法律和海关监管而导致无单放货的,承运人没有过错,已事实上和法律上不能履行交货责任的,承运人不承担无单放货的违约赔偿责任。 282

58 原告米百利公司、中国大地财产保险股份有限公司宁波分公司与被告上海海至天国际货物运输代理有限公司海上货物运输合同纠纷案【上海海事法院(2009)沪海法商初字第383号】 285

No. HY-1.1-110 集装箱货物交接方式约定为场到门(CY-DOOR),承运人的责任期间包括从装货港堆场接收货物时起,至目的地交付货物时止的整个期间。货物在卸货地后运往目的地期间被盗,发生在承运人的责任期间,承运人应当对货物灭失或损坏负责。 285

> **No. HY-1.1-111** 盗窃不属于承运人可以免责的事由,即使承运人在提单中注明盗窃可免责的条款,因其违反《中华人民共和国海商法》第四章的规定,也应当认定无效。 285

1.1.4 承运人的举证责任 290

59 上诉人赫伯罗特货柜航运有限公司与被上诉人安徽安粮国际发展有限公司海上货物运输合同纠纷上诉案【天津市高级人民法院(2010)津高民四终字第30号】 290

> **No. HY-1.1-112** 对于集装箱货物,在承运人掌管期间集装箱被开箱并更换铅封号而承运人又不能说明正当理由的,属于管理货物不当。 290

> **No. HY-1.1-113** 承运人主张货物的自然特性或固有属性来免除对货物损坏或灭失的赔偿责任,应当承担举证责任,还应当证明其履行了管理货物的责任。 290

60 原告韩国泛洋船务公司与被告海晏国际船务有限公司海上货物运输合同纠纷案【广州海事法院(2011)广海法初字第212号】 293

> **No. HY-1.1-114** 一方在区段运输期间以托运人身份向另一方订舱,另一方予以接受,并签发提单,两者之间成立海上货物运输合同法律关系;该一方是区段运输的托运人,另一方是区段运输的承运人。 293

> **No. HY-1.1-115** 作为全程运输的承运人,在赔付货物损失后,有权作为区段运输的托运人,依据该区段的运输合同向区段运输承运人追偿。 293

1.1.5 承运人的责任期间 299

61 原告陕西省机械设备进出口公司与被告绿洲(天津)国际贸易有限公司、东阳仓库株式会社海上货物运输合同纠纷案【天津海事法院(1999)津海法商初字第760号】 299

> **No. HY-1.1-116** 承运人对集装箱装运的货物的掌管不仅包括其船长和船员对货物的掌管,也包括通过其雇佣或委托的装卸公司、仓库或码头管理人、其代理人等对货物的掌管。 299

> **No. HY-1.1-117** 质量不符货物被退运后,托运人主张承运人责任期间因为发生开箱导致货物更换而要求承运人承担赔偿责任的,应首先证明原货物品质良好。 299

62 原告森特利·比赫尔·沙达瓦茨克宁公司与被告广州远洋运输公司海上货物运输合同货损纠纷案【广州海事法院(2000)广海法事字第117号】 302

| **No. HY-1.1-118** 承运人对非集装箱货物的责任期间为从货物装上船时起到卸下船时止,货物处于承运人掌管之下的全部期间。在承运人的责任期间,货物发生灭失或者损坏,除承运人有免责的情况外,承运人应当负赔偿责任。 ………… 302

No. HY-1.1-119 保险标的发生保险责任范围内的损失是由第三人造成的,被保险人向第三人要求赔偿的权利,自保险人支付赔偿之日起,相应转移给保险人,保险人在保险赔偿范围内可以代位行使被保险人对第三人请求赔偿的权利。保险人对海运承运人行使代位求偿权的时效,适用被保险人与承运人之间海上货物运输损害赔偿请求权的时效,从承运人交付或者应当交付货物之日起算。 ………… 302

63 上诉人美凯航运有限公司与被上诉人上海鑫冶铜业有限公司、株式会社商船三井、联合海运公司以及原审被告上海振华国际船务代理有限公司海上货物运输合同纠纷案【上海市高级人民法院(2012)沪高民四(海)终字第153号】…… 307

No. HY-1.1-120 就集装箱货物运输而言,保证货物在交付时完整、完好是承运人基本的管理货物的责任。承运人主张集装箱铅封受损而货物并未受损,应当承担相应的举证责任。 ………… 307

No. HY-1.1-121 承运人主张依据集装箱内货物的重量作为计算基础,其重量数字和报关单、装箱单可以互相印证,因此,可以以货物重量计算承运人责任限额。 307

64 原告中国中盛粮油工业(镇江)有限公司与被告新加坡马杜拉船务私人有限公司、新加坡光荣船务管理私人有限公司海上货物运输合同纠纷案【武汉海事法院(2005)武海法商字第202号】………… 311

No. HY-1.1-122 按照油船货物的交接方式,承运人责任期间始于岸罐管道接口到船上管道连接口,终止于船上的卸货管道到岸上接货管道的连接口。由于岸罐超过了船舷,岸罐的数据不足以证明货物短少发生于承运人责任期间。 ………… 311

No. HY-1.1-123 检验机构作出的重量检验证书载明的重量数据系在岸罐测量作出,若岸罐内货物已经超出了船舷,不能证明货物短少系于承运人责任期间,超出了承运人责任期间造成的货物损失或短少,承运人不承担赔偿责任。 ………… 311

No. HY-1.1-124 若提单记载,货物是和其他货物一起没有分票地全部装载于船舶同一货舱,并约定船东对货物混装后果及交付时的分票均不负责时,承运人按照提单持有人要求将货物卸至指定岸罐时只需对货物总量负责。 ………… 311

1.2 托运人 ………… 315

1.2.1 托运人的识别 ………… 315

65 上诉人铁行渣华有限公司、铁行渣华(中国)船务有限公司与被上诉人阿迪兰股份有限公司海上货物运输纠纷案【山东省高级人民法院(2001)鲁经终字第39号】………… 315

| No. HY-1.2-1 | 托运人不仅包括提单载明的托运人,也包括向承运人订舱出运货物并支付运费,即与承运人建立海上货物运输合同的相对人。 | 315 |

| No. HY-1.2-2 | 空白背书提单经过一次背书后,任何人只要合法获得该提单,均是合法的提单持有人,均有权凭该提单提取货物。 | 315 |

| No. HY-1.2-3 | 贸易合同的买方在无法及时收货的情况下,将提单退还卖方的行为,并不违反我国法律规定,不能据此认为买方将提单退还给卖方无效。卖方作为合法的空白背书提单持有人,其所持有的提单项下货物在运输过程中遭受损失,有权向承运人主张权利,故承运人应当负赔偿责任。 | 315 |

[66] 原告北京富洋行贸易有限公司与被告海贸国际运输有限公司海上货物运输合同纠纷案【厦门海事法院(2003)厦海法商初字第014号】 ………… 326

| No. HY-1.2-4 | "委托他人为本人",指受委托的人以自己的名义与承运人签订海上货物运输合同,与"委托他人以本人名义"不同。虽然海上货物运输合同是以外贸公司的名义和承运人签订,但由于外贸公司是受发货人的委托而签约,因此发货人具有托运人的身份。 | 326 |

| No. HY-1.2-5 | 作为海上货物运输合同纠纷,应当优先适用《中华人民共和国海商法》。《中华人民共和国海商法》第55条已经明确,承运人对货物灭失的赔偿额,按货物的实际价值计算。发货人诉请的其应得利润损失和赔偿国内货物供应方的违约损失及利息,法院不予支持。 | 326 |

| No. HY-1.2-6 | 货物出口的报关、拖车、柜检费用、检验检疫费、检验检疫代办费、制单费,作为出口成本,其价值已包含在CNF价中,发货人在CNF价外另行提出请求属于重复计算,不能予以支持。 | 326 |

[67] 原告普宁市××织造有限公司与被告深圳市××物流有限公司、中××集装箱运输有限公司海上货物运输合同纠纷案【广州海事法院(2010)广海法初字第号395号】 ………… 329

| No. HY-1.2-7 | 当事人提交的买卖合同、装箱单、发票、托运单、出口货物报关单以及代理其订舱证明等,均可以证实其为实际交付货物运输的发货人,属于委托他人为本人将货物交给海上货物运输合同承运人的人,应当认定为托运人。 | 329 |

| No. HY-1.2-8 | 承运人同收货人、提单持有人之间的权利、义务关系,依据提单的规定确定。提单转让给收货人后,托运人不再享有提单项下的权利,其对提单项下货物提出赔偿请求,原则上不应支持,除非托运人按照买卖合同约定实际承担了货损风险或责任。 | 329 |

1.2.2 托运人的权利和义务 …………………………………………………… 334

68 原告爱克森公司与被告中远集装箱运输有限公司、海陆联合服务公司、水手公司、中国远洋运输(集团)总公司海上货物运输合同货损赔偿纠纷案【广州海事法院(1997)广海法商字第53号】…………………………… 334

> **No. HY-1.2-9**　托运人托运危险货物,应当依照有关海上危险货物运输的规定,妥善包装,作出危险品标志和标签,并将其正式名称和性质以及应当采取的预防危害措施书面通知承运人。托运人没有在托运单上如实向承运人申报托运的货物属于危险品,且未要求进行包装和标识,从而导致货物遭受损害的,托运人对承运人因运输此类货物所受到的损害,应当负赔偿责任,承运人则不负责任。　334

69 原告鹭丰船务有限公司与被告揭东县东源装饰材料有限公司海上货物运输合同纠纷案【广州海事法院(2000)广海法汕字第39号】……………… 341

> **No. HY-1.2-10**　托运人应当向承运人提供正确的货物重量,因托运人托运的货物超过集装箱的最大载荷,却未向承运人提供准确的货物重量,导致集装箱无法承受货物超重而破损,并在转运港被卸下换箱转运,托运人应当负赔偿责任,赔偿承运人为修复破损集装箱及另行换转集装箱产生的修理费、起吊费、转堆费损失以及为索赔支出的公证费用。　341

70 原告深圳市胜杰投资发展有限公司与被告马士基物流香港有限公司、马士基(中国)航运有限公司深圳分公司无正本提单放货纠纷案【广州海事法院(2000)广海法深字第47号】…………………………………………… 344

> **No. HY-1.2-11**　提单是承运人保证据以交付货物的单证,在托运人仍持有承运人签发的提单的情况下,承运人在目的港交付部分货物缺乏合法的依据,应当对该错误交付部分的货物损失承担赔偿责任。　344

> **No. HY-1.2-12**　托运人应当对货物不能被合法提取而在目的港长期存放的状况采取积极的措施,在托运人或其他权利人对货物处理保持沉默的情况下,承运人将货物运回起运港没有过错。货物被部分运回起运港后,托运人收到承运人通知后应当采取必要措施向海关办理货物的退运手续,以尽早提取货物,减少损失。　345

71 原告李兆权与被告中嘉运输包装服务(国际)有限公司海上货物运输合同货物交付纠纷案【广州海事法院(2001)广海法事字第37号】…………… 349

> **No. HY-1.2-13**　托运人将货物交给承运人运输,承运人接收了货物,并以其名义向托运人收取运费,虽没有签订书面合同,但双方成立了货物运输合同关系。　349

> **No. HY-1.2-14**　承运人应按照合同约定在货物运抵目的地后及时交付货物,其知道收货人而没有履行及时通知收货人提货的义务,已经构成违约,应当承担因此而造成的收货人或提单持有人的仓储费损失。托运人在收到承运人的提货通知后,应当及时提货,以减少损失,因其没有及时提货而扩大的仓储费损失,由托运人承担。　349

No. HY-1.2-15 根据《中华人民共和国海商法》第267条的规定,海上货物运输合同的诉讼时效因请求人提起诉讼、提交仲裁或者被请求人同意履行义务而中断。当事人仅向对方提出请求,但未进行诉讼、仲裁,并不构成时效中断。 ……… 349

72 上诉人亚连株式会社与被上诉人山东省寿光市供销社集团总公司国际货物运输合同纠纷案【山东省高级人民法院(2004)鲁民四终字第27号】……… 352

No. HY-1.2-16 当事人签发了以自己为承运人的提单,其和托运人形成了以提单为证明的海上货物运输合同法律关系。 ……… 352

No. HY-1.2-17 提单载明运费预付,但承运人将货物装船并签发提单的行为表明承运人仍有义务履行运输合同。托运人不支付运费的,承运人可以在目的港合理限度内留置货物,但表明运费预付的提单已转让给善意第三人除外;承运人以托运人未付运费为由而不向托运人交付正本提单的主张,不符合法律规定。 ……… 352

No. HY-1.2-18 承运人在托运人交付了货物并且货物已装船的情况下不交付正本提单,使得托运人丧失了对货物的控制权和处分权;货物到达目的港后,承运人未得到托运人的书面许可私自放货,对于托运人而言,该货物已经实际灭失,承运人应当承担赔偿责任。 ……… 352

73 原告山东省海丰船务有限公司与被告厦门豪门食品有限公司海上货物运输合同纠纷案【厦门海事法院(2004)厦海法商初字第20号】 ……… 359

No. HY-1.2-19 由于目的港无人提取货物,承运人处理货物而必须支付的费用,应当由托运人赔偿。 ……… 359

74 上诉人新兴铸管股份有限公司与被上诉人中国环洋国际运输有限公司海上货物运输合同纠纷案【天津市高级人民法院(2010)津高民四终字第0028号】… 365

No. HY-1.2-20 提单仅仅是运输合同的证明,不是运输合同本身,在承运人和托运人之间应以其他书面合同和提单来确定权利义务关系。托运人要求承运人在签发提单时将贸易环节的当事人直接记载为托运人合理、合法。 ……… 365

No. HY-1.2-21 根据最高人民法院《关于未取得无船承运业务经营资格的经营者与托运人订立的海上货物运输合同或签发的提单是否有效的请示的复函》,合同一方虽未取得无船承运业务经营资格,但其运输合同并不违反合同法规定的违反法律、法规强制性规定的情形,合同应认定有效。 ……… 365

No. HY-1.2-22 托运人有权解除合同而不解除合同,视为同意整个货物运输合同的继续履行,其无权事后主张免除其应当支付运费的义务。 ……… 365

> **No. HY-1.2-23** 电子邮件的打印件,如未能提供原件或原件线索,且没有其他材料可以印证,而相对方又不予承认,该证据不能单独作为认定案件事实的根据。 365

75 原告阳光对外贸易发展有限公司与被告中国外运广州公司海上货物运输合同货损纠纷案【广州海事法院(2001)广海法初字第190号】 ………………… 371

> **No. HY-1.2-24** 提单是海上货物运输合同的证明,而不是运输合同本身,托运人转让提单时,转让的只是提单记载的部分运输合同,不会导致原运输合同已经产生债权、债务的消灭。托运人仍应当依运输合同的约定,向承运人支付运费。 371

> **No. HY-1.2-25** 托运人已将其提单转让于第三人后,托运人对提单项下货物的权益原则上不再具有实体上的请求权,无权就提单项下货物的灭失或损害向承运人请求赔偿,但托运人按照买卖合同的约定实际承担了货损风险或责任的除外。 371

76 原告地中海×××公司与被告妙卡×××公司、嘉宏×××公司深圳分公司海上货物运输合同纠纷案【广州海事法院(2011)广海法初字第260号】 …… 376

> **No. HY-1.2-26** 当事人庭审时辩称其仅为受托人的身份处理货物运输的受托事务,但不能证明另一方接受其委托时知道该委托关系的,另一方有权依据合同的相对性要求其作为合同相对方承担海上货物运输合同当事人的义务。 376

> **No. HY-1.2-27** 因托运人未及时办理港口、海关、检验、检疫等货物运输必备手续引起相关单证送交不及时、不完备或不正确并导致承运人利益受损害的,托运人应当承担赔偿责任。 376

> **No. HY-1.2-28** 在海上货物运输中,托运人要求承运人提供集装箱装运货物,双方约定的集装箱超期使用在费性质上一般属于违约金,如果该违约金过分高于实际损失的,当事人请求人民法院予以适当减少的,人民法院可以酌情予以减少。 376

77 原告耀丰船务有限公司诉被告深圳红枫叶国际物流有限公司、深圳长帆国际货运代理有限公司海上货物运输合同纠纷案【广州海事法院(2005)广海法初字第464号】 …………………………………………………………… 383

> **No. HY-1.2-29** 海上货物运输合同的托运人,负有保证申报货物与实际装载货物相一致的法定义务。作为托运人负有如实申报并保证托运货物的合法性的法定义务,托运人若违反了上述义务,应当对承运人的损失承担相应的赔偿责任。 383

78 原告上海易程集装罐运输服务有限公司与被告连云港市康信进出口有限公司海上货物运输合同纠纷案【上海海事法院(2009)沪海法商初字第589号】 ………………………………………………………………… 385

> **No. HY-1.2-30** 托运人履行了如实申报并提供危险品品名、标志和危险品等级信息等如实告知义务,承运人作为专业运输服务商和运输专用罐的提供商,接受货物承运后应当知晓采取哪些具体预防措施。 …… 385

> **No. HY-1.2-31** 承运人索赔集装箱损失,应当举证证明集装箱损坏是由于托运货物不合格、装罐不妥当或者其他行为所导致。承运人不能证明清洗集装箱的确切日期,也没有其与收货人联合检验的材料,不排除集装箱损坏是因卸罐后未清洗所导致。在托运人举证证明货物质量及装罐操作符合相关标准和制度的情况下,承运人未能提供证据推翻的,应当该承担举证不力的后果。 …… 386

79 上诉人法国达飞轮船股份有限公司、上诉人上海龙飞国际物流有限公司与被上诉人上海华安国际集装箱储运有限公司、被上诉人上海懂景集装箱运输有限公司、永富国际货物运输代理有限公司以及上海亿通国际股份有限公司海上货物运输合同纠纷案【上海市高级人民法院(2011)沪高民四(海)终字第149号】…… 389

> **No. HY-1.2-32** 托运人应该如实申报并保证货物品名、重量、包装等信息的准确性,由于上述资料不正确导致承运人损失的,应当承担赔偿责任;由于托运人过失造成承运人损失或船舶损坏的,托运人应当承担赔偿责任。 …… 390

> **No. HY-1.2-33** 虽然初始提交的货物重量信息错误,但托运人或其代理在合理时间内更改提交错误的货物重量数据,并更改成功的,托运人即履行了正确申报或告知货物重量等资料的义务。 …… 390

80 上诉人上海江汉国际贸易有限公司与被上诉人上海京龙国际物流有限公司海上货物运输合同纠纷案【上海市高级人民法院(2013)沪高民四(海)终字第48号】…… 399

> **No. HY-1.2-34** 实践中存在FOB多种变形,不排除卖方为了自身利益而代替买方进行订舱,控制运输。卖方是否作为运输合同的当事人,不能简单地以买卖双方的贸易合同术语来确定,应从具体订舱、履行过程与运输合同权利与义务对等来综合考量。 …… 399

> **No. HY-1.2-35** 承托双方约定运费由目的港收货人向承运人支付,属于当事人约定由第三人向债权人履行债务的情形。货物到港后无人提货可认定为第三人不履行债务,托运人应当向承运人承担违约责任。 …… 399

81 上诉人湖北爱立德贸易有限公司与被上诉人A.P.穆勒-马士基有限公司海上货物运输合同欠款纠纷案【浙江省高级人民法院(2010)浙海终字第71号】… 403

> **No. HY-1.2-36** 托运人应当向承运人支付的运费及承运人为货物垫付的必要费用没有付清的,承运人可以合理留置货物,货物无人提取的,可以申请法院裁定拍卖,拍卖所得价款用于清偿应当向承运人支付的有关费用,金额不足的,承运人有权向托运人追偿。 …… 403

> **No. HY-1.2-37** 对于无人提取的货物,法律并未规定必须采取拍卖的方式处理。承运人在目的港对无人提取的货物经展示、招标,并出售给最高报价者,虽其未采取公开拍卖的处理方式,但处理并无明显过错,不承担货物减值的损失。 …… 403

(下册)

1.3 实际托运人(发货人) …… 407

1.3.1 实际托运人的权利和义务 …… 407

[82] 上诉人温州刘旭电器有限公司与被上诉人温州港口货运船舶代理有限公司、上海中通物流股份有限公司宁波分公司、马士基(中国)航运有限公司宁波分公司海上货物运输合同违约赔偿纠纷案【浙江省高级人民法院(2009)浙海终字第17号】 …… 407

> **No. HY-1.3-1** 托运人既可以是与承运人订立运输合同的当事人,也可以是按照法律规定,委托他人为本人将货物交给承运人的人;交货托运人制度可以弥补外贸代理制度下外贸代理人被列为托运人而实际交付货物的人可能失去海上货物运输合同下权利的不足。 …… 407

> **No. HY-1.3-2** 非由于托运人或交付货物的实际托运人的原因,而是由于承运人的原因未及时签发和交付提单导致提单项下货物所对应的买卖合同解除,托运人或交货托运人为了减少损失而折价处理货物的损失或因无法交付提单致承担买卖合同相对方的赔偿责任的,承运人应当签发提单而未签发的过错与托运人的损失存在因果关系。 …… 407

> **No. HY-1.3-3** 托运人申请海事强制令且被法院裁定准予申请并予以执行的,应当构成海商法规定的诉讼时效中断。 …… 407

> **No. HY-1.3-4** 承运人的损失赔偿责任仅以其订立海上货物运输合同当时所能合理预见的范围为限,超出部分不予赔偿。 …… 407

1.4 提单纠纷 …… 418

1.4.1 提单的法律适用 …… 418

[83] 原告贵州省纺织品进出口公司与被告长计国际有限公司、长计国际有限公司贵州办事处海上货物运输货损赔偿纠纷案【广州海事法院(2000)广海法商字第98号】 …… 418

No. HY-1.4-1 在货物并没有装上提单上记载的承运船舶的情况下,承运人签发提单,应当承担由此产生的法律后果。 418

No. HY-1.4-2 提单上的托运人在取得提单后进行了背书转让,已不是提单持有人,对提单项下的货物不再享有所有权,不享有基于货物所有权而产生的货物损害赔偿的请求权。 418

84 上诉人阿塞尔吉达金亚塞那依维提加里特有限公司与被上诉人河北省粮油(集团)总公司海上货物运输合同纠纷案【天津市高级人民法院(2001)高经终字第 257 号】 421

No. HY-1.4-3 提单持有人通过银行付款赎单取得空白指示提单,银行是否背书不影响提单持有人的提单权利。提单转让后,持有提单的人有权向提单承运人主张提单项下货物的权利。在提单持有人有证据表明货物损失发生在运输期间的情况下,承运人欲免除货物损害赔偿责任,应提供证据证明货物损坏赔偿是由于法定的免责事由导致,否则应当承担赔偿责任。 421

No. HY-1.4-4 货物灭失的赔偿标准按照货物的实际价值计算;货物损坏的赔偿标准按照受损前后实际价值的差额或者货物修理费用计算。货物实际价值为装船时价值+保险费+运费,而不是以交付地点的市场价值为标准计算,货物受损后的价值计算也是如此。 422

85 原告南海冠球家具有限公司、祥建有限公司与被告亚洲货运有限公司海上货物运输交付纠纷案【广州海事法院(2001)广海法初字第 114 号】 428

No. HY-1.4-5 提单持有人请求承运人赔偿因无正本提单放货而遭受的损失,其主张的实际上是提单项下的权利,该权利来自于作为海上货物运输合同证明的提单,故为海上货物运输合同纠纷。双方当事人没有选择该合同适用的法律,依照《中华人民共和国海商法》第 269 条的规定,应适用与该合同有最密切联系的国家的法律。 428

No. HY-1.4-6 承运人应按照托运人的指示凭正本提单交付货物,其目的港的代理人凭商业保函及副本提单交付货物,违反法律规定。而被代理人对代理人的代理行为承担民事责任,故承运人应对其代理人的无单放货的行为承担民事责任,赔偿与其无正本提单放货行为有直接因果关系的损失。 428

86 上诉人源诚(青岛)国际货运有限公司与被上诉人栖霞市恒兴物业有限公司无正本提单放货纠纷案【山东省高级人民法院(2002)鲁民四终字第 22 号】 432

No. HY-1.4-7 当事人有权选择处理纠纷适用的法律。提单中约定提单的内容以中国法律为依据,任何由该合同引发的争议和索赔终审权在中国法院,以中国法律为准据法审理。 432

No. HY-1.4-8 提单是承运人保证据以交付货物的单证。承运人必须凭提单交货，并未区分记名提单与不记名提单，故在记名提单项下，承运人仍应凭正本提单放货，否则应当承担向记名收货人无单放货给托运人带来的风险。 ………… 432

No. HY-1.4-9 记名提单项下适格的收货人应当具备两个条件：为记名提单记载的收货人和持有提单。提单上的记名收货人只有凭正本提单提货才是适格的提货主体。托运人在银行退单时未必有损失发生，其可控制货物并可通过其他补救措施收回货款，单证不符导致银行退单与承运人无单放货之间没有必然的联系。托运人的损失在于其尚未收回货款而其托运的货物即因承运人的违约行为被不适格的主体提走，致使托运人在银行退单时丧失了对货物的控制权和支配权以及收回货款的保障，承运人应当承担赔偿责任。 ………… 432

87 原告厦门市惠利隆进出口有限公司与被告法国达飞轮船有限公司、达飞轮船（中国）船务有限公司厦门分公司海上货物运输损害赔偿纠纷案【厦门海事法院（2005）厦海法事初字第 42-2 号】 ………… 437

No. HY-1.4-10 承运人签发的全套一式三份正本提单，根据航运及商业惯例，每一份正本提单都可以单独提货。若发货人仅持有一份正本提单，向承运人行使无正本提单放货损害赔偿请求权的，其对提单项下货物之权利并不是一个完全的、排他的物权，其提单权利存有瑕疵。 ………… 437

88 原告某某中成药保健品进出口公司与被告某某某航运有限公司、某某某航运公司马达加斯加公司、某某某航运（香港）有限公司、广东某某国际船舶代理有限公司海上货物运输合同纠纷案【广州海事法院（2011）广海法初字第 362 号】 …… 440

No. HY-1.4-11 司法鉴定所具有文书司法鉴定资格，在没有相反证据推翻其鉴定结论的情况下，应予以确认。在鉴定结论认定收货人持有的提单加盖的印文与承运人加盖在其他提单和文书上面的印文不一致的情况下，收货人有义务进一步提供证据证明其与托运人之间的买卖合同法律关系，以证明其是提单的合法持有人。 ………… 440

No. HY-1.4-12 收货人主张其与国外卖家之间是通过口头形式达成买卖合同，并以现金形式支付货款的，但未在法院规定的期限内提交买卖合同、付款凭证等证据以证明其与国外卖家存在买卖合同关系的，不能认定其是合法提单持有人。 ………… 440

89 原告深圳市怡禾进出口股份有限公司与被告 MSC 地中海航运有限公司、高昌货运（香港）有限公司、高昌快运有限公司海上货物运输合同货物交付纠纷案【广州海事法院（2003）广海法初字第 176 号】 ………… 444

No. HY-1.4-13 记名提单是海上货物运输合同的证明，但由于记名提单是不可转让的运输单证，不具有物权凭证的效力。 ………… 444

> **No. HY-1.4-14** 美国《联邦提单法》规定,承运人有理由交货给托运人在记名提单上所指定的收货人,承运人向记名提单的记名人交付货物时,不负有要求提货人出示或提交记名提单的义务。 …… 444

90 原告核心钢铁产业有限公司与被告福建省轮船总公司海上货物运输合同货损赔偿纠纷案【上海海事法院(2003)沪海法商初字第531号】………… 449

> **No. HY-1.4-15** 提单的转让,依照下列规定执行:① 记名提单:不得转让;② 指示提单:经过记名背书或者空白背书转让;③ 不记名提单:无需背书,即可转让。 449

> **No. HY-1.4-16** 承运人签发的提单均为指示提单的,托运人可以在提单签发后通过在提单背面背书的方式来指定收货人。托运人提交的提单背面若均有提单载明的托运人的空白背书,这意味着任何持有该提单的人均有权利要求承运人交付货物。 449

> **No. HY-1.4-17** 海上货物运输向承运人要求赔偿的请求权,时效期间为1年,自承运人交付或者应当交付货物之日起计算。 449

91 原告铁行渣华有限公司与被告上海洪熙国际贸易有限公司海上货物运输合同提货纠纷案【上海海事法院(2006)沪海法商初字第82号】………… 452

> **No. HY-1.4-18** 承运人在卸货港依法处理货物所发生并支付的费用,收货人有义务赔偿。 452

92 原告中外运集装箱运输有限公司与被告上海进航国际货运代理有限公司、进航国际有限公司、浙江万利丰纺织科技有限公司海上货物运输合同纠纷案【上海海事法院(2007)沪海法商初字第576号】………… 455

> **No. HY-1.4-19** 就海上货物运输向承运人要求赔偿的请求权,时效期间为1年,自承运人交付或者应当交付货物之日起计算;在时效期间内或者时效期间届满后,被认定为负有责任的人向第三人提起追偿请求的,时效期间为90日,自追偿请求人解决原赔偿请求之日起或者收到受理对其本人提起诉讼的法院的起诉状副本之日起计算。 455

> **No. HY-1.4-20** 提单中载明的向记名收受人交付货物,或者按照指示人的指示交付货物,或者向提单持有人交付货物的条款,构成承运人据以交付货物的保证。 455

> **No. HY-1.4-21** 收货人办理提货手续后,应该履行收货人的义务,尽快提取货物。收货人怠于履行从海关清关提货的义务,违反了合同的义务,应对由此造成承运人的损失承担赔偿责任。 455

1.4.2 倒签或预借提单……458

93 上诉人以星综合航运有限公司与被上诉人新疆奎屯云森纺织有限公司预借提单侵权损害赔偿纠纷案【天津市高级人民法院(2005)津高民四终字第163号】……458

> **No. HY-1.4-22** 承运人在提单中记载单方减轻其责任的条款,应属无效。 458

> **No. HY-1.4-23** 承运人在集装箱尚未全部装船的情况下,签发集装箱全部已装船的提单,构成预借提单。承运人预借提单的行为与实体法律关系中的主体主张的损失之间存在因果关系,应承担赔偿责任。 458

94 再审申请人界龙船务(圣文森特)有限公司与被申请人中国大恒(集团)有限公司海上货物运输倒签提单纠纷案【最高人民法院(2001)民提字第6号】……461

> **No. HY-1.4-24** 承运人负有按照实际装船日期签发提单的义务,其倒签提单损害了收货人的利益应当承担由此造成的损失。 461

> **No. HY-1.4-25** 收货人有权在确认提单倒签后,持正本提单向法院申请财产保全并提起诉讼。 461

> **No. HY-1.4-26** 由于承运人的倒签提单行为,致使案外人解除了与收货人的买卖合同,使得本应由案外人履行的报关手续及应支付的相关费用只能由收货人履行和支付。承运人的倒签提单行为导致收货人额外支付的费用或相应损失,应当由倒签提单的承运人赔偿。 461

95 原告扬州天华光电科技有限公司与被告上海泷特国际物流有限公司海上货物运输合同纠纷案【上海海事法院(2011)沪海法商初字第1347号】……466

> **No. HY-1.4-27** 承运人倒签提单或者预借提单,不影响正本提单持有人向承运人主张无正本提单放货的权利,不影响承运人法律地位的认定以及正本提单持有人所享有的诉权。 466

96 原告五矿钢铁有限责任公司与被告现代商船(美国)有限公司、美国•伊斯—瑞尔玛有限公司、韩国•现代商船株式会社、日本•三光汽船株式会社、利比里亚•皇家货船有限公司运输单证侵权损害赔偿纠纷案【武汉海事法院(2003)武海法通商字第73号】……470

> **No. HY-1.4-28** 倒签提单和不如实签发提单行为构成违约责任和侵权责任竞合,受害人有权选择要求责任人承担责任的方式。 470

> **No. HY-1.4-29** 船舶代理人应在授权范围内签发提单,但其未依船长发出的授权要求签发提单,反而在明知倒签提单违法时签发提单的,应当与被代理人承担连带责任。……………………………………………………………… 470
>
> **No. HY-1.4-30** 倒签提单行为掩盖卖方逾期交付货物的事实,导致信用证下单证虚假相符,使得收货人无法行使信用证项下拒付货款的权力,造成收货人不应有的损失,收货人有权要求承运人赔偿。…………………… 470

1.4.3 租约仲裁条款并入提单的法律效力 …………………………… 476

[97] 原告深圳市粮食集团有限公司与被告美景伊恩伊公司海上货物运输合同货损纠纷案【青岛海事法院(2004)青海法海商初字第245号】……………… 476

> **No. HY-1.4-31** 《中华人民共和国海商法》仅对航次租船合同有效并入提单作出规定,当事人将定期租船的所有条款并入提单的约定,不能产生其并入提单的法律效力。定期租船合同的仲裁条款也不成为解决因提单产生的纠纷的管辖依据。……………………………………………………………… 477

1.4.4 无单放货问题 ……………………………………………………… 488

[98] 原告灌云县国际经济贸易公司与被告法国达飞轮船有限公司、邦辉船务代理(香港)有限公司无正本提单放货纠纷案【广州海事法院(1999)广海法事字第41号】………………………………………………………………… 488

> **No. HY-1.4-32** 提单是承运人保证据以交付货物的单证。承运人违反凭正本提单交付货物的法定义务,在没有收回正本提单的情况下将货物交给收货人,侵害了托运人基于提单所体现的财产权利,应当承担相应的民事赔偿责任,应当赔偿托运人根据发票、原产地证明和扎收汇票所证明的货物价值计算的货物实际价值损失。……………………………………………………………… 488

[99] 原告山西新时代进出口公司与被告中通国际货运代理有限责任公司、天津中通国际货运代理有限责任公司、中海集装箱运输有限公司无单放货纠纷案【天津海事法院(1999)海商初字第795—797号】…………………… 491

> **No. HY-1.4-33** 提单具有物权凭证的效力,持有正本提单即对承运人有实体请求权。承运人主张因提单持有者与案外人达成付款协议,提单即丧失物权凭证效力的观点,没有法律依据,不能成立。…………………………… 491

[100] 原告新宏光海运有限公司与被告中国海运(集团)总公司、广州中海物流有限公司深圳分公司、深圳市中海船务代理有限公司、中海集装箱运输有限公司无正本提单放货纠纷案【广州海事法院(2000)广海法商字第156号】……… 495

| No. HY-1.4-34 | 承运人基于无正本提单放货的事实赔偿托运人后,持有正本提单的,有权向负有责任的第三人提起诉讼。 | 495 |

| No. HY-1.4-35 | 一方接受发货人交付的货物后,以自己的名义向运输公司办理托运,运输公司签发提单的,该方和运输公司之间构成海上货物运输合同的承运人和托运人关系,运输公司是承运人,该方是托运人。 | 495 |

| No. HY-1.4-36 | 因无单放货造成其他方损失的,承运人不享有赔偿责任限制的权利。 | 495 |

| No. HY-1.4-37 | 承运人在向货方作出赔偿后,向负有责任的第三人的追偿期限为 90 天,逾期则丧失胜诉权。 | 495 |

101 上诉人德国胜利航运公司与被上诉人骏业(天津)国际贸易有限公司无正本提单放货损害赔偿纠纷案【天津市高级人民法院(2001)高经终字第 229 号】…… 501

| No. HY-1.4-38 | FOB 价格条款,货物装船仅表明风险转移给买方,货物所有权并不同时发生转移,买方并未付款赎单而发货人持有全套正本提单时,发货人仍拥有对提单项下货物的所有权和诉权。 | 501 |

| No. HY-1.4-39 | 记名提单仍需要凭单放货,承运人对货物在其掌管期间负有谨慎保管之义务,并有义务保证凭正本提单交货,否则承运人应承担赔偿责任。 | 501 |

102 上诉人达飞轮船有限公司与被上诉人山东省东方国际贸易股份有限公司无正本提单放货纠纷案【山东省高级人民法院(2002)鲁民四终字第 20 号】 … 503

| No. HY-1.4-40 | 提单是承运人据以交付货物的凭证。即使记名提单,承运人也应该收回其向托运人签发的正本提单后,将货物交付给记名收货人。承运人的目的港代理在未收回正本提单的情况下,将货物交付给记名收货人,违反其凭单交货的法定义务,是一种违约行为。承运人交货行为不当,应对因此给托运人造成的货款损失承担赔偿责任。托运人的货款损失虽有通过销售合同法律关系获得补偿的可能性,也不能免除承运人无单放货应对托运人所造成的货款损失承担责任。 | 503 |

| No. HY-1.4-41 | 承运人未收回其签发给托运人的正本提单而放货,应当认为承运人明知无正本提单放货可能给托运人造成损失的后果。而轻率地将货物交付给记名收货人。货物的损失是由于承运人明知可能造成损失而轻率地作为造成,承运人不适用限制赔偿责任的规定。 | 503 |

103 上诉人韩国成一海运航空株式会社与被上诉人文登市蒙特利色织有限公司、韩国成一海运航空株式会社威海办事处无正本提单放货纠纷案【山东省高级人民法院(2008)鲁民四终字第 8 号】………………………………… 509

> **No. HY-1.4-42** 承运人实施无单放货导致货物运至其他地点后,又将货物运回的,其行为不改变无单放货的性质。 509

> **No. HY-1.4-43** 承运人将货物运回后,要求提单持有人提取货物,提单持有人不提取导致货物长时间存放而贬值以及其他损失而致损失扩大的,就损失扩大部分,提单持有人应承担相应的责任。 510

104 上诉人 A. P. 穆勒-马士基有限公司与被上诉人山东潍柴进出口有限公司无正本提单放货纠纷案【山东省高级人民法院(2008)鲁民四终字第40号】…… 519

> **No. HY-1.4-44** 提单记载运输方式是集装箱堆场至集装箱堆场(CY-CY)的,如果承运人对集装箱进行了拆箱处理,且不能说明货物的目前状况,也不能提供货物存放在何处的证据,应当推定承运人已在未收回正本提单的情况下放货,承运人应当承担无单放货给托运人造成的损失。 520

105 上诉人大连利航国际货运代理有限公司与被上诉人高唐县佛斯特针织服装有限公司无正本提单放货纠纷案【山东省高级人民法院(2008)鲁民四终字第53号】…… 525

> **No. HY-1.4-45** 无船承运人在未收回提单的情况下在目的港放货,造成提单持有人损失的,应对提单持有人承担赔偿责任。 525

> **No. HY-1.4-46** 代理人为无船承运人向实际承运人订舱,签发和转交无船承运人提单,以及从事的其他代理行为,与无船承运人无单放货之间并无因果关系,其对提单持有人因无船承运人无单放货而遭受的损失不应当承担民事责任。 525

106 上诉人上海进航船务有限公司与被上诉人中土畜东方进出口有限责任公司海上货物运输合同无单放货纠纷案【山东省高级人民法院(2008)鲁民四终字第122号】…… 531

> **No. HY-1.4-47** 基于集装箱运输货物的规定,箱体完好,铅封完好,是集装箱货物交付的条件。因承运人无法证明其在卸货港无人提取货物的情况下行使了合理卸载的权利致使集装箱空箱返运,承运人亦未说明货物其他灭失原因,推定货物已在承运人未收回提单的状况下被释放,承运人的行为构成无单放货,应当对提单持有人承担赔偿责任。 531

107 原告厦门嘉联恒进出口有限公司与被告嘉宏国际运输代理有限公司厦门分公司、嘉宏国际运输代理有限公司海上货物运输合同无单放货纠纷案【厦门海事法院(2010)厦海法商初字第211号】…… 538

> **No. HY-1.4-48** 提单背面条款虽约定承运人的责任适用《海牙-维斯比规则》或使其(《1924年海牙规则》)强制适用有关立法(如美国1936年《海上货物运输法》),但鉴于《1924年海牙规则》并没有对承运人能否不凭正本提单向记名收货人交付货物作出明确规定,且无法查明相关立法,可以依据最密切联系原则适用中国法。 539

> **No. HY-1.4-49** 提单背面条款虽约定记名提单的承运人有权向记名收货人无单放货,但该条款属于格式条款,其目的实际上是为了免除承运人无单放货时依法可能承担的民事责任,该条款依照法律强制性规定为无效。 539

> **No. HY-1.4-50** 承运人因无正本提单交付货物造成正本提单持有人损失的赔偿额,按照货物装船时的价值加运费和保险费计算。 539

[108] 上诉人上海洋捷国际货物运输代理有限公司与被上诉人 KS 资源有限公司多式联运合同纠纷案【天津市高级人民法院(2011)津高民四终字第 0038-0111 号】 543

> **No. HY-1.4-51** 承运人提单签章处仅有 AS AGENT ONLY(代理)字样,而未加任何批注,如 AS AGENT FOR CARRIER(作为承运人的代理),也未在签发处用任何文字表明其代理人身份的,在转交提单时也未就被代理人的身份或其仅作为代理向托运人进行告知的,作为善意的提单持有人无法识别另有承运人的,可以认定提单签发人即为承运人。 543

> **No. HY-1.4-52** 在调取集装箱流转信息后证明货物在目的港被提取的情况下,若承运人无反证,应当认定提单持有人已初步完成了无单放货事实的举证义务。 543

> **No. HY-1.4-53** 无单放货的赔偿金额应当按照货物实际价值计算,即货物装船时的价值加保险费加运费。 543

[109] 原告深圳市鑫铭威××有限公司与被告万胜××物流(香港)有限公司、上海骏鹏××国际货物运输代理有限公司、上海骏鹏××国际货物运输代理有限公司深圳分公司海上货物运输合同纠纷案【广州海事法院(2011)广海法初字第 149 号】 550

> **No. HY-1.4-54** 提单虽未在国务院交通主管部门登记,但不属于《中华人民共和国合同法》第 52 条第(五)项规定的违反法律、行政法规的强制性规定的情形,不影响提单的效力。 550

> **No. HY-1.4-55** 当事人在庭审时辩称其受承运人委托并代理其签发提单,但不能提供证据证明其与承运人之间存在委托关系的,也无法证明其在货物运输过程中向托运人披露其与承运人之间存在委托代理关系或者存在其他承运人的,当事人视为提单项下的货物承运人。 550

⑩ 再审申请人富春航业有限公司、胜惟航业股份有限公司与被申请人鞍钢集团国际经济贸易公司海上货物运输无单放货纠纷案【最高人民法院(2000)交提字第6号】·· 557

> **No. HY-1.4-56** 实际承运人在托运人在中国法院对其提起诉讼后,在域外凭其他法律关系起诉目的港提取货物的收货人的行为,不足以证明实际承运人签发了提单。 557

⑪ 再审申请人日本饭野海运公司与被申请人江苏省苏豪国际集团股份有限公司海上货物运输合同纠纷案【最高人民法院(2000)交提字第7号】············ 562

> **No. HY-1.4-57** 承运人负有凭正本提单交付货物的义务。承运人接受托运人的保函并根据托运人的要求和指示将货物交付给非正本提单持有人,不能免除其向善意取得正本提单的人交付货物的义务,应承担无单放货的违约赔偿责任。 562

⑫ 原告上海东达进出口有限公司与被告上海迅汇国际货物运输代理有限公司海上货物运输合同纠纷案【上海海事法院(2009)沪海法商初字第451号】··· 566

> **No. HY-1.4-58** 海上货物运输合同无单放货案件应由索赔人对承运人的无单放货行为予以先行举证,即索赔人应当证明在其仍持有全套正本提单的情况下,货物已脱离了承运人及其代理人的掌管,其主张的承运人无正本提单交付货物的事实方能得以成立。承运人对索赔人诉称的无单放货事实及其初步举证,则可以反证并未实施无单放货的行为。 566

⑬ 原告瑞英纤维株式会社与被告青岛中和国际物流有限公司海上货物运输合同纠纷案【上海海事法院(2010)沪海法商初字第1083号】·················· 568

> **No. HY-1.4-59** 在货物的交接方式为堆场至堆场(CY/CY)的情况下,承运人应当在装货港集装箱堆场整箱接货,负责运抵卸货港集装箱堆场整箱交货,收货人负责在卸货港集装箱堆场整箱提货和拆箱,拆箱后应将空箱于规定期限内交至承运人指定的堆场。在索赔人仍持有正本提单的情况下,装载货物的集装箱已经拆箱的事实可以初步证明承运人无单放货行为成立。 568

⑭ 上诉人上海励志国际物流有限公司与被上诉人绍兴市冠友西服有限公司、法国达飞轮船公司海上货物运输合同纠纷案【上海市高级人民法院(2011)沪高民四(海)终字第55号】·· 571

> **No. HY-1.4-60** 承运人依照提单载明的卸货港所在地法律规定,必须将承运到港的货物交付给当地海关或者港口当局的,不承担无正本提单交付货物的民事责任,但承运人须提供有效证据证明卸货港所在地法律中有关于货物运抵目的港后必须交付海关或码头进行放货的明确规定。 571

⑮ 原告港中旅华贸国际物流股份有限公司与被告以星综合航运有限公司海上货物运输合同纠纷案【上海海事法院(2011)沪海法商初字第523号】········· 574

> **No. HY-1.4-61** 承运人违反法律规定,无正本提单交付货物,损害正本提单持有人提单权利的,正本提单持有人可以要求承运人承担由此造成损失的民事责任。 574

> **No. HY-1.4-62** 托运人向承运人承诺出具保函以换取提单,托运人的保函责任应限于运输单证变更所可能导致承运人承担的对外责任,但不应当包括承运人对内违约的合同责任。 574

⑯ 原告温州市五机化医外贸有限公司与被告上海泷特国际物流有限公司海上货物运输合同纠纷案【上海海事法院(2012)沪海法商初字第33号】········· 577

> **No. HY-1.4-63** 承运人责任期间为场到场(CY/CY)的,承运人向收货人负有整箱交接货物的义务。如果在承运人责任期间,集装箱已经拆箱并投入其他航次使用,但托运人仍持有全套正本提单,除非承运人能提供证据证明货物仍在其控制之下,否则,承运人构成无单放货行为。 577

> **No. HY-1.4-64** 承运人无单放货后,正本提单持有人与收货人就货款支付达成的协议不影响提单持有人要求承运人承担无单放货责任。 577

⑰ 原告绍兴县松青纺织有限公司为与被告上海驰洋国际货物运输代理有限公司、上海驰洋国际货物运输代理有限公司宁波分公司海上货物运输合同纠纷案【宁波海事法院(2010)甬海法商初字第54号】················· 580

> **No. HY-1.4-65** 托运人将提单交给承运人要求更改,但并未放弃持有提单的权利,托运人仍视为合法的提单持有人。 580

> **No. HY-1.4-66** 承运人未将更改后的提单交给托运人,若承运人在目的港无单放货,不影响托运人主张承运人承担无单放货的责任。 580

⑱ 原告宁波××国际贸易有限公司与被告上海×××国际物流有限公司海上货物运输合同纠纷案【宁波海事法院(2011)甬海法商初字第320号】········· 582

> **No. HY-1.4-67** 托运人持有承运人签发的提单却长期未流转,也不主张提货,承运人为了减少滞箱费而拆箱,可以合理解释为"为防止损失扩大则采取适当措施"。承运人举证货物仍储存于目的港仓库,而托运人无相反举证的,视为未发生无正本提单放货。 582

⑲ 原告宁波新龙时装进出口有限公司与被告商船三井株式会社海上货物运输合同无单放货纠纷案【宁波海事法院(2004)甬海法商初字第406号】········· 584

No. HY-1.4-68 实际托运人如果并非是提单上记载的托运人,但其通过货运代理人进行了出货、报关出口以及支付运费等实际行为的,应认定为实际托运人。即使实际托运人持有与实际装货港不符的二程船提单,也不影响正本提单的法律效力,其是海上货物运输合同的一方主体,亦有合法的诉权。 ………… 584

No. HY-1.4-69 出口货物的报关单的金额明显低于银行托收的发票价格的,但有证据证明商业发票上的货物单价与贸易订单载明单价相符,且与银行托收价格相同的,以银行托收价格作为货物实际价格进行认定。 ………… 584

No. HY-1.4-70 托运人提供货物已被收货人提取的初步证据,而承运人无证据证明货物未被提取的,应当推定承运人无单放货行为成立。 ………… 584

[120] 原告宁波长运国际物流有限公司与被告北欧亚货柜航运有限公司海上货物运输合同无单放货纠纷案【宁波海事法院(2005)甬海法商初字第50号】 … 587

No. HY-1.4-71 实际托运人与提单记载的托运人不一致,但基于其向承运人进行了订舱行为并接受承运人签发的提单,可以认定双方货物运输合同法律关系成立,具有托运人的主体资格,享有实际托运人权利。 ………… 587

No. HY-1.4-72 托运人向承运人出具电放保函,并将全套正本提单交还承运人,承运人予以接受的,若承运人未根据托运人的电放指示及提单记载交付货物,承运人的行为构成违约,应依法承担相应的法律责任。 ………… 587

[121] 原告(反诉被告)浙江省义乌市对外经济贸易有限公司与被告(反诉原告)地中海航运公司海上货物运输合同无单放货纠纷案【宁波海事法院(2005)甬海法商初字第348号】 ………… 589

No. HY-1.4-73 出口货物因托运人的原因被海关罚没,且海关出具手续的,承运人就该部分货物免除交付义务,不承担无单放货的法律责任。 ………… 590

[122] 原告宁波利登休闲用品有限公司与被告东方海外货柜航运(中国)有限公司、东方海外货柜航运有限公司海上货物运输合同无单放货纠纷案【宁波海事法院(2007)甬海法商初字第273号】 ………… 593

No. HY-1.4-74 在FOB下,有证据证明贸易合同卖方向承运人实际交付货物出运的,贸易合同卖方构成我国海商法下的托运人,依法可向承运人主张托运人权利。 ………… 593

No. HY-1.4-75 海关放行并不等同于承运人放货,若海关放行后,货物仍处于待提取状态,集装箱并未拆箱,则不能证明承运人已无单放货。 ………… 593

123 原告狮马有限公司与被告上海迅汇国际货物运输代理有限公司海上货物运输合同无单放货纠纷案【宁波海事法院(2009)甬海法商初字第94号】 …… 595

> **No. HY-1.4-76** 承运人无单放货后,本应承担相应的赔偿责任,但若承运人提供证据证明托运人已从收货人处收到全额货款,且托运人不能提供证据证明该货款的其他来源的,则承运人不承担货款赔偿责任。 …… 595

124 上诉人深圳市鸿安货运代理有限公司与被上诉人浙江山塔纺织有限公司海上货物运输合同无单放货纠纷案【浙江省高级人民法院(2009)浙海终字第77号】 …………………………………………………………………………… 596

> **No. HY-1.4-77** 作为提单持有人的托运人虽与收货人达成付款协议,但在无正本提单放货情况下而得不到款项支付时,该协议不免除承运人应当按照正本提单放货的法律责任。 …… 596

> **No. HY-1.4-78** 无单放货的损失赔偿额应以装船时价值加运费加保险费计算,但特定货物的出口商因货款无法收回导致出口退税也丧失,该损失属于"因违约造成的损失",依据合同法可以纳入赔偿金额的考虑因素中。 …… 596

125 上诉人上海翘运货运代理有限公司、上海翘运货运代理有限公司宁波分公司与被上诉人宁波市慈溪进出口股份有限公司海上货物运输合同无单放货纠纷案【浙江省高级人民法院(2010)浙海终字第48号】……………………… 600

> **No. HY-1.4-79** 由于货物卸入海关的保税仓库,该场所并非承运人所能控制,在提单持有人不积极配合和明确指示下,承运人无法回运货物。提单持有人明知回运困难却长期未向收货人交付提单,造成目的港无人提货的状况,比照"卸货港无人提货或收货人迟延、拒绝提货的,船长可以将货物卸载仓库或适当场所,风险和费用由收货人承担"的规定,货物的风险和费用应当由提单持有人承担。 …… 600

1.5 海上货物运输合同的成立与生效 …… 605

126 上诉人中艺家具进出口公司与被上诉人赫伯罗特货柜航运有限公司海上货物运输合同运费纠纷上诉案【天津市高级人民法院(2001)高经终字第12—19号】 … 605

> **No. HY-1.5-1** 承运人的代理人与案外人特别协议约定由案外人支付运费的,该约定的效力及于被代理人即承运人;提单中载明的运费预付的义务应当由特别协议的案外人承担。 …… 605

> **No. HY-1.5-2** 有确凿证据证明FOB买卖合同中明确约定由案外人支付海运费,且承运人又与案外人就海运费达成一揽子运价协议,应当认定承运人明知支付海运费的义务方。即使提单打印"运费预付",该预付运费的义务应当由承运人明知的海运费支付义务人来履行。 …… 605

127 原告深圳市森邦国际货运有限公司与被告山东省烟台国际海运公司海上货物运输合同纠纷案【广州海事法院(2008)广海法初字第474号】………… 609

> **No. HY-1.5-3** 托运人向承运人订舱,承运人发出订舱确认书且包含货物名称、卸货港、海运费等重要海运信息的,双方的海上货物运输合同关系成立,各方均负有义务履行。订舱确认书将货物装船但未按照约定的航线将货物运往卸货港的,构成违约,应当赔偿对方由此遭受损失。守约方采取补救措施而支付的费用,违约方对此应当承担赔偿责任。 609

1.6 特殊货物的运输 ………… 612

1.6.1 危险货物运输 ………… 612

128 原告林如与被告汕头市公路局莱长渡口所海上货物运输纠纷案【广州海事法院(2002)广海法初字第369号】………… 612

> **No. HY-1.6-1** 国家对危险化学品的运输实行资质认定制度,未经资质认定,不得运输危险化学品。 612

> **No. HY-1.6-2** 客货船和客滚船载客时,原则上不得装运危险货物。 612

129 原告××航运有限公司与被告德州××国际物流集团有限公司、天津××物流有限公司海上货物运输合同纠纷案【广州海事法院(2010)广海法初字第527号】………… 617

> **No. HY-1.6-3** 危险品渗漏是由于集装箱内货物包装不当及衬垫不足所致而集装箱内的货物包装及积载应由托运人负责,可以认定危险品渗漏事故是由于托运人未履行妥善包装危险品的义务造成的,由于其过失造成承运人或船舶损失,应当承担赔偿责任。 617

1.6.2 油类、液体货物运输的短重问题 ………… 625

130 原告中国人民财产保险股份有限公司北京市直属支公司与被告铜河海运有限公司、寰宇船务企业有限公司海上货物运输合同代位求偿纠纷案【宁波海事法院(2003)甬海商初字第353号】………… 625

> **No. HY-1.6-4** 提单上货物状况的记载对善意提单持有人来说构成绝对证据,承运人应当按照提单记载状况交付货物。 625

1.7 货损货差 ………… 632

131 原告苏黎世国际保险股份有限公司与被告中波轮船股份公司海上货物运输合同货损纠纷案【广州海事法院(1998)广海法商字第96号】………… 632

> **No. HY-1.7-1** 不可抗力是指不能预见、不能避免并不能克服的客观情况。货损发生在承运责任期间，承运人以不可抗力为由请求免责，但承运船舶所遇的气象情况是可以预见的，也是航行国际航线的船舶通常能够抵御的，不属于不可抗力。 … 632

> **No. HY-1.7-2** 就海上货物运输向承运人要求赔偿的请求权，时效期间为1年，自承运人交付或者应当交付货物之日起计算。收货人或者其代位求偿人，均应当自承运人交付或者应当交付货物之日起1年内提起诉讼，否则就超过诉讼时效。 … 632

132 原告中国人民保险公司广东省分公司与被告塞浦路斯海运有限公司、圣达卢船务有限公司海上货物运输合同货差赔偿纠纷案【广州海事法院（2000）广海法事字第79号】 …………………………………………………… 637

> **No. HY-1.7-3** 提单关于货物状况的记载对于善意第三人构成绝对证据，承运人未按照提单记载的重量交付货物的，又未能证明损失是由于法律规定的可免责事由造成的，应当承担赔偿责任。水尺计量是进口商品检验货物卸货重量的方法之一，且商检局在水尺检验时已经对误差作了必要校正，该机构的证明具有法律效力。 … 638

> **No. HY-1.7-4** 保险人自赔付作为正本提单持有人的收货人时起即取得以自己名义独立行使向承运人追偿的代位求偿权，但其权利仅限于实际赔偿被保险人的支付凭证所确定的范围之内，超出部分无权向承运人追偿。 … 638

133 原告舟山市普陀油脂运贸有限公司与被告珠海市金光油脂工业有限公司海上货物运输合同运费纠纷案【广州海事法院（2001）广海法初字第86号】 … 642

> **No. HY-1.7-5** 货物运输协议既约定进行封铅运输，承运人负责原装原交，又约定装卸港的数量差距超过合理损耗一定比例以外，承运人赔偿超出部分的损失。由于该两个约定不能同时得到履行，在双方当事人没有提供一约定否定另一约定证据的情况下，对两个约定不作相互矛盾的解释，即承运人在封铅运输负责原装原交的情况下，仍应当对超出一定比例合理损耗之外的货物短少损失承担赔偿责任。 … 642

134 上诉人俄罗斯检验集团联合股份公司与被上诉人烟台大宸食品有限公司海上货物运输合同货损赔偿纠纷案【山东省高级人民法院（2009）鲁民四终字第1号】 …………………………………………………… 647

> **No. HY-1.7-6** 提单中印制的"托运人提供的重量、质量、数量、状况、内容，承运人不知"条款，因其表述并未说明不符之处、怀疑的根据或者说明无法核对而是事先打印的条款，且其试图以合同条款减轻承运人应尽的责任，故不具有法律效力。 … 647

> **No. HY-1.7-7** 承运人对货物品名、标志、包装、件数、体积、重量等与实际接收的货物不符，应当如实地、客观地在提单上予以批注，否则，承运人应该按照提单的记载交付货物。承运人不得事后主张实际接收的货物的重量、体积、包装等与提单记载内容不一致来抗辩赔偿责任。 … 647

No. HY-1.7-8 货物在运输期间遭受损坏或短少,提单持有人主张承运人应该承担赔偿责任,而承运人以货物特性或自然损耗等法定事由主张应予免责的,如果提单持有人有证据证明货物的损坏或短少是由于承运人违反妥善和谨慎管理货物的义务所致,承运人应当就货物特性或自然损耗进行强有力的举证,否则不能依据货物特性或自然损耗等事由主张对损失免责。 …… 647

No. HY-1.7-9 国家法定机构检验机构作出的鉴定报告、残损报告或者检验结论具有证明力,一方主张鉴定方法不当、鉴定不规范、结果不客观而不应适用鉴定报告或检验结论的,应当提供有效的、科学的证据予以证明,否则不应否认报告或检验结论的证明力。 …… 648

135 原告中艺华海进出口有限公司与被告三角洲船务有限公司、中国再保险(集团)公司海上货物运输合同货差纠纷案【广州海事法院(2007)广海法初字第126号】…………………………………………………………… 664

No. HY-1.7-10 运输的油类货物短少超过国际贸易惯例允许的5‰合理损耗范围的,因其超出了合理损耗误差范围,承运人再主张扣除5‰的合理损耗的主张不予支持。 …… 664

No. HY-1.7-11 当确有证据证明国家检验机构检验的重量不能反映出或者注意到相应重要事实的,应按照客观事实适用更能准确反映事实的货物重量的检验结果。 …… 664

136 原告湖北钢赢家具有限公司与被告联合国际货运(香港)有限公司海上货物运输多式联运合同货损赔偿纠纷案【武汉海事法院(2001)武海法商字第75号】…………………………………………………………… 669

No. HY-1.7-12 货物损坏发生在内河长江运输区段的,《中华人民共和国合同法》是强制适用与调整内河货物运输当事人权利义务的法律。 …… 669

No. HY-1.7-13 依照我国合同法,承运人的赔偿责任为无过错原则,除不可抗力或托运人过失等原因外,承运人对运输过程中货物毁损、灭失承担赔偿责任,承运人以货损是驾驶船员的过失所引起而主张在内河运输中亦免责不符合法律规定。 …… 669

137 原告浙江前程石化股份有限公司与被告马航有限公司(MISC BERHAD)海上货物运输合同纠纷案【宁波海事法院(2010)甬海法商初字第222号】……… 672

No. HY-1.7-14 受损货物的仓储费、装卸包干费等系提单持有人进口货物必然产生的正常费用,承运人先行垫付该费用后,有权从提单持有人损失赔偿中予以抵扣。 …… 672

> **No. HY-1.7-15**　对于货物灭失,应按照货物实际价值计算损失金额;对于货物损坏的计算,如果以进口货物市场贬值率为基础计算损失,货物市场价格应为进口合同价格加各种关税费用。　　672

138 原告永康市天鑫健身休闲用品有限公司与被告美商纵横国际货代有限公司海上货物运输合同无单放货纠纷案【宁波海事法院(2007)甬海法商初字第328号】…… 675

> **No. HY-1.7-16**　在国际海上货物运输纠纷之中,退税损失和内陆包干费系货物贸易正常成本,与无单放货无直接因果关系。　　676

1.8 迟延交付 …… 678

139 原告江苏省粮油食品进出口集团股份有限公司与被告韩国现代商船有限公司、现代商船(中国)有限公司海上货物运输合同纠纷案【上海海事法院(2001)沪海法商初字第466号】…… 678

> **No. HY-1.8-1**　迟延交付是指货物未能在明确约定的时间内、在约定的卸货港交付。　　678

> **No. HY-1.8-2**　对于迟延交付的责任,由于承运人过失,致使货物因迟延交付而灭失或损坏的,或虽未灭失或损坏,但因迟延交付而遭受经济损失的,承运人应当负赔偿责任。法律另有规定的情况除外。　　678

> **No. HY-1.8-3**　承运人对因迟延交付造成经济损失的赔偿限额,为所迟延交付货物的运费数额。　　678

1.9 海上货物运输中的保函 …… 681

140 原告捷士运输有限公司、原告上海捷士国际货运代理有限公司与被告镇江太平洋木业有限公司、被告中国正联实业公司华东分公司海上货物运输无单提货纠纷案【武汉海事法院(2000)武海法商字第78号】…… 681

> **No. HY-1.9-1**　保函签发人在提货保函中作出的因无正本提单提货造成的一切损失由其承担的承诺,构成对承运人履行债务的保证。承运人依据保函而无单放货的损失符合提货保函所保证履行债务的条件,保函签发人应该依照其承诺赔偿承运人相关的损失以及拒绝履行承诺而发生的律师费用。　　681

> **No. HY-1.9-2**　保函签发人辩称其依据提单持有人的关联的保函复印件才向承运人出具提货保函并据此应当免除其保函下的责任主张,并无事实依据,应不予支持。　　681

[141] 原告山东省对外贸易集团有限公司与被告世洋船舶株式会社国际海上货物运输提单纠纷案【武汉海事法院(1998)武海法通商字第22号】……………… 684

> **No. HY-1.9-3** 承运人应当如实、客观地在提单中记载货物的表面状况,发货人在起运港向承运人出具保函,承运人明知货物表面状况不良而凭发货人保函签发清洁提单,损害了善意提单持有人的权利,构成对提单持有人的侵权行为,因此,发货人保函不得对抗提单持有人向承运人索赔货物损坏的权利。 684

[142] 上诉人中海集装箱运输(香港)有限公司与被上诉人宁波植文工贸有限公司海上货物运输合同无单放货追偿纠纷案【浙江省高级人民法院(2010)浙海终字第178号】…………………… 689

> **No. HY-1.9-4** 收货人凭其出具的电放保函提货后,承运人对其的追偿权可以依据该保函确定;保函约定有效期是合同中一个重要的条件,承运人未积极地在保函约定的有效期而是在超过有效期后向电放保函的承诺人提起诉讼的,丧失胜诉权。 689

1.10 集装箱运输 …………………………………………………… 692

[143] 上诉人青岛新邦塑胶有限公司与被上诉人中海集装箱运输股份有限公司海上货物运输合同纠纷案【山东省高级人民法院(2008)鲁民四终字第25号】…… 692

> **No. HY-1.10-1** 进口货物被海关扣押,导致集装箱也被扣押的,收货人应当对承运人的集装箱滞箱费承担赔偿责任。 692

> **No. HY-1.10-2** 集装箱滞箱费性质相当于违约责任,赔偿义务人所承担的赔偿责任不应超过其订立合同时所能合理预见的范围,不应超过重新购置价值。 692

[144] 上诉人商船三井株式会社与被上诉人青岛德耳塔国际贸易有限公司海上货物运输合同集装箱使用费纠纷案【山东省高级人民法院(2009)鲁民四终字第90号】…………………………………………… 696

> **No. HY-1.10-3** 海关下达"海关查验货物移动通知单"对货物进行检验,属于海关履行行政管理职能的行为,不能以集装箱被移至海关查验区为由认定收货人接收了该集装箱。 696

> **No. HY-1.10-4** 在货物抵达目的港之后收货人提取货物之前,集装箱即具有储存保管货物的功能。在相关法律及所涉提单未对海关检查后的集装箱如何处理作出规定或约定的情况下,作为集装箱的提供者及管理者,承运人有义务了解集装箱的动态和箱内货物的状况。 696

⑭ 原告A.P.穆勒–马士基有限公司与被告厦门万锦华贸易有限公司、厦门诚达运通国际货运代理有限公司海上货物运输合同纠纷案【厦门海事法院(2012)厦海法商初字第93号】 ················· 700

> **No. HY-1.10-5** 在目的港无人提货、难以向收货人收取相关合理费用的情况下，承运人可以向作为海上货物运输合同一方当事人的托运人要求赔偿目的港产生的费用。 700

> **No. HY-1.10-6** 在收货人长期不提货的情况下，承运人应当采取积极措施避免集装箱超期使用费损失的扩大。这种积极措施可以包括购买相应的新箱投入流转，以弥补因集装箱被长期占用导致的流转损失。集装箱超期使用费应以相应型号集装箱的重新购置价为限。 700

⑭ 原告湛江中海集装箱运输有限公司与被告廖钊权海上货物运输代理合同纠纷案【广州海事法院(2007)广海法初字第381号】 ················· 703

> **No. HY-1.10-7** 为避免他人长时间地无偿使用集装箱，造成集装箱周转困难，集装箱所有权人有权制定不违反国家法律强制性规定的集装箱超期使用的收费标准。 703

⑭ 原告上海海华轮船有限公司与被告中基宁波对外贸易股份有限公司海上货物运输合同纠纷案【宁波海事法院(2002)甬海商初字第613号】 ··········· 708

> **No. HY-1.10-8** 收货人接受提单并在提单上盖章后交给承运人换取提货单的行为，即表明收货人接受了托运人为其订立的运输合同且同意接收提单所载明的涉案集装箱内的货物。此时提单载明部分货物为海关禁止进口货物的，收货人对此有义务赔偿承运人损失。 708

> **No. HY-1.10-9** 收货人对集装箱的无权占有，实质是侵犯承运人的集装箱物权，承运人主张返还集装箱的请求权不受时效的限制。 708

⑭ 原告宁波开创贸易有限公司与被告宁波泛洋物流有限公司水路货物运输合同货损赔偿纠纷案【宁波海事法院(2008)甬海法商初字第43号】 ·········· 710

> **No. HY-1.10-10** 《国内水路集装箱货物运输规则》规定，货物名称、件数、重量以装箱单为准，驾驶员签署的商品送货单记载的货物数量不作为接收货物数量的依据。 710

> **No. HY-1.10-11** 装箱人装箱后负责施封，集装箱在目的地交付时封志完好无误、箱体完好的，拆封开箱后如发现货物损坏或短缺，承运人对此情况不承担赔偿责任。 710

1.11 混合原因货损问题 …… 712

【149】再审申请人巴拿马安第斯航运公司与被申请人中国中设(南通)机械进出口公司进口分公司海上货物运输合同货损赔偿纠纷案【最高人民法院(2002)民四提字第4号】…… 712

> **No. HY-1.11-1** 承运人接收货物签发了清洁提单后,在运输期间应当妥善地和谨慎地管理照料货物,并应当在目的港向收货人交付与提单记载相符的完好货物。 712
>
> **No. HY-1.11-2** 提单持有人依据买卖合同达成品质索赔的协议,确认了货物在装船前就存在水分过高的事实,而水分过高又是导致货物霉变发生的主要原因。装货过程中存在雨天作业的情况,承运人未举证证明其在运输途中尽到管理货物的责任,是造成货物损失的次要原因。 712
>
> **No. HY-1.11-3** 在货物卸船后一个月才委托实施的货物损坏检验且当时已有相当货物被第三方提取条件下,被检验对象不再是全部货物,不能反映承运人运输责任期间的货物客观情况,故此,相关的检验报告不作为认定货损的依据。 712

2. 国际多式联运合同纠纷 …… 719

2.1 多式联运合同的主体识别 …… 719

【1】原告深圳市××国际货运代理有限公司与被告××航运代理有限公司、××综合航运有限公司、××迅航有限公司、××华晖国际货运代理有限公司、××货运联营有限公司、××港航企业集团有限公司多式联运合同纠纷案【广州海事法院(2011)广海法初字第632号】…… 719

> **No. HY-2.1-1** 所谓天灾,是指承运人通过采取合理措施后仍不能防止或抵御的并造成货物损坏的自然现象。由于中央气象台已经提前多次发布了台风预报图,且新闻媒体在台风到来之前均有报道,承运人可以采取转移货物等必要措施避免或减少损失的发生,而未采取此类措施,货物损害的发生并非不可预见、不可避免、不可克服的。承运人未履行妥善谨慎地照料和管理货物造成货物损失的,承运人应当承担赔偿责任。 719
>
> **No. HY-2.1-2** 集装箱货物运输涉及陆上运输和海上运输的,应为多式联运。集装箱货物尚处于交付船舶承运之前的陆上运输的延伸阶段即码头堆存阶段,该区段承运人与合同承运人的权利义务及赔偿应该按照强制适用于区段运输方式的《中华人民共和国合同法》确定。 719
>
> **No. HY-2.1-3** 《中华人民共和国海商法》第63条关于"承运人与实际承运人都负有赔偿责任的,应当在此责任范围内负连带责任"的规定中的"承运人"专指与托运人订立海上货物运输合同的人,而不是指多式联运的经营人,第63条不适用于多式联运。 719

② 上诉人上海磊德国际货运代理有限公司与被上诉人何祖明国际多式联运合同纠纷案【浙江省高级人民法院(2011)浙海终字第1号】……………… 732

> **No. HY-2.1-4**　货代公司接受了货物,并约定其将货物由发货人仓库经海路运至卸货港并交至收货人仓库,为门到门运输,是多式联运。多式联运经营人未依约完成运输、交付货物义务的,应当承担违约的赔偿责任。　732

> **No. HY-2.1-5**　由于货物采用预约申报方式,并无货物价值信息,只能根据主管机关的笔录、同类运输方式调查情况等客观状况合理确定货物损坏金额。　733

③ 上诉人上海亚东国际货运有限公司与被上诉人温州市东风运输有限公司及原审被告俄罗斯联邦远东运输有限公司、远东船务代理有限公司国际多式联运合同纠纷案【浙江省高级人民法院(2010)浙海终字第64号】……………… 735

> **No. HY-2.1-6**　多式联运合同包含承运人代为清关内容时,对因清关产生的纠纷时效,应该适用《中华人民共和国民法通则》关于诉讼时效的规定;诉讼时效起算及诉讼时效中断均应依照《中华人民共和国民法通则》的规定计算。　735

> **No. HY-2.1-7**　承运人或多式联运经营人收取货物未签发正本提单仅交付副本提单复印件的,未依照托运人指示而将货物交付给第三人,致使托运人无法控制、收回货物的,承运人或多式联运经营人应当向托运人承担赔偿责任。　735

2.2 多式联运的责任承担 ……………… 740

④ 原告上海通富国际物流有限责任公司厦门分公司与被告宁波市镇海港通船务有限公司沿海多式联运合同纠纷案【厦门海事法院(2009)厦海法商初字第523号】……………… 740

> **No. HY-2.2-1**　合同双方约定自发货人仓库接收货物,经公路运至港口堆场、水路运至卸货港,再经公路运至国内收货人堆场,双方形成沿海多式联运合同法律关系,应该按照《中华人民共和国合同法》第317条的规定履行义务。　740

> **No. HY-2.2-2**　在合同未约定情况下,国内沿海多式联运的货物的灭失赔偿额应该按照交付或者应当交付时货物到达地的市场价格计算。　740

⑤ 原告中国×××股份有限公司深圳分公司与被告惠州××运输有限公司、天津××物流有限公司多式联运合同纠纷案【广州海事法院(2010)广海法初字第273号】……………… 743

> **No. HY-2.2-3**　多式联运经营人可以与参加多式联运的各区段运人就多式联运合同的各区段运输约定相互之间的责任,但该约定不影响多式联运经营人对全程运输承担的义务。承运人作为多式联运经营人,对于由区段运输人负责的区段运输承担义务,因此,在多式联运中,由于陆路区段运输人的原因造成的货物损失,该承运人应当承担货损责任。　743

⑥ 原告东莞宇扬电子有限公司与被告翊达海空货运(香港)有限公司海上货物运输合同纠纷案【广州海事法院(2008)广海法初字第337号】·················· 748

> **No. HY-2.2-4** 在多式联运方式下,货物灭失或损坏发生在某一区段的,多式联运经营人的赔偿责任按照该运输区段的有关法律规定确定,在国内陆路运输区段应该适用《中华人民共和国合同法》的规定。 748

> **No. HY-2.2-5** 由于多式联运经营人未尽谨慎义务致货物在运输期间被盗,造成托运人损失的,经营人应该承担赔偿责任。陆路运输方式下,在合同没有约定情况下,货物灭失的赔偿额应该按照交付或应当交付时货物到达地的市场价格确定。 748

2.3 多式联运承运人的权利和义务 ·················· 751

⑦ 原告上海博盈展览服务有限公司与被告厦门展易货运代理有限公司多式联运合同纠纷案【厦门海事法院(2010)厦海法商初字第336号】·················· 751

> **No. HY-2.3-1** 货物未能在明确约定的时间内,在约定的卸货港交付的,为迟延交付。承运人未能在约定的时间届满60日内交付货物,有权对货物灭失提出赔偿请求的当事人可以认为货物已经灭失。 751

> **No. HY-2.3-2** 应当向承运人支付的运费、共同海损分摊、滞期费和承运人为货物垫付的必要费用以及应当向承运人支付的其他费用没有付清,又没有提供适当担保的,承运人可以在合理的限度内留置其货物。承运人行使留置权的,应具备法定条件,不得与承运人的义务相抵触。 752

⑧ 原告温州市瓯海劳莱斯鞋业有限公司与被告宁波航姆国际船舶代理有限公司、温州联强贸易有限公司、浙江中外运有限公司宁波泛海分公司联合运输合同纠纷案【宁波海事法院(2007)甬海法温商初字第44号】·················· 755

> **No. HY-2.3-3** 多式联运海上运输区段并未发生货物真实灭失,而在货物抵达目的地才发生推定灭失的情况,不适用《中华人民共和国海商法》关于海上货物运输合同时效规定,而应适用《中华人民共和国民法通则》关于时效的规定。 755

> **No. HY-2.3-4** 多式联运合同的经营人在履行合同义务过程中,未征得托运人同意,将有关合同权利义务转让给他人,托运人可以选择经营人作为运输合同相对方主张权利。经营人未按照合同约定将货物交付给托运人指定收货人的,构成违约,应当按照合同约定向托运人承担货物未交付的违约责任的后果。 756

⑨ 原告温州航华国际船务有限公司与被告浙江青田欧中化工有限公司国内多式联运合同纠纷案【宁波海事法院(2008)甬海法温商初字第19号】·········· 760

> **No. HY-2.3-5**　按照合同法关于运输中货物的留置规定,承运人留置货物应当与收货人应承担的运费支付义务具有牵连关系或对应关系,而分批交运的货物的运输显然形成独立的多式联运合同,托运人拖欠上一期到期运费并不赋予承运人留置当次运输货物的权利。　760

> **No. HY-2.3-6**　托运人未依约支付运费时,承运人拒绝继续运输货物,属于后履行抗辩权,不构成违约。　760

2.4 多式联运托运人的权利和义务 …………………………………… 767

[10] 上诉人宜兴市明月建陶有限公司与被上诉人北京和风国际物流有限公司多式联运合同纠纷案【天津市高级人民法院(2011)津高民四终字第0169号】…… 767

> **No. HY-2.4-1**　合同解除后,已经履行的,根据履行情况和合同性质,当事人可以要求恢复原状、采取其他补救措施,并有权要求赔偿损失。　767

> **No. HY-2.4-2**　债权人转让权利的,应当通知债务人,未经通知,该转让对债务人不发生效力。　767

> **No. HY-2.4-3**　根据合同相对性原则,托运人只能就其自身损失要求承运人承担赔偿责任,而不得主张承运人赔偿合同之外第三人的损失。　767

[11] 上诉人北京和风国际物流有限公司与被上诉人宜兴市明月建陶有限公司多式联运合同纠纷案【天津市高级人民法院(2010)津高民四终字第29号】……… 771

> **No. HY-2.4-4**　双方的合同虽名为货物运输代理合同,但根据双方合同的内容,一方负责办理货物海路和陆路运输,另一方相应支付全程运费,而且一方还向另一方出具了载明一程海运和二程陆运的提单,据此可认定双方实际为多式联运合同关系,出具提单的一方为多式联运经营人。　771

> **No. HY-2.4-5**　托运人未按照合同约定而迟延支付运费,构成履行合同义务不符合约定的情形,应当承担赔偿损失的违约责任,对方有权要求托运人根据合同双方相关约定承担对应迟延期间所产生的相关费用损失,即相应期间的堆存费、仓储费和海关监管费。　771

3. 航次租船合同纠纷 …………………………………………………… 776

3.1 航次租船下是否存在实际承运人 ……………………………… 776

[1] 上诉人宁波泰茂海运有限公司、上海海联船舶管理有限公司与被上诉人犍为华龙航运有限公司德阳分公司航次租船合同纠纷案【上海市高级人民法院(2011)沪高民四(海)终字第90号】……………………………………… 776

> **No. HY-3.1-1** 承运人在舱面装载货物应当同托运人达成协议或符合航运惯例，且应当在运单注明"舱面货物"。 …… 776
>
> **No. HY-3.1-2** 货物灭失的赔偿额以货物交付时到达地的市场价格计算，包括货物的价值加上运费。 …… 776

② 上诉人浙江中远国际货运有限公司温州分公司与被上诉人通平企业有限公司、林威航运有限公司、深圳市达希海运有限公司航次租船合同纠纷案【上海市高级人民法院(2011)沪高民四(海)终字第156号】…… 781

> **No. HY-3.1-3** 在提单证明的海上货物运输法律关系中，法律规定承运人的责任扩大适用于非合同当事方的实际承运人，但实际承运人是接受海上货物运输承运人的委托，不是接受航次租船合同出租人的委托，实际承运人并非航次租船合同法律关系的当事人，实际承运人及其法定责任限定在提单的法律关系中。 …… 781

③ 再审申请人连云港明日国际海运有限公司与被申请人艾斯欧洲集团有限公司航次租船合同纠纷案【最高人民法院(2011)民提字第16号】 …… 787

> **No. HY-3.1-4** 《中华人民共和国海商法》将航次租船合同作为特别的海上货物运输合同予以规定，但明确规定，仅《中华人民共和国海商法》第47、49条适用于航次租船合同出租人，其余关于出租人和承租人权利义务仅在航次租船合同未规定或不同约定时，才予以适用，故航次租船合同双方权利义务主要取决于合同约定。 …… 787
>
> **No. HY-3.1-5** 海上货物运输合同关于承运人责任的规定扩大至非合同方的实际承运人，但实际承运人接受的是承运人的委托，而非航次租船合同当事人的委托，实际承运人及其法定责任仅限于提单法律关系中。 …… 787
>
> **No. HY-3.1-6** 在已有证据证明货损是由于船体整体处于不良状态且不适航的情况下，败诉一方出具单方证据以证明货物损失是船舶在航行中碰撞水中悬浮的、雷达识别不到的物体导致左舷船壳板裂缝进水所致而要求免除赔偿责任，因该证据并不充分，因而法院不予采信。 …… 787

3.2 航次租船合同的管辖及法律适用 …… 797

④ 原告深圳市蛇口益荣船务有限公司与被告惠阳恒辉染厂有限公司海上货物运输合同纠纷案【广州海事法院(1999)广海法深字第46号】 …… 797

> **No. HY-3.2-1** 合同当事人可以对履行合同的风险、损失及费用分担进行约定。对合同条款争议的解释，应结合合同文义、联系紧邻的上文规定以及法律的规定、基本常识综合地予以解释。航次租船合同约定的"货物原因"应理解成"涉及货物合法性的原因"，而不仅限于"货物不合法的原因"。货物被海关扣押即使不属于托运人本人的原因，托运人仍应当对涉及货物合法性的原因导致的船期损失承担赔偿责任。 …… 797

海上货物运输卷 **135**

5 上诉人南京鸿润船务有限责任公司与被上诉人青岛航英国际货运代理有限公司航次租船合同纠纷案【山东省高级人民法院(2009)鲁民四终字第47号】 … 800

> **No. HY-3.2-2** 在合同纠纷案件中,主张合同关系成立并生效的一方事人,对合同订立和生效的事实承担举证责任。仅提供对方不予认可的传真件,又无其他证据佐证的,不能证明其主张的合同关系成立。 800

6 原告上海世威国际货物运输代理有限公司与被告江苏永禄肥料有限公司航次租船合同纠纷案【上海海事法院(2010)沪海法商初字第230号】 ……… 803

> **No. HY-3.2-3** 航次租船合同双方的权利义务应由双方订立的合同确定,合同项下滞期费的分担归属应结合该合同的其他规定予以全面理解。 803

> **No. HY-3.2-4** 基于租船合同中由出租人负责报关的合同约定,提交报关电子录入信息、查验报关货物证书等时间损失,应由出租人负责。船舶在海关手续未完备之前抵达并递交装卸准备通知书(NOR)为无效的通知,装卸时间起算应在出租人提交完备的海关手续且通过海关审核后开始起算。 804

3.3 航次租船合同下承租人的权利和义务 ……………………………… 815

7 原告锦州市锦海货运有限公司与被告上海江联货运有限公司租船合同纠纷案【天津海事法院(2000)海商初字第94号】 ………………………… 815

> **No. HY-3.3-1** 船舶在开航前和开航当时适航,即认为该船舶是适航的。中途出现修船等事实,不能认为船舶不适航。 815

> **No. HY-3.3-2** 承租人在没能及时支付出租人租船费的前提下,提出新的付款安排,出租人对此没有表示异议,也没有马上撤船,并陆续接受了承租人的汇款,承租人也继续承租船舶的,双方实际上同意达成了一个新的合意。 816

8 原告艾克航运有限公司与被告福州昌雄远洋渔业有限公司等航次租船合同纠纷案【厦门海事法院(2003)厦海法商初字第111号】 ……………… 817

> **No. HY-3.3-3** 根据航运惯例,滞期费的计算应该按照船舶代理的装卸货事实记录表的时间节点和事实节点进行计算。 817

> **No. HY-3.3-4** 装卸时间计算有装货时间、卸货时间分别计算和装货卸货时间合并计算两种,合同未明确约定的,应当认为当事人选择装卸货时间分别计算方法。 818

> **No. HY-3.3-5** 不损害公共利益,且出具方及接收方均无恶意的提货保函,应该认定有效。出具保函的一方为承诺人,接受保函的一方为合同相对方,接受方有权要求出具方按照保函的约定承担义务。 818

⑨ 原告福建嘉航海运有限公司与被告淄博海旺达货运代理有限公司航次租船合同纠纷案【厦门海事法院(2009)厦海法商初字第318号】················ 826

> **No. HY-3.3-6** 航次租船合同下,承租人未能提供约定货物,构成违约,应当赔偿出租人的损失。出租人的损失为合同正常履行后所应得的利益,及可预期获得的运费扣除船东因不再装载航次货物而少支出的成本。 826

⑩ 上诉人张晓阳与被上诉人寿光市源丰航运有限公司运杂费欠款纠纷案【山东省高级人民法院(2009)鲁民四终字第129号】················ 829

> **No. HY-3.3-7** 航次租船合同约定了载量,承租人确保货物实装数量,故应按照约定的载量及运费标准计算运费,而不应按照实际吨位结算运费。 829

⑪ 上诉人武汉佳和船务有限责任公司上海分公司与被上诉人山东晨曦集团有限公司海上货物运输合同纠纷案【山东省高级人民法院(2010)鲁民四终字第117号】················ 833

> **No. HY-3.3-8** 船舶未按照合同约定到达装货港构成违约,出租人应当承担相应的责任。承租人有权根据合同解除合同或延长船舶受载期;承租人未解除合同而与出租人协商延长船舶受载期,是选择继续履行作为违约责任承担方式。承租人在延长期限内仍未提供货物的,应当按照合同约定进行相应的赔偿。 833

3.4 航次租船合同下出租人的权利和义务 ················ 838

⑫ 原告新兴铸管股份有限公司与被告中国环洋国际运输有限公司、东桥海运公司航次租船合同纠纷案【青岛海事法院(2008)青海法海商初字第165号】··· 838

> **No. HY-3.4-1** 期租出租人因期租承租人(非航次租船承租人)拖欠租金撤船致使航次租船合同未能全面履行,也不能免除航次租船合同的出租人承担航次租船合同项下未依约定时间到达目的港卸货的违约责任,其应赔偿航次租船承租人为履行贸易合同而额外产生的运费等合理费用。 838

⑬ 原告中国黄石外轮代理公司与被告上海爱尔思国际货运公司航次租船合同违约损害赔偿纠纷案【上海海事法院(2005)沪海法商初字第294号】········· 841

> **No. HY-3.4-2** 出租人应当提供约定的船舶;经承租人同意,可以更换船舶。但是,提供的船舶或者更换的船舶不符合合同约定的,承租人有权拒绝或者解除合同。因出租人过失未提供约定的船舶致使承租人遭受损失的,出租人应当负赔偿责任。 841

⑭ 原告上海儒仕实业有限公司与被告浙江永华海运有限公司航次租船合同纠纷案【上海海事法院(2010)沪海法商初字第767号】………………… 843

> **No. HY-3.4-3** 双方订立合同之前就已经知道的恶劣天气海况,因为经权威机关发布过警报及媒体多次播报而不构成不可预见的情况,不属于不可抗力。 843

> **No. HY-3.4-4** 货物价格跌落并非航次租船合同订立时所能合理预见的损失,在运输或租船关联合同中不予赔偿。 843

3.5 滞期费 ………………………………………………………… 846

⑮ 原告深圳市中海通运输有限公司与被告南京恒风船务有限公司水路货物运输合同纠纷案【广州海事法院(2001)广海法深字第9号】………………… 846

> **No. HY-3.5-1** 因一程船东的船舶未按合同约定的受载期抵港,从而导致二程船东无法履行其与承租人签订的海船运输协议,并赔偿了承租人损失,由于该损失是一程船东违约造成的,一程船东应依约赔偿因船舶未按期抵港受载给二程船东造成的货物延滞的费用及损失。 846

⑯ 上诉人山东晨鸣纸业集团齐河板纸有限责任公司与被上诉人中海集装箱运输(香港)有限公司集装箱超期使用费纠纷案【山东省高级人民法院(2008)鲁民四终字第79号】………………………………………………… 848

> **No. HY-3.5-2** 进口货物因货物质量原因被海关查扣,其用以运输货物的集装箱超期使用的滞箱费应由货方(收货人)承担。虽然集装箱可以在费率表中约定超期使用费率,但不应超出当事人所能合理预见的损失或者重置新集装箱的费用。 848

⑰ 上诉人上海荣益船务有限公司与被上诉人上海弗莱特国际物流有限公司通海水域货物运输合同纠纷案【上海市高级人民法院(2009)沪高民四(海)终字第126号】………………………………………………………… 853

> **No. HY-3.5-3** 《中华人民共和国海商法》和《国内水路货物运输规则》对于计算滞期费的规定,并不要求以递交装卸准备就绪通知书为条件,双方可以在合同中约定以船舶到达锚地开始计算装卸时间。 853

⑱ 原告泰州市永丰海运有限公司与被告连云港陆海达物流有限公司航次租船合同纠纷案【上海海事法院(2011)沪海法商初字第461号】………… 856

> **No. HY-3.5-4** 按照通常的理解,滞期费也属于议定违约金。存在两个违约金条款且指向同一个违约行为的,应选择适用数额较高的违约金的条款。 856

4. 国际海上货运代理合同纠纷 …………………………………… 859

4.1 签发货运代理提单的货运代理纠纷 ……………………………… 859

1 原告黑龙江省进出口公司与被告汕头粤东国际货运代理有限公司、江苏环球国际货运公司深圳分公司、博联国际货运公司海上货物运输合同货物交付纠纷案【广州海事法院(2001)广海法初字第67号】……………… 859

> **No. HY-4.1-1** 承运人收回其签发的正本提单后交付货物并无不当,在货物完成交付和收回正本提单后,其凭正本提单放货义务即刻解除。 859

2 原告南京竹尚纺织品有限公司与被告嘉宏国际运输代理有限公司海上货物运输合同纠纷案【上海海事法院(2012)沪海法商初字第271号 ………… 862

> **No. HY-4.1-2** 托运人同意承运人签发提单以外的其他单证,只能导致免除承运人签发提单的义务,但不造成托运人对货物控制权的丧失。承运人拒绝签发提单的行为,造成托运人丧失了对涉案货物的掌控权,并最终导致货款落空,应当向托运人承担赔偿货款损失的法律责任。 862

4.2 货运代理转委托问题 ……………………………………………… 865

3 上诉人天津美设国际货运代理有限公司与被上诉人上海超鸿国际货物运输代理有限公司货运代理合同纠纷案【天津市高级人民法院(2011)津高民四终字第182号】……………………………………………………… 865

> **No. HY-4.2-1** 货运代理人将业务转由他人实际办理,在没有证据表明委托人同意转委托的情况下,受托人应就第三人的行为承担责任。委托人事后未提异议,不能作为其同意转委托的依据。 865

4 上诉人连云港华丰国际货运有限公司、郯城新兴新装饰材料有限公司与被上诉人青岛港(集团)有限公司物流分公司滞箱费纠纷案【山东省高级人民法院(2006)鲁民四终字第7号】…………………………………… 870

> **No. HY-4.2-2** 货运代理企业在履行进口货物的货运代理义务时,向承运人书面确认滞箱费,并说明了与委托人之间的委托关系;诉讼过程中,货运代理和委托人共同披露了委托人与货运代理之间的委托合同内容,一致表示委托人有义务承担滞箱费。在此种情形下,承运人将相应的债权转让给他人,则债权的受让人有权选择向委托人主张滞箱费,并以货运代理书面确认的费用为准。 870

4.3 货运代理合同中的无单放货 …… 876

5 上诉人诸暨市佳能袜厂与被上诉人欧亿兴物流有限公司、欧亿兴国际货运代理(上海)有限公司海上货物运输合同纠纷案【上海市高级人民法院(2012)沪高民四(海)终字第48号】…… 876

> **No. HY-4.3-1** 货运代理企业在代办订舱事务时,应当为委托人选择被交通部门认可的无船承运人订立海上货物运输合同。货运代理未尽谨慎义务造成托运人损失的,依据《关于审理海上货运代理纠纷案件若干问题的规定》第11条的规定承担连带责任。 …… 876

6 原告苏州亨利国际贸易有限公司与被告大连奥威成一国际物流有限公司上海分公司海上货物运输合同纠纷案【上海海事法院(2012)沪海法商初字第433号】…… 881

> **No. HY-4.3-2** 发货人与收货人达成货款支付协议,但仍未收到货款的,仍不能据此免除或减轻无单放货的承运人应承担的赔偿责任。 …… 881

> **No. HY-4.3-3** 发货人因为货物被无单放行导致失去对货物的控制权,不得不对收货人作出货款减让以及免除无单放货的承运人责任的意思表示,但仍无法收回货款的,从公平角度来看,不应该认为发货人的行为足以被视为其追认承运人无单放货的现实和免除承运人责任的真实意思表示。 …… 881

5. 其他 …… 886

5.1 定期租船合同纠纷 …… 886

1 上诉人耐威森船务公司与被上诉人连云港远东国际船舶代理有限公司等留置权损害赔偿纠纷案【天津市高级人民法院(2010)津高民四终字第0005号】… 886

> **No. HY-5.1-1** 在定期租船合同下,承租人未向出租人支付租金或者合同约定其他款项的,出租人对属于承租人的货物、财产及转租收入享有留置权。由于留置权是法定担保物权,提单记载的运费支付方式不是限制承租人行使留置权的条件。 …… 886

> **No. HY-5.1-2** 根据航运惯例,订立租船合同既可以以当面签署的书面文本方式订立,也可以以电子邮件或者租船经纪人作为纽带磋商等方式达成,只要出租人和承租人的共同意思表示是真实、清晰、明确的,便具有法律约束力。 …… 886

5.2 港口经营人的权利和义务 …… 892

2 原告可隆商事株式会社与被告湛江港务局货物交付侵权损害赔偿纠纷案【广州海事法院(1998)广海法商字第11号】…… 892

| No. HY-5.2-1 | 提单持有人可以凭提单行使提货请求权,也可以凭提单控制货物的交付,或转让提单来转让对货物的权利。 | 892 |

| No. HY-5.2-2 | 按照航运惯例,港口作业人(经营人)接受船方或者货方的委托从船上卸下并掌管货物,其应当凭承运人或承运人代理人的指示交付货物,因此,提单持有人对货物的占有虽是间接占有,但却可以以货物所有权人的身份主张权利。 | 892 |

| No. HY-5.2-3 | 港口经营人虽非承运人或承运人的代理人,不承担提单下的合同义务,但不可以无视他人权益擅自处分他人货物,其在装卸、保管进出港货物中应尽善良管理人义务,包括妥善看管货物,凭法定的海关放行手续和按照承运人的指示交付货物,否则在交付货物方面构成过错。 | 892 |

| No. HY-5.2-4 | 港口经营人的职员看管货物是其安排的工作岗位或经营活动的环节之一,职员非法提货表明港口经营人犯有管理和监管的过失,港口经营人应当对其职员的非法提货行为负责。经营人职员的行为使得提单持有人无法实现货物各种权能并造成合法权益的巨大损害,因此,职员的雇主应该承担赔偿责任。即使职员的行为构成犯罪,港口经营人应该承担的民事责任也不能因此而免除。 | 892 |

综合卷

1. 海事担保合同纠纷 ……………………………………………………………… 001

1.1 申请人为先予执行而超额提供担保的损失负担 ………………………… 001

1 原告宁波太平洋海运有限公司与被告宁波恒富船业(集团)有限公司海事请求担保纠纷案【宁波海事法院(2008)甬海法事初字第53号】………… 001

> **No. ZH-1.1-1** 先予执行的申请人为先予执行向法院提供的担保数额系由法院召集申请人与被申请人协调后确定,虽然被申请人要求申请人提供的担保数额超过其申请先予执行的数额,申请人不得要求被申请人赔偿超额提供担保导致的损失。……………………………………………………………………… 001

1.2 船东互保协会承担担保责任后的追偿权 ………………………………… 003

2 原告中国船东互保协会诉被告广州宏光海运有限公司、深圳市华天海运有限公司海事担保合同纠纷案【广州海事法院(2003)广海法初字第482号】…… 003

> **No. ZH-1.2-1** 船东互保协会作为担保人在履行担保义务后,有权向债务人和反担保人追偿。………………………………………………………………… 003

1.3 企业法人分支机构对外提供担保的责任承担 …………………………… 008

3 原告广州长江制衣印染有限公司诉被告广州中远国际航空货运代理有限公司东莞分公司、广州中远国际航空货运代理有限公司保证合同纠纷案【广州海事法院(2004)广海法初字第19号】……………………………………… 008

> **No. ZH-1.3-1** 企业法人的分支机构未经法人授权不得提供担保,且未经国家有关主管部门批准或者登记,不得为境外机构向境内债权人提供担保,否则担保合同无效。保证人和债权人应当知道被保证人是外国公司,仍签订保证合同,导致保证合同无效,双方均有过错,企业法人的分支机构应以其独立经营管理的财产对保证无效承担赔偿责任。……………………………………………………… 008

2. 港口作业纠纷 …………………………………………………………………… 013

2.1 港口经营人对货物灭失的赔偿责任 ……………………………………… 013

1 原告广东东峰化工燃料有限公司诉被告东莞中谷油脂有限公司港口作业合同纠纷案【广州海事法院(2005)广海法初字第175号】……………………… 013

> **No. ZH-2.1-1** 进口货物的货主委托代理人进口货物,但不是提单记载的收货人,也并非报关单载明的收货人与经营人,货物抵达卸货港后,其以自己的名义与码头经营人签订货物中转协议,约定港口经营人为其接卸、中转货物,因输油管损坏导致货物部分灭失。即使货主对该提单项下货物不享有所有权,法院推定其合法占有该提单项下货物,有权依据货物中转协议,请求港口经营人承担赔偿责任。 013

> **No. ZH-2.1-2** 货物从货舱卸出后经过港口经营人的输油管进入其储罐,在从港口经营人储罐中转发至其他运输装载工具之前,卸入油管及储罐内的涉案货物由港口经营人掌管,此段期间内发生的货物灭失,系港口经营人对涉案货物保管不善,应由港口经营人承担。按报关时的单价计算的货物价值、向海关交纳的进口关税和进口增值税属于货物灭失的赔偿范围,港口经营人应予赔偿。但货主因输油管损坏而向承运人支付的滞期费不属于可以预见的损失,不应由港口经营人赔偿。 013

2.2 码头作业公司及理货公司的装箱、理货义务 022

2 原告广西柳州市有色冶炼进出口有限责任公司与被告广州港黄埔集装箱公司集装箱港口作业合同纠纷案【广州海事法院(2000)广海法商字第92号】 022

> **No. ZH-2.2-1** 码头作业公司进行装箱,报关后又开箱重新装箱,更换铅封号,进行场到场(CY/CY)运输,承运人在起运港接收已经铅封的整箱货物,运至目的港原箱交付收货人,收货人开箱后发现箱内货物并非承运人提单载明的货物。法院认为,依据《中华人民共和国海上国际集装箱运输管理规定》第26条及《中华人民共和国海上国际集装箱运输管理规定实施细则》第70条的规定,委托人负有证明其主张的码头作业公司装箱理货错误导致箱内货物与提单记载不一致的举证义务,以证明货物在目的港交付收货人时集装箱的表面状况是否完好,铅封是否完整,铅封号是否仍为装船时的编号。虽然证据能够证明在收货人开箱时箱内货物与提单记载不符,但没有证据该集装箱的铅封是否完整,铅封号是否仍为装船时的编号,故不能充分证明箱内货物与提单记载不符是码头公司装箱、理货公司理货造成的,法院不支持委托人的索赔请求。 022

2.3 港口经营人收款后开具发票的义务 027

3 原告上海海陆联运公司与被告广州海上救助打捞局港口作业合同纠纷案【广州海事法院(2001)广海法深字第37号】 027

> **No. ZH-2.3-1** 港口作业合同当事人不但应按合同的约定享受权利、承担义务,还应履行法律、法规所规定的法定义务,港口经营人在收取装卸作业费后负有向付款方开具发票的法定义务。 027

2.4 货主主张港口经营人货损侵权的举证责任 ………………………… 029

④ 原告海南恒南实业有限公司诉被告广州港务局新港港务公司、第三人五矿国际货运广东公司港口作业纠纷案【广州海事法院(2002)广海法初字第390号】…………………………………………………………………… 029

> **No. ZH-2.4-1** 港口经营人将提单所载的数量相符但在装货过程中规格已混淆的货物卸下,没有过错,货物混淆并非因其卸货作业造成,故不应承担责任。 029

2.5 承运人对港口经营人的义务 ………………………………………… 035

⑤ 原告江门国际货柜码头有限公司与被告广东高路华电视机有限公司、陈长龙、肖永潮、珠江货柜运输中心、江门国际货运代理有限公司港口作业合同纠纷案【广州海事法院(2002)广海法初字第69号】 …………………… 035

> **No. ZH-2.5-1** 因无人提货,承运人为完成运输任务,委托货柜码头卸货并将承运货物存放在货柜码头,与货柜码头形成港口作业合同关系,承运人作为作业委托人,应依约向港口经营人支付装卸、仓储费。 035

> **No. ZH-2.5-2** 作业委托人未在规定期限内处理货物,港口经营人可以按照有关规定将该批货物按无法交付货物处理,是《港口货物作业规则》赋予港口经营人的救济措施,并非强制性规定,在长期无人提货的情况下,也不影响港口经营人向作为作业委托人的承运人收取相关费用。 035

3. 港口货物保管合同纠纷 ………………………………………………… 040

3.1 仓储货物的保管人错交货物的违约责任 …………………………… 040

① 原告江苏舜天国际集团有限公司与被告张家港兴菱化工储运有限公司港口作业合同纠纷案【武汉海事法院(2006)武海法商字第404号】 …………… 040

> **No. ZH-3.1-1** 仓储保管人向存货人交付保管物是其基本义务,其将保管物交付他人,未履行合同义务,应承担违约责任。 040

> **No. ZH-3.1-2** 违约损失包括全部实际损失及可得利益的损失。存货人的全部实际损失就是涉案货物的实际价值,即 CIF 价格。可得利益是指合同在适当履行以后可以实现和取得的财产利益,但不应超过合同可预见的损失。因仓储保管人违约导致存货人与其委托人之间的进口代理合同不能履行,其可得利益损失即为进口货物的代理费损失,并非货物的市场价格。 040

3.2 仓储保管人未凭提货单放货的责任 ………………………………… 043

② 中化(深圳)实业有限公司诉珠海中燃石油有限公司货物交付纠纷案【广州海事法院(2005)广海法初字第356号】 ……………………………… 043

> **No. ZH-3.2-1** 仓储保管人应凭承运人签发的提货单放货,否则,未凭提货单将货物交付给他人,应向提货单持有人赔偿货物的损失及其利息。 ……043

3.3 仓储保管人对于保管货物灭失的责任 ……047

3 原告江西省五金矿产进出口公司与被告广州港黄埔集装箱公司码头仓储保管合同纠纷案【广州海事法院(2000)广海法商字第124号】 ……047

> **No. ZH-3.3-1** 仓储保管人应妥善保管货物,并应在存货人提货时交付货物,因其过失造成货物灭失,致使存货人不能提取货物,应当承担赔偿责任。 ……047

3.4 外贸代理作为寄存人时保管人向货主交货的法律责任 ……049

4 上诉人中国外运广东有限公司与被上诉人浙江远大进出口有限公司、原审被告中国外运广东有限公司南沙分公司货运代理合同货损赔偿纠纷案【浙江省高级人民法院(2009)浙海终字第125号】 ……049

> **No. ZH-3.4-1** 货物的进口外贸代理作为寄存人将货物交由保管人保管,虽然保管人明知外贸代理系货主的代理,仍负有向外贸代理返还保管物的义务,其未按照作为存货人的外贸代理的指令,将货物交付给货主,违反约定,应对外贸代理承担赔偿责任。 ……049

4. 海运集装箱保管合同纠纷 ……058

4.1 码头公司保管被强制打捞上岸的沉船载运集装箱的费用承担 ……058

1 原告招商港务(深圳)有限公司诉被告阳明海运股份有限公司集装箱堆存纠纷案【广州海事法院(2002)广海法初字第214号】 ……058

> **No. ZH-4.1-1** 沉船载运的落水集装箱被海事局组织强制打捞上岸,堆存于码头公司堆场,是强制打捞工作的继续。码头公司没有约定和法定的义务保管经打捞上岸的沉船载运的集装箱,其为沉船所有人履行义务,构成无因管理。沉船所有人是打捞沉船和落水集装箱的责任主体,应当支付有关打捞、保管和处理等费用。沉船载运的集装箱的所有人或租赁人,既非打捞落水集装箱的责任主体,也非保管集装箱的义务人,不应支付集装箱堆存费。 ……058

5. 港口、航道疏浚合同纠纷 ……062

5.1 疏浚工程合同受让人的义务 ……062

1 原告广州航道局与被告深圳南油(集团)有限公司疏浚工程合同纠纷案【广州海事法院(2000)广海法深字第49号】 ……062

> **No. ZH-5.1-1** 作为疏浚工程合同权利义务的受让人，受让了发包方履行该合同过程中所产生的债务，应依约向施工方支付工程款及其利息。 062

5.2 港口疏浚合同下倾倒废物的责任 …………………………………… 065

2 原告广州南沙浩业疏浚工程公司与被告广州海上救助打捞局码头工程合同纠纷案【广州海事法院(2000)广海法商字第63号】……………… 065

> **No. ZH-5.2-1** 主管机关批准的倾倒废弃物的区域距离施工地点超出港口疏浚合同约定的运距，严重影响施工方实现合同的目的，施工方有权解除合同，合同的解除并不影响施工方依据合同向发包方提出索赔。对施工方已经实际进行的施工，发包方应根据双方确定的实际完成的工程量支付相应的工程款。 065

5.3 港口疏浚工程款的支付 …………………………………………… 069

3 上诉人烟台洪瑞港航工程有限责任公司与被上诉人台州市航宇航道疏浚有限公司港口疏浚合同纠纷案【山东省高级人民法院(2009)鲁民四终字第146号】……………………………………………………………… 069

> **No. ZH-5.3-1** 当事人没有约定开具发票后才有付款的义务，法律亦无开具发票的义务先于付款的义务之规定，不能以未开具发票为由拒付工程款。 069

5.4 港池航道水深测量资质的认定 …………………………………… 072

4 原告广东金东海集团有限公司诉被告珠海经济特区华南联合石油有限公司码头疏浚工程合同纠纷案【广州海事法院(2005)广海法初字第340号】 ……… 072

> **No. ZH-5.4-1** 建设部建筑市场管理司作为颁发专项证书的机构，有权对勘察单位在从事工程测量工作期间所持有的专项证书由其颁发且处于有效期等事实加以证明。当事人对颁发证书机关的资格有异议，应通过行政程序解决，证书没有通过行政程序撤销，应认定有效。勘察单位持有建设部颁发的专项证书，依照建设部建筑市场管理司的复函，具有海洋专项工程设计(限海洋工程勘察)的资质，故具有测量港池航道水深的资质。勘察单位虽因未取得《测绘资格证》而导致测绘行为违法，测量结果不具有法律效力，但省国土资源厅在复函中并未对勘察单位持有的专项证书进行审查，也未对持有该证书是否具有承接涉案工程的测量资质问题作出认定，法院不以此认定勘察单位没有资质。 072

5.5 借用有资质的建筑施工企业的名义签订建设工程施工合同的法律后果 …… 078

5 上诉人中交烟台环保疏浚有限公司与被上诉人天津宝泰建设有限公司航道疏浚合同纠纷案【天津市高级人民法院(2011)津高民四终字第0162号】… 078

> **No. ZH-5.5-1** 没有资质的实际施工人借用有资质的建筑施工企业的名义签订建设工程施工合同,违反法律、行政法规的强制性规定,合同无效。　　078

> **No. ZH-5.5-2** 建设工程施工合同无效,但建设工程经竣工验收合格,承包人请求参照合同约定支付工程价款的,应予支持。　　078

> **No. ZH-5.5-3** 实际施工人以发包人为被告主张权利的,发包人只在欠付工程价款范围内对实际施工人承担责任。在总承包人明知实际施工人借用有资质的建筑施工企业名义签订承包合同,并实际施工的情况下,总承包人应对实际施工人支付工程款。　　078

6. 船坞建造合同纠纷 …………………………………………… 083

6.1 船坞建造合同项下发包人不予答复对于工程结算的法律效力 ………… 083

1 上诉人宁波振鹤船业有限公司与被上诉人中国人民解放军91414部队船坞建造合同纠纷案【浙江省高级人民法院(2009)浙海终字第3号】……… 083

> **No. ZH-6.1-1** 船坞建造合同的发包人虽然收到结算清单和工程款发票而未及时答复,但因当事人没有关于不予答复即视为默认的约定,故无法达到最高人民法院《关于审理建设工程施工合同纠纷案件适用法律问题的解释》第20条规定的不予答复即构成默认的法律后果。　　083

> **No. ZH-6.1-2** 承包人在一审中未申请对工程款进行鉴定,而在二审中提出,一审法院未进行释明以保障当事人的诉讼权利,为查明已完成工程量的价款,二审法院予以准许,并以鉴定结论计算承包人的工程量和报酬。　　083

6.2 发包人停工的法律责任 ……………………………………………… 088

2 上诉人浙江三鑫造船有限公司与被上诉人浙江顺盛建设工程有限公司船坞建造合同纠纷案【浙江省高级人民法院(2009)浙海终字第116号】………… 088

> **No. ZH-6.2-1** 虽然当事人约定发包人有随时停工的权利,但并未约定停工的期限以及对合同效力的影响,发包人通知停工后长达近一年半之久仍无法确保开工日期,超出了正常或者合理的停工期限,且迟延付款,经承包人催告,发包人在合理期限内仍未履行主要义务,发包人的长期停工及迟延支付合同价款行为符合法定解除条件,承包人有权解除合同。　　088

> **No. ZH-6.2-2** 发包人虽有停工的权利,但需支付因停工给承包人造成的合理的、不可避免的因暂停施工而直接发生的费用,承包人亦有采取措施减少因停工产生的费用的义务。故承包人在接到发包人停工通知后,应当相应遣散部分人员并按照合同约定终止所有与被暂停工程的施工工作有关的租用协议以减少损失,法院酌定按照1个月的期限支持承包人因停工造成的人员工资及施工机械设备租费。　　088

综合卷 **147**

7. 海上工程合同纠纷 ………………………………………………… 095

7.1 海上爆破工程分包的法律后果 …………………………………… 095

1 原告（反诉被告）宁波市远东水下工程有限公司与被告（反诉原告）浙江海洋工程有限公司海洋水下工程建设纠纷案【宁波海事法院（2009）甬海法商初字第 14 号】 …………………………………………………………………… 095

> **No. ZH-7.1-1** 总承包人将炸礁清礁工程分包给没有建筑业企业资质证书的施工者，并以自己名义向公安机关申报爆破工程审核材料，且未申请领取爆炸物品使用许可证，直接进行爆破作业，违反法律的强制性规定，双方所签订的炸礁清礁工程分包协议书应认定为无效。 …………………………………… 095

> **No. ZH-7.1-2** 建设工程施工合同无效，但建设工程经竣工验收合格，承包人请求参照合同约定支付工程价款的，应予支持。 …………………………… 095

7.2 无效转包工程施工合同的后果 …………………………………… 099

2 原告某某市迅通疏浚工程有限公司与被告某某市某航道疏浚服务有限公司码头建造合同纠纷案【广州海事法院（2011）广海法初字第 708 号】 ………… 099

> **No. ZH-7.2-1** 不具备承包涉案工程的相应资质的承包人挂靠有资质的公司获得工程又转包给分包人施工，其与分包人签订的转包合同属无效合同。虽然转包合同被认定为无效，但对已实际履行经验收合格的部分，承包人应该按照合同及其附件的约定给付分包人相应的工程款。 ………………………………… 099

7.3 无施工资质进行海洋工程施工后请求工程款的权利 …………… 106

3 上诉人中港第一航务工程局第二工程公司与被上诉人临沂华光建设机械施工有限责任公司海洋开发利用纠纷案【山东省高级人民法院（2006）鲁民四终字第 77 号】 ……………………………………………………………………… 106

> **No. ZH-7.3-1** 未取得土石方施工资质签订的施工合同无效，但建设工程经竣工验收合格的，承包人可请求参照合同约定支付工程价款。承包人施工完毕后，发包人制作工程量清单的行为可以认定其认可了承包人的施工质量，发包人应向承包人支付工程款。 …………………………………………………………… 106

> **No. ZH-7.3-2** 因一审法院以承包人未交纳违约金请求的诉讼费为由未对该部分进行审理，也没有判决发包人承担违约责任，二审法院对该上诉请求不予审理。 106

7.4 港口工程合同项下拖欠工程款的违约责任 ……………………… 110

4 原告中港四航局第四工程公司与被告汕尾红海湾东洲港天源投资有限公司港口工程合同工程款纠纷案【广州海事法院（2001）广海法商字第 10 号】 ……… 110

> **No. ZH-7.4-1** 港口工程合同工程完工后,双方进行了结算,发包方确认拖欠施工方工程款,承诺了支付期限,并确认了不能按时履行付款义务的违约责任,其没有如期履行,已构成违约,应依约承担违约责任。但根据最高人民法院《关于在审理经济合同纠纷案件中具体适用〈经济合同法〉的若干问题的解答》第9条的规定,违约金的数额一般以不超过合同未履行部分的价款总额为限,法院对超出未履行部分的价款总额的违约金不予支持。 …… 110

7.5 供应、安装深水网箱发生漂移致损的责任 …………………… 112

5 上诉人青岛胜邦海水网箱工程技术有限公司与被上诉人山东兴华建设集团有限公司海洋开发利用合同纠纷案【山东省高级人民法院(2008)鲁民四终字第74号】……………………………………………………………… 112

> **No. ZH-7.5-1** 当事人签订的《浮式深水网箱供需合同书》是双方自愿签订,系双方真实意思表示,合法有效,当事人应当按照合同约定履行各自的权利义务。供应者向购买者发出涉案网箱验收函,确认网箱已安装完毕,购买者未在合同约定的安装完毕后3日内对网箱质量问题提出异议,应视为验收合格。网箱漂移损坏事故发生在网箱系统质量保证期内,且供应者设计施工的深水网箱的锚泊缓冲系统存在缺陷是致使深水网箱发生飘移的主要原因,故供应者应对事故承担主要赔偿责任。 …… 112

7.6 长江大桥经营管理者对于桥区航标维护费的责任 ……………… 117

6 原告长江南京航道局与被告芜湖长江大桥有限责任公司航道航标养护费纠纷案【武汉海事法院(2007)武海法商字第134号】……………… 117

> **No. ZH-7.6-1** 国家部委通知不属于法律、法规,对当事人之间的民事法律关系无强制约束力,更不能因此而限制或者剥夺当事人的诉权。 …… 117

> **No. ZH-7.6-2** 芜湖长江大桥的经营管理者,应承担相应的义务。股东对出资比例和大桥管理模式的变更,并不能当然使股东变更为大桥的经营管理者,从而否定该企业法人作为芜湖长江大桥合法经营管理者的身份,企业法人仍应承担相应的航标维护义务。 …… 117

> **No. ZH-7.6-3** 桥梁管理单位应依法承担航道部门为减少桥梁建设对航运造成不良影响而付出的成本,与航道管理部门分摊桥区水上航标维护费用。在双方未对维护费用作明确约定,亦无法达成补充协议的情况下,应按照订立合同时履行地的市场价格,确定其向航道管理部门支付的报酬。 …… 117

7.7 海上吊装合同项下的违约责任 ……………………………………… 124

7 原告(反诉被告)江苏海洋航务打捞有限公司与被告(反诉原告)杭州华新机电工程有限公司海上作业合同纠纷案【武汉海事法院(2007)武海法商字第162号】……………………………………………………………… 124

No. ZH-7.7-1 船舶签证和船舶航行日志为记载船舶航行情况的原始资料,属法定的记录文件,在无相反证据证明其虚假的情况下,应认可其真实性。	124
No. ZH-7.7-2 吊装工程合同的承揽方的作业船舶已在工程委托方通知的时间内抵达指定海域锚泊等待吊装作业,委托方未能妥善安排运送货物的船舶抵港装载,应承担作业船舶锚泊等待作业期间的营运损失。营运损失参照交通部《沿海港口水工建筑及装卸机械设备安装工程船舶机械艘(台)班费用定额》有关规定确定。	124
No. ZH-7.7-3 作业工程船迟延进行卸载作业,承揽方应向委托方赔偿其载货船舶的滞期费损失以及载货驳船遭遇大风发生的拖轮费用。	124

8. 海上拖航合同纠纷 ………………………………………… 128

8.1 被拖方的付费义务 ………………………………………… 128

1 原告(反诉被告)舟山市运通船务有限公司与被告(反诉原告)广州市东成船舶有限公司海上拖航合同欠款纠纷案【宁波海事法院(2008)甬海法商初字第303号】…………………………………………………… 128

No. ZH-8.1-1 被拖方是否是被拖船的船东对拖航合同的效力没有影响,虽非被拖船的船东,但以被拖方的身份与承拖方签订拖航合同并承诺支付拖航费用,该约定对双方均具有约束力,承拖人有权利主张未按约支付的拖航费余额。	128
No. ZH-8.1-2 按照拖航规范躲避海上风浪所致的拖带迟延,承拖人不承担违约责任。但是,因为拖船船长无内河驾驶资格导致被海事部门滞留,承拖人对滞留期间的损失承担违约责任。	128

8.2 拖航合同项下承拖方与被拖方的权利与义务 ……………… 133

2 原告广州海上救助打捞局与被告钜业远东有限公司海上拖航合同纠纷案【广州海事法院(1999)广海法商字第71号】……………………………… 133

No. ZH-8.2-1 拖航合同约定该合同根据英国法律解释并受其管辖。案件审理过程中,承拖方选择适用中国法律处理本案,被拖方坚持本案应适用英国法律,但其没有在法院指定的时间内提供外国法。法院选择通过聘请中外法律专家的途径查明解决本案争议的相关英国法律,但鉴于被拖方没有在法院指定的时间内预缴中外法律专家提供法律服务的相关费用,法院依法决定适用中国法律处理本案实体争议。	133

> **No. ZH-8.2-2** 承拖方拖轮尚未将浮吊拖抵被拖方指定的目的地便解拖,应视为其未能履行拖航合同完毕,构成违约。被拖方在争议处理过程中曾确认有关费用,要求承拖方对自解拖至指定目的地报价,但被拖方是基于浮吊事实上被承拖方解拖,为确保浮吊的安全和避免损失的扩大,迫于无奈作出的意思表示。而且被拖方在发给承拖方的传真中,一再坚持承拖方应将浮吊拖抵其指定的目的地,故法院认定被拖方违背真实意愿的意思表示不能认定其已同意变更目的港,被拖方指定的目的地才是合同约定的航次的目的地。 …… 133

> **No. ZH-8.2-3** 拖航合同约定被拖方应向承拖方支付的拖航费用是总承包价,在将浮吊拖抵目的地前,承拖方有义务保证浮吊的安全,无权要求被拖方承担为确保浮吊的安全而支出的费用。 …… 133

9. 海上打捞合同纠纷 ………………………………………………… 141

9.1 沉船所有人支付打捞费及看管费的义务 …………………………… 141

1 原告南通市航务工程有限公司镇海分公司与被告福建省平潭县航运公司海上打捞合同欠款纠纷案【宁波海事法院(2008)甬海法商初字第330号】 ……………………………………………………………… 141

> **No. ZH-9.1-1** 打捞者依约履行沉船打捞义务后,沉船所有人应依约支付打捞费及其自沉船被打捞出水之日起的利息。 …… 141

> **No. ZH-9.1-2** 沉船被打捞出水后,沉船所有人未及时取回,打捞者进行了看管,但因沉船失去自航能力,仅须安排数人轮班看管即可,由法院酌定看管费。 …… 141

10. 非法留置船舶侵权损害纠纷 …………………………………… 143

10.1 非法留置船舶的认定及其责任 …………………………………… 143

1 原告(反诉被告)黄石市长运商贸有限公司、赵有宝与被告(反诉原告)黄石市中小企业信用担保有限责任公司、黄石经济技术开发区保安服务公司非法留置船舶侵权损害纠纷案【武汉海事法院(2007)武海法商字第216号】 ……… 143

> **No. ZH-10.1-1** 担保公司为实现担保物权而非法占有船舶、禁止其营运构成非法留置,应当赔偿船舶所有人因船舶停运而遭受的修理费损失、营运损失。 …… 143

11. 海上货运代理合同纠纷 ………………………………………… 149

11.1 委托人的识别 …………………………………………………… 149

11.1.1 海上货运代理合同下委托人的识别 …………………………… 149

1 上诉人上海冉星物流有限公司与被上诉人浙江爱玛鞋业有限公司海上货运代理合同纠纷案【浙江省高级人民法院(2010)浙海终字第102号】………… 149

> **No. ZH-11.1.1-1** 货运代理从国内卖方处接收货物后,从事了内陆运输代理业务和海运代理业务,国内卖方否认其为委托人,并提供国外收货人自认为委托人的证据,但未提交国外收货人与货运代理之间的代理合同。法院认定国内卖方与货运代理之间存在合同关系,国内卖方应当向货运代理支付其垫付的费用。 149

11.1.2 进口货运代理的委托人的识别 …………………………………… 153

2 原告中国对外贸易运输总公司浙江省舟山公司与被告宁波市对外经济贸易公司、路已平海上货运代理合同纠纷案【宁波海事法院(2000)甬海商初字第100号】………………………………………………………………… 153

> **No. ZH-11.1.2-1** 提单载明的记名收货人、货物的进口经营人或进口报关单证提供人并不必然是委托货运代理操作进口货运代理事宜的委托人,在有证据证明提单载明的记名收货人、货物的进口经营人或进口报关单证提供人系货主的外贸代理,且货主曾向货运代理支付部分款项的情况下,不能认定外贸代理系货运代理的委托人。 153

11.1.3 以不同地点注册的公司名称办理委托事项时对委托人的确定 ………… 155

3 上诉人青岛华美庄园食品有限公司与被上诉人青岛佳业物流有限公司货运代理合同纠纷案【山东省高级人民法院(2008)鲁民四终字第116号】………… 155

> **No. ZH-11.1.3-1** 公司名称应当符合国家有关规定,且公司只能使用一个名称。虽然内地公司声称其为货运代理的委托人,但其仅登记了中文名称而没有登记其声称的英文名称,而委托货运代理代为订舱并支付部分费用的为英文名称的公司,货运代理在接受该英文名称公司的委托时有理由相信其接受的是一个非内地企业的订舱委托。因注册在香港地区的公司向货运代理支付过垫付费用,并在银行开户等民事活动中使用了与委托货运代理的英文名称相同的名称,虽文字表述有 LTD 与 LIMITED 之别,但该两词在英文中均表达有限公司同一含义,不影响对其主体资格的认定。 155

11.1.4 对于货主是否委托人的认定 …………………………………… 161

4 上诉人河南省华兴实业有限公司与被上诉人中海集装箱运输青岛有限公司、青岛明佳货运有限公司、周明佳货运代理合同纠纷案【山东省高级人民法院(2006)鲁民四终字第118号】…………………………………… 161

> **No. ZH-11.1.4-1** 虽将货主的货物办理出运,但没有证据证明其办理货物出运事宜是受货主的委托,虽持有落款为货主的两份传真,但传真写明并非致该代理,货主也不认可,没有证据证实货主明知并认可代理为其货物出运的转委托货运代理人,并就出运事宜直接指示该代理。故法院不认定代理与货主之间成立货运代理合同关系,对其要求货主支付垫付费用的请求不予支持。 161

11.1.5 公司人格混同的认定及委托人的责任 167

5 上诉人山东青和进出口有限公司与被上诉人青岛信风船务代理有限公司货运代理合同纠纷案【山东省高级人民法院(2007)鲁民四终字第 10 号】...... 167

> **No. ZH-11.1.5-1** 两个不同的具备法人资格的公司,应仅对各自的债务承担责任。两公司的法定代表人及控股股东虽为夫妻关系,不能得出两公司的意志不能独立。两公司所经营的出口货物种类相同,各自出口的一票货物的目的港相同,一票货物的客户相同,电话、传真、地址、联系人相同的事实,不能认定两公司在资产和财务方面是混同的,也不能认定两公司丧失了公司的独立人格。在没有证据证明两公司有滥用公司独立人格损害债权人利益的行为的情况下,货运代理人要求非委托人的另一公司对其债务承担偿还责任没有事实和法律依据,不予支持。...... 167

11.1.6 事实上存在货运代理合同关系的委托人的确定及其责任 172

6 上诉人青岛永乐农业发展有限公司与被上诉人青岛经济技术开发区裕龙国际物流有限公司货运代理合同纠纷案【山东省高级人民法院(2008)鲁民四终字第 6 号】...... 172

> **No. ZH-11.1.6-1** 委托人认为货运代理提交的证据材料中其印章是伪造的,于一审提出鉴定申请,并提交了一个用以比对的印章样式。但是,委托人工商登记资料中不同时间内的不同文件上加盖的印章显著不同,法院认定委托人实际使用的公章不止一枚,即使通过鉴定能够证明所提交证据材料中其印章确与其提交的用以比对的印章样式不同,也无法证明货运代理所提交证据材料中委托人的印章必然是伪造的,故法院不同意委托人的鉴定申请。...... 172

> **No. ZH-11.1.6-2** 出口收汇核销单上虽未填写单位名称和代码,但均加盖了海关的验讫章,核销单的编号与出口报关单上的批准文号一一对应,出口报关单上注明的提单号与货运代理提交的提单完全吻合,说明出口收汇核销单与货物的出口事实密不可分,在没有证据予以推翻的情况下,法院认定委托人与货运代理存在事实上的货运代理关系,应支付货运代理垫付的费用。...... 172

11.1.7 依照交易惯例确定货运代理合同委托人的身份及垫付费用的承担 175

7 上诉人青岛环球国际货运代理有限公司与被上诉人青岛东旺国际物流有限公司货运代理合同纠纷案【山东省高级人民法院(2009)鲁民四终字第 89 号】...... 175

> **No. ZH-11.1.7-1** 委托人在提单签收人自货运代理处签收包括涉案提单在内的 4 份提单后,向货运代理通过银行转账支付了前 3 票提单下的垫付费用,涉案提单项下与前 3 票业务涉及的货物品名相同,运输始发地、目的地和收货人相同,提单载明的托运人均为委托人,货物订舱出运的整个操作流程相同。虽然委托人否认签收提单人系其工作人员或其代理人,但因同一提单签收人自货运代理处签收了涉案正本提单,又不能证明提单签收人何以有权代表其签收另外 3 票货物的提单而无权代表其签收涉案提单,法院认定提单签收人也有权代表委托人签收涉案提单,委托人与货运代理之间就本案涉案提单项下货物也存在货运代理合同关系,应当向货运代理支付垫付费用。...... 175

| No. ZH-11.1.7-2 货运代理以美元代垫海运费,主张折合成人民币支付,法院按照其主张权利之日的美元兑人民币汇率中间价折合人民币予以支持。 | 175 |

11.1.8 个人以他人名义从事委托活动的责任认定 ………………… 180

⑧ 上诉人王进德、周玉华与被上诉人青岛海发国际货运有限公司货运代理合同纠纷案【山东省高级人民法院（2006）鲁民四终字第4号】……… 180

| No. ZH-11.1.8-1 经办人不能证明其有所谓的法人的授权,也未能证明其与法人有任何形式的关联,更不能证明事后其得到法人的追认,虽然经办人以法人名义委托他人从事货运代理业务,但未能证明该法人与涉案货物有任何形式的联系或系委托人,法院认定经办人个人应对委托合同关系承担责任,并承担向受托人支付垫付费用的义务。 | 180 |

11.1.9 受托人以自己名义对外委托的责任承担 …………………… 184

⑨ 上诉人甘肃同焕国际贸易有限公司与被上诉人山东元浦国际物流有限公司货运代理合同纠纷案【山东省高级人民法院（2009）鲁民四终字第16号】……… 184

| No. ZH-11.1.9-1 受托人接受委托人的委托后,以自己的名义向第三人委托办理订舱等相关事宜,第三人接受委托后向委托人出具了运杂费发票,法院认定第三人接受委托时知道委托人与受托人之间存在委托关系,受托人对第三人的委托直接约束委托人与第三人,第三人应向委托人主张垫付费用。 | 184 |

11.1.10 外国公司代表机构委托货运代理的责任承担 …………………… 188

⑩ 上诉人美国戴闻信息技术公司与被上诉人青岛港运达贸易有限公司、美国戴闻信息技术公司上海代表处货运代理合同纠纷案【山东省高级人民法院（2007）鲁民四终字第131号】……………………………………… 188

| No. ZH-11.1.10-1 涉外代理合同纠纷,在当事人未协议选择处理合同争议所适用法律的情况下,法院依据最密切联系原则适用合同履行地法律处理实体争议。 | 188 |

| No. ZH-11.1.10-2 外国公司国内代表处与货运代理签订的代理协议合法有效,因其为外国公司的派出机构,代理协议对外国公司具有约束力。在货运代理依约履行代理义务的情况下,外国公司应依据约定支付代理费及相关费用。外国公司依货运代理的业务经办人的指示将相应款项付至业务经办人的个人账户,应视为已履行付款义务。 | 188 |

11.1.11 作为委托人的企业法人工作人员超越职权行为的效力 ………… 192

⑪ 原告四达（天津）船运服务有限公司与被告太原市清徐环通焦化有限公司、大连万达对外贸易公司货运代理合同纠纷案【天津海事法院（2000）津海法海商初字第17号】…………………………………………………… 192

> **No. ZH-11.1.11-1** 公司业务员在未得到公司明确授权签约的情况下,在公司并非合同当事人的合同上签字,属于个人行为,不能视为代表公司的职务行为,其签署的合同对公司不具有约束力。公司业务员在付款保证书上签名承诺为他人承担保证责任,事先没有公司法定代表人的授权,事后亦未经公司追认,不能产生约束公司的法律后果。············· 192

11.1.12 FOB 条件下对货运代理关系中的委托人的认定 ············· 194

⑫ 上诉人青岛益佳食品进出口有限公司与被上诉人青岛百盛国际货运代理有限公司货运代理合同纠纷案【山东省高级人民法院(2010)鲁民四终字第106号】············· 194

> **No. ZH-11.1.12-1** 原告提交被告作为发货人出运货物的订舱委托书、信用证审核表、发票、装箱单、原产地证书、提单、检验证书、入货通知、指定箱号指示等单据和文件虽为复印件,但被告对此票货物的出运没有异议,结合被告出具的费用明细和应收账款明细,能够证实双方当事人存在货运代理关系,被告欠付原告海运费,本案所涉货物买卖以 FOB 的价格条款成交,并不影响双方当事人对货物存在货运代理关系以及欠款数额的确认。············· 194

11.2 委托人支付垫付费用的义务 ············· 198

11.2.1 委托人对于货运代理垫付目的港费用的偿还义务 ············· 198

⑬ 上诉人宁波天航国际物流有限公司与被上诉人宁波市科技园区新华物流有限公司海上货运代理合同欠款纠纷案【浙江省高级人民法院(2009)浙海终字第126号】············· 198

> **No. ZH-11.2.1-1** 因货物本身不符合当地海关要求而被目的港海关监管部门强制销毁,收货人拒付相关费用,承运人转而向托运人的货运代理收取了目的港产生的必要合理费用,货运代理垫付费用并无不当,作为委托人的托运人应予偿还。············· 198

11.2.2 委托人对货运代理垫付费用的支付义务 ············· 201

⑭ 原告浙江中外运有限公司宁波明州分公司与被告宁波华邦船务有限公司海上货运代理合同欠款纠纷案【宁波海事法院(2009)甬海法商初字第90号】············· 201

> **No. ZH-11.2.2-1** 货运代理依约完成代理事项,为委托人垫付款项,委托人应当及时支付垫付的各项费用及代理费,委托人因与他人纠纷导致银行账户被冻结,并不影响其付款义务的履行,其应向货运代理承担逾期付款期间的相应汇率风险及利息损失。············· 201

11.2.3 FOB 价格下,作为国内卖方的委托人对货运代理的付款义务 ············· 203

⑮ 原告宁波某某国际货运有限公司与被告宁波市某某对外贸易股份有限公司海上货运代理合同纠纷案【宁波海事法院(2011)甬海法商初字第365号】············· 203

> **No. ZH-11.2.3-1** 国际贸易术语系国际货物买卖合同中关于买卖双方权利义务的约定,只能约束该货物买卖合同的当事人,不能约束该合同以外的第三人;海上货运代理合同当事人的权利义务不应依据委托人与国外买方的货物买卖合同来确定。海运提单上明确记载,委托人为托运人,海运费为预付,故即使委托人与国外买方之间系约定FOB价格,委托人仍负有预付海运费的义务。货运代理作为委托人的海运业务代理人,为其办理了出运业务并垫付了相关海运费,符合海上货运代理合同的约定,委托人应予偿还。 …… 203

11.2.4 委托人是否应向货运代理支付目的港的垫付费用 …… 205

16 原告伟航集运(深圳)有限公司诉被告汕头市中润船务代理有限公司货运代理合同纠纷案【广州海事法院(2010)广海法初字第731号】…… 205

> **No. ZH-11.2.4-1** 货运代理主张货物在目的港被发现有违禁品而被目的港海关查扣产生的滞箱费、码头操作费和拖车费,应当举证证明该笔费用的合法性和合理性。否则,委托人不应承担责任。 …… 205

11.2.5 支票收条对于能否证明委托人付款的作用 …… 209

17 上诉人平邑展望实业有限公司与被上诉人厦门联合物流有限公司青岛分公司货运代理合同纠纷案【山东省高级人民法院(2007)鲁民四终字第19号】…… 209

> **No. ZH-11.2.5-1** 被告否认在法院特快专递收件人签名处签名的自然人为其职员,但未提供证据证明,视为法院已合法将开庭传票送达被告,可依法缺席审理并判决。 …… 209

> **No. ZH-11.2.5-2** 货运代理虽收到他人支票的收条,并不足以证明货运代理已收取委托人支付的部分海运费,委托人应向货运代理支付垫付款项。 …… 209

11.2.6 委托人向货运代理的员工付款的法律后果 …… 211

18 原告浙江甲国际货运代理有限公司与被告浙江乙国际货运代理有限公司、蒋某海上货运代理合同纠纷案【宁波海事法院(2012)甬海法商初字第50号】…… 211

> **No. ZH-11.2.6-1** 委托人向货运代理的业务经办人支付海运费即已履行完毕付款义务,货运代理不应再行主张。 …… 211

11.2.7 对账单对委托人已付款项的法律效力 …… 213

19 原告宁波某某国际贸易运输有限公司与被告绍兴市某某国际货运代理有限公司海上货运代理合同纠纷案【宁波海事法院(2011)甬海法商初字第234号】…… 213

No. ZH-11.2.7-1 按照对账的习惯做法,对账系当事人对在对账日之前发生的业务及费用的核对,对账单上的金额系一方自对账日起应付而未付的款项,在对账日之前支付的款项不应是支付该对账单上的业务。委托人以支付时间早于对账日的电汇凭证为由,主张已向货运代理支付对账单列明的业务所涉的垫付款项,与对账通常做法相悖,法院不予采信。 ………… 213

11.2.8 海运发票的证明力及作为委托人的个人独资企业的股东责任 ………… 215

[20] 上诉人天津市红桥区宏川物流配货中心、郭健与被上诉人天津市天海货运代理有限公司货运代理合同纠纷案【天津市高级人民法院(2004)津高民四终字第169号】………………………………………………… 215

No. ZH-11.2.8-1 发票虽具有证明款项已付的作用,但货主向境内货代公司支付国际海运运费及相关费用时,应持国际运输业专用发票(购付汇联)向外汇指定银行申请,从其外汇账户中支付或者购汇支付,故在未能提供运费支付凭证的情况下,仅持有海运费发票不能证明其运费已付。 ………… 215

11.2.9 委托人对货运代理垫付仓储费用的偿还义务 ………… 217

[21] 上诉人河南神火集团有限公司与被上诉人青岛新中港贸易有限公司货运代理合同纠纷案【山东省高级人民法院(2006)鲁民四终字第120号】………… 217

No. ZH-11.2.9-1 与海上运输有关的货运代理合同纠纷,属于最高人民法院规定的海事法院受理案件范围,海事法院对本案有管辖权。当事人未在法定答辩期内提出管辖权异议,对其二审期间提出的管辖权异议,二审法院不予支持。 ………… 217

No. ZH-11.2.9-2 货运代理代为办理了仓储事宜,并垫付了仓储费,委托人应向货运代理支付仓储费及自实际垫付仓储费之日起的利息。 ………… 217

11.2.10 货运代理垫付的承运人加收海运费的负担 ………… 226

[22] 上诉人克运船务(天津)代理有限公司石家庄分公司与被上诉人厦门速传物流发展股份有限公司青岛分公司、厦门速传物流发展股份有限公司货运代理合同纠纷案【山东省高级人民法院(2009)鲁民四终字第143号】………… 226

No. ZH-11.2.10-1 承运人加收海运费,并非货运代理的过错,货运代理为托运人垫付的,应由托运人负担。 ………… 226

11.2.11 约定垫付费用支付条件的法律后果 ………… 230

[23] 上诉人青岛耿源食品有限公司与被上诉人上海日进泰阳国际货运代理有限公司青岛分公司货运代理合同纠纷案【山东省高级人民法院(2007)鲁民四终字第64号】………………………………………………… 230

No. ZH-11.2.11-1 企业IC卡是企业的身份证明,应由委托人自己保存,没有证据证明其将企业IC卡交付给货运代理且货运代理丢失了企业IC卡,因企业IC卡丢失导致出运货物迟延到达目的港,造成收货人拒绝提货和拒付货款的责任应由委托人承担,委托人应当向货运代理支付垫付费用,不能适用货运代理协议关于货主的货款到位后再向货运代理支付垫付费用的约定。	230

11.2.12 货运代理的报酬 ……………………………………………… 235

24 上诉人青岛华邦玻璃工业有限公司与被上诉人青岛圣和船务有限公司货运代理合同欠费纠纷案【山东省高级人民法院(2009)鲁民四终字第87号】……… 235

No. ZH-11.2.12-1 货运代理需要向相关部门缴纳的费用与其约定向委托人收取的费用差额部分是货运代理应得的代理报酬,委托人应予支付。	235

11.2.13 保证人对货运代理合同项下垫付款、滞纳金的担保责任 ………… 238

25 上诉人山东泸河集团有限公司与被上诉人中国外运山东有限公司青岛分公司、山东兴创纸业集团有限公司货运代理合同纠纷案【山东省高级人民法院(2008)鲁民四终字第3号】………………………………………… 238

No. ZH-11.2.13-1 约定保证期间"至主合同失效时止",但未约定主合同的失效条件,故合同的失效从法律意义上应理解为合同权利义务的履行完毕。保证期间"至主合同失效时止"的约定应视为约定不明,保证期间应自主债务履行期届满之日起算。	238

11.2.14 货运代理垫付港杂费的认定与负担 ……………………………… 243

26 上诉人锦程国际物流集团股份有限公司与被上诉人青岛远洋大亚物流有限公司港杂费纠纷案【山东省高级人民法院(2009)鲁民四终字第111号】………… 243

No. ZH-11.2.14-1 原告依据与被告形成的债务偿还备忘提起诉讼,该备忘明确了被告欠付港杂费的数额和计划还款时间,故原告不再负有对场站协议履行情况的举证责任。	243

11.3 委托人的过错责任 ………………………………………………… 248

11.3.1 委托人过错导致的费用的承担 …………………………………… 248

27 原告宁波天航国际物流有限公司与被告宁波恒良国际经贸合作有限公司海上货运代理合同欠款纠纷案【宁波海事法院(2009)甬海法商初字第118号】…… 248

No. ZH-11.3.1-1 由于委托人过错,导致出口退运货物在报关时被海关查扣,货运代理垫付海关进口关税、进口增值税及进口货物滞报金,系履行代理义务的行为,并无过错产生额外费用,委托人应予偿还。	248

㉘ 原告宁波凯州国际物流有限公司与被告宁波英煌国际货运代理有限公司海上货运代理合同纠纷案【宁波海事法院(2011)甬海法商初字第8号】 ········ 250

> **No. ZH-11.3.1-2** 由于货物被海关查验出违禁品而滞港,货运代理按约定垫付了因此产生的滞箱费、滞港费,委托人应按货运代理协议约定予以偿还。 250

11.3.2 委托人导致删单重报和退税迟延的责任 ············ 252

㉙ 上诉人山东昌邑美尔雅巾被有限责任公司与被上诉人天津振华物流集团有限公司青岛分公司、天津振华物流集团有限公司货运代理合同纠纷案【山东省高级人民法院(2007)鲁民四终字第78号】 ············ 252

> **No. ZH-11.3.2-1** 委托人作为退税主体迟至临近期限截止日才将删单重报手续邮寄给其货运代理,导致在期限截止前不能办理完毕删单重报手续,这一行为导致的法律结果应由其自负。而且,委托人可以申请税务部门延长退税期限而不申请,该不作为导致其最终不能办理退税,相应的损失应由其自行承担,法院不支持其向货运代理索赔。 252

11.3.3 委托人提供错误报关资料的法律后果 ············ 255

㉚ 原告天津开发区津海贸易有限公司与被告北京双卉新华园艺有限公司海运委托代理合同纠纷案【天津海事法院(2005)津海法商初字第248—253号】 ······ 255

> **No. ZH-11.3.3-1** 委托人提供的编码有误导致无法通关,货物未能按时装船出运,并非货运代理过错所致。货运代理安排的货物陆运遭遇长达十几个小时的堵车导致未能按时装船出运,属于不可预见的意外事件,货运代理可以据此免责,委托人不得以此拒付货运代理垫付的费用。 255

11.4 委托人的权利 ············ 257

11.4.1 委托人向承运人主张返还滞箱费的权利 ············ 257

㉛ 原告宁波海田国际货运有限公司与被告东方海外货柜航运(中国)有限公司宁波分公司、第三人宁波外运国际货运代理有限公司海事海商纠纷案【宁波海事法院(2009)甬海法商初字第199号】 ············ 257

> **No. ZH-11.4.1-1** 《中华人民共和国海商法》第86条并非强制性规定,关于费用和风险的承担,参与业务的各方当事人之间另有约定的,应从其约定,受托人依据代理合同及结算协议向委托人收取其垫付的滞箱费与《中华人民共和国海商法》第86条规定并不冲突。但是返还滞箱费的请求系合同纠纷,被告并无侵权行为,原告经法院释明仍以侵权之诉主张滞箱费,法院不予支持。 257

11.4.2 对货运代理的职员起诉导致时效中断 ………………………… 259

32 上诉人福建省晋江市五一鞋业有限公司与被上诉人陈祥智货运代理合同纠纷案【福建省高级人民法院(2010)闽民终字第469号】……………… 259

> **No. ZH-11.4.2-1** 当事人向法院提交起诉状或者口头起诉的,诉讼时效从提交起诉状或者口头起诉之日起中断。当事人起诉债务人的公司职员,效力及于公司,可以产生对公司的诉讼时效中断的法律效力。 259

> **No. ZH-11.4.2-2** 在一审庭审辩论终结前并未提出诉讼时效抗辩,在二审中主张超过诉讼时效的,法院不予支持。 259

11.5 货运代理的义务 …………………………………………………… 262

11.5.1 货运代理是否负有要求承运人签发提单的义务 ……………… 262

33 上诉人兰溪市方兴包装制品厂与被上诉人埃彼穆勒环球(上海)有限公司宁波分公司海上货运代理合同纠纷案【浙江省高级人民法院(2009)浙海终字第89号】…………………………………………………………………… 262

> **No. ZH-11.5.1-1** 托运人委托货运代理时仅要求订舱,并未明确要求货运代理取得提单,在承运人未签发提单的情况下,货运代理将承运人签发的货物收据交付给托运人,托运人未提出异议,货运代理并无过错,不应承担责任。 262

11.5.2 FOB条件下货运代理对托运人交付提单的义务 ……………… 268

34 上诉人杭州大东南高科包装有限公司与被上诉人浙江致远物流有限公司海上货运代理合同纠纷案【浙江省高级人民法院(2010)浙海终字第116号】… 268

> **No. ZH-11.5.2-1** 货运代理作为受托人,应当为委托人的利益考虑,完成交付提单的事务。即使在FOB条件下,货运代理向托运人交付提单的义务也不能因承运人系由收货人指定当然免除,但因托运人指定的转受托人拒不交付的原因导致不能取得提单,不能由货运代理承担责任。 268

11.5.3 身兼国内卖方和买方的货运代理交付提单的义务 …………… 272

35 原告温州高科汽车电器有限公司与被告深圳市宝加捷国际货代有限公司、宁波宏泰国际货运代理有限公司海上货运代理合同违约赔偿纠纷案【宁波海事法院(2009)甬海法商初字第70号】……………………………………… 272

> **No. ZH-11.5.3-1** 货运代理企业在接受国外买方委托向承运人订舱后,又接受国内卖方委托办理报关报检等事宜,应当优先向交付货物且提单载明为托运人的国内卖方转交正本提单,除非交付货物的托运人有相反指示。货运代理在收到承运人寄交的涉案正本提单后,未经国内卖方同意而擅自立即向国外买方转交提单,应予赔偿国内卖方因此而未能收回货款的损失。 272

11.5.4 货运代理对托运人放货保函真伪的审查义务 …………… 275

㊱ 原告杭州新业进出口有限公司与被告宁波外代新华国际货运有限公司、蒋春华海上货运代理合同违约赔偿纠纷案【宁波海事法院(2009)甬海法商初字第217号】…………………………………………………………… 275

> **No. ZH-11.5.4-1** 货运代理对托运人的印章真伪只需尽到谨慎的注意义务即可,其并无实质性的审查义务,其在保函上盖章亦系应承运人要求对承运人的保证,并无其他实质性意义。托运人的经办人员提供的放货保函上的托运人印章虽与工商登记不一致,但一般人难以发现,货运代理以此向承运人发出更改提单的指示,已经尽到货运代理人的一般谨慎义务,并不存在过错,对因此造成的损失不应承担责任。 275

11.5.5 托运人的货运代理的危险告知义务 …………………… 279

㊲ 原告广东某某化工科技有限公司与被告广州某某国际货运代理有限公司、广东某某物流服务有限公司、陈某某、杨某某海上货运代理合同纠纷案【广州海事法院(2011)广海法初字第395号】…………………………………… 279

> **No. ZH-11.5.5-1** 托运人托运危险货物,应当依照有关海上危险货物运输的规定,妥善包装,作出危险品标志和标签,并将其正式名称和性质以及应当采取的预防危害措施书面通知承运人。货运代理作为托运人的货运代理人,应当代托运人履行前述义务,并且货运代理作为专业的货运代理人对货物性质应当知悉,即使其不清楚涉案货物是否属于危险货物,在向船公司订舱时也应进行如实申报,但其没有履行该义务,在办理货运代理事务中存在过错,导致涉案货物退运,应向托运人赔偿货物退运的损失。托运人在知道涉案货物被船公司拒载之后,应当及时办理退运手续,但没有及时办理涉案货物的进口报关手续,导致损失扩大,应自行承担扩大的损失。 279

11.5.6 受托人以自己名义委托第三人的货运代理合同的效力 …… 284

㊳ 上诉人苍山县东珍食品有限公司与被上诉人青岛富士船务有限公司货运代理合同纠纷案【山东省高级人民法院(2006)鲁民四终字第67号】…… 284

> **No. ZH-11.5.6-1** 委托人未举证证明在订立货运代理合同时货运代理知道委托人与货主之间的代理关系,故委托人与货运代理之间的货运代理合同不能直接约束货主,委托人仍应向货运代理支付垫付费用。 284

11.5.7 货运代理在接受概括委托后承担内陆运输的义务 ……… 289

㊴ 原告宁波某某进出口有限公司与被告宁波某某国际有限公司海上货运代理合同纠纷案【宁波海事法院(2012)甬海法商初字第45号】…………… 289

> **No. ZH-11.5.7-1** 货运代理接受委托人的概括委托从事集装箱货物内陆运输，在该运输合同法律关系下，货运代理负有按约将货物完成内陆运输完好交付海上运输的义务，故其应对内陆区段发生的盗窃行为对委托人承担赔偿责任，被盗货物价值，应当以公安机关认定的盗窃价值为准。如有退赃款项，应从赔偿款中扣除。 289

11.5.8 货运代理委托他人装箱导致货损的责任 …………………………………… 292

[40] 上诉人天津中外运集装箱发展有限公司与被上诉人中泰捷诚（天津）货运代理有限公司货运代理合同纠纷案【天津市高级人民法院（2011）津高民四终字第 0188 号】…………………………………………………………………………… 292

> **No. ZH-11.5.8-1** 货运代理委托第三人对货物进行装箱，第三人作为承办集装箱堆存、拆装箱、修箱、验箱的专业公司，应从自己专业技术的角度对涉案货物如何安全装箱提出可行的装箱方案，但其装箱操作方法不当，是造成货物损坏的主要原因，对货物损坏负有主要责任。货运代理提供的集装箱箱体仅略大于涉案货物，亦限制了装箱方式，增加了装箱风险，对货物损坏应承担次要责任。 292

> **No. ZH-11.5.8-2** 受损货物为专用产品，委托鉴定机构对受损货物进行评估，各方当事人可能会就受损货物的评估、更换零件、维修及各项费用问题多次磋商，亦将影响货物起运时间，势必造成损失扩大。故货主于事故发生后，在与货运代理及第三人就货物维修及赔偿问题协商未果的情况下，将受损货物运回原生产厂家维修具有现实性和可行性，亦无不妥。当事人应当遵循公平原则确定各方的权利和义务。 292

11.5.9 货运代理转委托的他人报关错误致货主退税损失的法律责任 …………… 295

[41] 上诉人天津美设国际货运代理有限公司与被上诉人上海超鸿国际货物运输代理有限公司货运代理合同纠纷案【天津市高级人民法院（2011）津高民四终字第 182 号】……………………………………………………………………………… 295

> **No. ZH-11.5.9-1** 在货运代理合同履行中，货运代理将其中报关的业务转托报关行实际办理，向委托人出具了包括报关费的费用确认单，法院认定货运代理为受托人，负有正确履行涉案货物出口运输的报关义务，并应承担报关事务中产生的风险。报关行是货运代理处理委托事务中与之订立合同的第三人，委托人明知具体办理报关业务的是报关行，但没有证据表明其同意受托人转委托，委托人也没有就报关事务直接指示报关行，货运代理与报关行之间的关系不能直接约束委托人。 295

> **No. ZH-11.5.9-2** 货运代理委托的报关行误将货物退关删单，导致货主未能办理出口退税，补交了相应的税款，该损失不属于货运代理在订立合同时不能预见的损失，货运代理应向委托人赔偿。 295

11.6 货运代理违反交付单证义务的责任 …… 300

11.6.1 货运代理未及时向委托人交付报关文件的法律责任 …… 300

42 上诉人厦门市金远东货运代理有限公司、厦门市金远东货运代理有限公司宁波分公司与被上诉人上海恒邦国际贸易有限公司海上货运代理合同违约赔偿纠纷案【浙江省高级人民法院(2009)浙海终字第 8 号】…… 300

> **No. ZH-11.6.1-1** 货运代理主张提单载明的托运人以外的人为委托人，但未提交与对方的货运代理协议亦无证据证明系对方指令将提单托运人记载为第三方，法院对其主张不予支持。…… 300

> **No. ZH-11.6.1-2** 货运代理未及时将包括核销单在内的报关文件退回委托人，致委托人在已完成收汇的情况下无法退税，应当承担由此造成的退税损失。…… 300

11.6.2 货运代理拒绝向委托人交付提单的法律责任 …… 303

43 原告上海顺航进出口有限公司与被告义乌市伟航进出口贸易有限公司、欧伟、欧丽青海上货运代理合同纠纷案【宁波海事法院(2007)甬海法商初字第 389 号】…… 303

> **No. ZH-11.6.2-1** 货运代理作为受托人，应当依约履行义务，其因与他人债务纠纷，未能取得涉案提单并交给委托人，构成违约。委托人为减少损失，向法院申请海事强制令以取得提单，其所交纳的海事强制令申请费为合理支出费用，货运代理应予赔偿。…… 303

> **No. ZH-11.6.2-2** 公司被吊销营业执照后，其主体资格仍存续，可以独立承担法律责任。债权人无法证明公司股东滥用公司法人独立地位和股东有限责任，逃避债务，严重损害公司债权人利益的，公司股东无须承担连带赔偿责任。…… 303

11.6.3 货运代理擅自抵押提单的责任 …… 305

44 原告张晓霞、张乔霞与被告徐向军海上货运代理合同违约赔偿纠纷案【宁波海事法院(2009)甬海法商初字第 74 号】…… 305

> **No. ZH-11.6.3-1** 以未经合法工商登记注册的公司的名义对外经营，其民事责任应由实际从事相应活动的个人承担。货运代理将应交付给委托人的提单擅自抵押给他人，应赔偿相应的损失。…… 305

11.6.4 货运代理过错导致提单被抢的法律责任 …… 307

45 上诉人青岛安捷顺国际物流有限公司与被上诉人金乡县盛达万吨冷藏有限责任公司货运代理合同纠纷案【山东省高级人民法院(2007)鲁民四终字第 59 号】…… 307

> **No. ZH-11.6.4-1** 货运代理在履行货运代理合同时指定他人转递提单过程中，提单在转递人手中被抢，致使产生的目的港滞港费、滞箱费和利息损失，系货运代理履行代理义务不当造成的，且损失的发生与履行行为不当之间具有因果关系，货运代理应向其合同相对方的委托人承担赔偿责任。 307

> **No. ZH-11.6.4-2** 收货人出具证明表示在银行保函有效期内拒绝支付货款，委托人未收到货款；同时，收货人将滞港费、滞箱费等单据原件递送给委托人，并与委托人达成损失抵顶货款的协议，法院据此认定收货人目的港发生的费用已经转化为委托人的实际损失，委托人不必先行向收货人支付费用损失后才能向货运代理主张相关损失。 307

11.6.5 货运代理转交未登记备案的国外无船承运人提单的责任 ············ 312

46 上诉人天津裕佳昌国际货运有限公司与被上诉人威海锦源纺织有限公司货运代理合同纠纷案【山东省高级人民法院(2009)鲁民四终字第81号】············ 312

> **No. ZH-11.6.5-1** 货运代理在货物装船后向发货人转交未在境内登记备案的国外无船承运人签发的提单，委托人收到提单并未提出异议，国外无船承运人合法存在。法院认定，即使涉案提单未在我国交通部登记备案，提单所证明的运输关系成立有效。货物到目的港，货运代理已向委托人告知货物到达目的港和收货人不提货的信息，但委托人未积极处理货物，放任货物在目的港存放，直至查询不到货物下落，即使存在后期货物损失也是委托人自身扩大的损失，货运代理完成了货物出运的代理义务，并无过错，不应向委托人承担货物损害赔偿责任。 312

11.6.6 发货人的货运代理同时作为承运人的签单代理签发提单的法律责任 ······ 318

47 上诉人上海爱意特国际物流有限公司宁波分公司与被上诉人宁波市鄞州金宁家具用品厂海上货运代理合同纠纷案【浙江省高级人民法院(2009)浙海终字第127号】············ 318

> **No. ZH-11.6.6-1** 发货人的货运代理同时又作为承运人的签单代理签发提单，在FOB价格下，应在提单中将实际向其交付货物的发货人记载为托运人并向发货人交付提单，其未征得发货人同意擅自向他人签发了他人为托运人的提单，侵害了发货人的权利，应当赔偿发货人遭受的无法收回货款的损失。 318

11.7 货运代理的过错责任 ············ 321

11.7.1 有偿货运代理未及时告知航次取消的过错责任············ 321

48 上诉人宁波天然国际贸易有限公司与被上诉人天津泛艺国际货运代理服务有限公司宁波分公司货运代理合同纠纷案【浙江省高级人民法院(2009)浙海终字第73号】············ 321

> **No. ZH-11.7.1-1** 预订航次因船舶故障而被承运人取消，延期至下年度，作为有偿委托合同受托人的货运代理，得知后未及时通知/告知作为委托人的货主，有违货运代理的谨慎处理义务，导致货主使用当年度的纺织品出口配额进行出口报关后，又使用了受让的下年度出口配额，对委托人的配额损失存有一定错过，法院酌定其按照商务部配额招标价赔偿货主一次出口配额的损失。 321

11.7.2 货运代理合同项下货运代理未尽通知义务的过错责任 …………… 326

49 原告宁波外运国际集装箱货运有限公司与被告厦门高煦有限公司海上货运代理合同纠纷案【宁波海事法院(2002)甬海商初字第 611 号】………… 326

> **No. ZH-11.7.2-1** 委托人没有提前准备好货物,货运代理明知货物晚到而未提前通知相关作业部门,也没有及时向船公司申请加载,导致货物没有装上预订的船舶,货运代理没有尽到妥善处理委托事务,存在代理过错,应对因此给委托人造成的损失承担主要责任,委托人自负次要责任,各自按责任比例分摊因货物没有出运而发生的退关费和回运费等额外费用。 326

11.7.3 货运代理错将货物订舱运至不同国家的同名港口的责任 …………… 328

50 原告宁波市某某机械有限公司与被告宁波某某国际货运代理有限公司海上货运代理合同纠纷案【宁波海事法院(2012)甬海法商初字第 177 号】………… 328

> **No. ZH-11.7.3-1** 货运代理作为专门从事海运代理、具有海运领域内专业知识的企业,应当知道并且确实明知不同的国家存在两个不同的同名港口,必须谨慎履行其职责,采取明确无误的方式确定目的港,以避免错运目的港的情况发生。货运代理明知不同的国家存在两个同名港口,但未能举证证明其已经询问过委托人是运往哪个国家的港口或已经得到委托人的明确指示,在委托人在托单中明确收货人地址为巴拿马的情况下即擅自决定将货物发往墨西哥,对于其过错造成的改港费损失应予赔偿,但对于承运人运输责任期间的货物损失,不负赔偿责任。 328

11.7.4 货运代理违反向受托人的报告和通知义务的法律后果 …………… 330

51 原告通城县盈立进出口有限责任公司诉被告飞越国际物流(深圳)有限公司货运代理合同纠纷案【广州海事法院(2011)广海法初字第 112 号】………… 330

> **No. ZH-11.7.4-1** 货运代理接受委托人的委托订舱,应谨慎选择承运人,及时将订舱情况如实向委托人报告,并转交订舱后取得的资料,且应按委托人的要求,向承运人转达先不要放货,等其收回货款后出具了保函才放货的指示,否则,违反了善良管理人的注意义务,因而导致委托人无法通过货运代理向承运人要求控制货物,致使货款没有收回,违反委托合同义务,存在过错。故作为有偿委托合同项下的货运代理,应向委托人承担赔偿责任。 330

11.7.5 货运代理未办理保险对委托人的责任 …………… 334

52 原告广东山源米业有限公司诉被告广州市堃恒货运代理有限公司货运代理合同纠纷案【广州海事法院(2005)广海法初字第 180 号】………… 334

No. ZH-11.7.5-1 虽然托运委托书没有直接表明委托人委托货运代理办理货物保险手续,但托运人声明栏载明代为保险并载有货价、险种、费率等项目,而委托书记载的运杂费金额之后括注"含保险",可以认定委托人有委托货运代理办理货物保险的意思。货运代理虽称需进一步明确何种保险,但未立即作出拒绝之通知,而加章确认并以传真方式将之传送给委托人,法院据此认定委托人委托货运代理办理货物保险手续。货运代理作为受托人未对货物投保,可以认定受托人有过错,应赔偿相应的损失。 …… 334

No. ZH-11.7.5-2 委托人作为卖方未与买受人在买卖合同中约定交付地点,因标的物需要运输,故委托人将标的物交付给第一承运人后,标的物毁损的风险由买受人承担,即使因货运代理未办理保险,因作为委托人的卖方已将所有权转移至买受人,风险也已转移,其并无损失,无权向货运代理主张赔偿责任。 …… 334

11.7.6 订舱受托人错误拼箱的责任 …… 338

53 上诉人包头俏牌果仁有限责任公司与被上诉人青岛明恺实业有限公司货运代理合同纠纷案【山东省高级人民法院(2007)鲁民四终字第53号】……… 338

No. ZH-11.7.6-1 货物订舱的受托人在发现货物拼错箱后,自愿以书面形式向委托人表示愿意承担货物拼错箱而造成的损失,应对货物因拼错箱而造成的损失承担责任。 …… 338

No. ZH-11.7.6-2 作为货物出运和回运的受托人,在货物回运后掌管相关单据,在明知货物为食品且和高挥发性化学品错拼装在一个集装箱内的情况下,应当及时将提货手续交付给委托人并协助其提货,但是其没有将提货手续及时交付给委托人,对该批货物的损失承担主要责任。委托人在货物回运后,对货物可能产生的损失已经预见,即使受托人未及时履行交付货物的提货手续,也应当积极联系提取货物进行定损和防止损失的扩大,但其未及时减损,对货物的损失承担次要责任。 …… 338

11.7.7 代理过错致集装箱被盗的责任 …… 341

54 上诉人青岛平安达运输有限公司与被上诉人源诚(青岛)国际货运有限公司货运代理合同纠纷案【山东省高级人民法院(2006)鲁民四终字第74号】……… 341

No. ZH-11.7.7-1 有偿的委托合同关系下,受托人在履行委托合同时,未尽到注意义务,导致集装箱在受托人运送期间被盗,造成集装箱被破坏,箱内所有部件均被拆除,受托人有过错,应向委托人承担损害赔偿责任。 …… 341

No. ZH-11.7.7-2 在推定集装箱全损的情况下,法院参照《国际集装箱超期使用费计收办法》的相关规定及市场同类货物的全损和灭失标准确定损失。 …… 341

11.7.8 货运代理超越职权垫付费用的法律后果 ······ 344

[55] 原告杭州海陆物流有限公司宁波分公司与被告上海瀚威国际货运代理有限公司温州分公司海上货运代理合同欠款纠纷案【宁波海事法院(2008)甬海法温商初字第7号】················· 344

> **No. ZH-11.7.8-1** 海上货物运输合同履行过程中,承运人单方面提高运价的,作为托运人的货运代理,应尽善良管理人的义务,未经托运人同意,不得违背托运人的指示,擅自变更运费约定。货运代理超越代理权擅自支付,未经委托人追认,应自行承担责任。 344

11.7.9 委托人对货运代理转委托未备案无船承运人运输的责任 ······ 347

[56] 上诉人青岛市平度惠德蔬菜有限公司与被上诉人青岛锦海润达国际货运代理有限公司货运代理合同纠纷案【山东省高级人民法院(2007)鲁民四终字第92号】················· 347

> **No. ZH-11.7.9-1** 货运代理人承担民事责任的前提是其在履行代理义务中有过错,且对委托人造成损失。即使货运代理人未经委托人同意,委托无船承运人运输,且提单未备案,但货物实际已出运,收货人收到了货物,委托人通过付信用证收到了货款,对于委托人提出的免费堆存20天的要求,货运代理人已经向承运人提出,承运人亦作出了承诺,法院认定货运代理已经履行了作为货运代理人的义务,委托人不能证明其损失,法院对其要求货运代理人承担其在目的港的损失或额外支出的请求不予支持。 347

11.8 货运代理的权利 ······ 351

11.8.1 货运代理索要滞纳金的权利 ······ 351

[57] 原告天津港集船务代理有限公司与被告甘肃亚盛国际货运有限公司天津分公司货运代理合同纠纷案【天津海事法院(2005)津海法商初字第228号】··· 351

> **No. ZH-11.8.1-1** 当事人约定超期付款滞纳金为每天1%,属于其真实意思表示,既不违反我国民事法律,也不损害社会公共利益和他人利益,属于合法有效条款。在超期付款滞纳金已远远超过本金的情况下,货运代理只请求与本金相当的超期付款滞纳金,法院予以支持。 351

11.8.2 货运代理追索合理必要的垫付滞箱费的权利 ······ 353

[58] 上诉人浙江德科物流有限公司与被上诉人宁波天时利国际货运代理有限公司海上货运代理合同纠纷案【浙江省高级人民法院(2011)浙海终字第121号】················· 353

> **No. ZH-11.8.2-1** 因托运人的原因导致货物无法出关,集装箱被退回堆场,其订舱代理已告知退箱地点以及滞箱费的标准,已尽到合同的附随义务,订舱代理对产生的滞箱费无须承担责任。 353

No. ZH-11.8.2-2 集装箱滞留影响船公司对集装箱的管理和收益,由此产生的损失与集装箱本身价值无关。根据港口行业惯例以超期累进的方式计算滞箱费,有惩罚的性质,托运人与承运人有合约约定,仍属违约金,根据约定的标准,对于订舱代理代托运人向承运人支付的没有明显偏高的滞箱费,托运人应当予以偿还。……………………………………………………………………353

11.8.3 货运代理主张垫付费用的必要性与合理性 …………………… 355

[59] 上诉人宁波元亨物流有限公司与被上诉人义乌市辉运饰品有限公司海上货运代理合同纠纷案【浙江省高级人民法院(2011)浙海终字第65号】……… 355

No. ZH-11.8.3-1 货运代理向委托人主张垫付费用应当承担举证责任,重复报关费、查验费、放空费、停空费等费用均非海上货运代理合同中必然发生的费用,货运代理没有证据证明其已垫付并且系合理的必要的费用,无权向委托人主张。……………………………………………………… 355

No. ZH-11.8.3-2 货运代理与委托人未对报酬进行明确约定,亦没有证据证明报酬符合双方交易习惯或合同履行地的市场行业惯例,货运代理无权向委托人主张报酬。………………………………………………………………… 355

11.8.4 货运代理不应对承运人原因造成的迟延承担责任 …………… 358

[60] 上诉人招远市大鹏石材有限公司与被上诉人青岛中远国际货运有限公司烟台分公司货运代理合同纠纷案【山东省高级人民法院(2008)鲁民四终字第35号】…………………………………………………………………… 358

No. ZH-11.8.4-1 货运代理是委托人货物出运的代理人而非承运人,货物的依约交付是货物运输合同关系中承运人的义务,即使发生迟延交付货物的情形,在没有证据证明代理人有过错的情况下,并不免除委托人向货运代理支付相关费用的义务。……………………………………………………………… 358

11.8.5 货运代理无须承担承运人更改航线的责任 …………………… 359

[61] 上诉人宁波海曙巨鲸进出口有限公司、杨行祖与被上诉人宁波外运国际货运代理有限公司、原审被告杨行江海上货运代理合同纠纷案【浙江省高级人民法院(2009)浙海终字第50号】………………………………………… 359

No. ZH-11.8.5-1 货运代理人为委托人安排货物出运并垫付了运输过程中产生的相应费用。货物出运后,委托人向货运代理人出具运费确认及保证函,确认涉案两份提单项下的海运费和内陆运费,请求货运代理人代为垫付,委托人应向货运代理人支付垫付款。………………………………………………… 359

No. ZH-11.8.5-2 货运代理人虽负有依委托人指示代为办理订舱、报关等合同义务,但其并非承运人,对货物的船期安排及运输过程无法直接掌控,对于船舶更改航线等损失无须承担赔偿责任。……………………………………… 359

11.8.6 货运代理主张费用的诉讼时效中断 ·········· 363

62 上诉人天津轻工业品进出口公司与被上诉人天津万联国际货运有限公司货运代理合同纠纷案【天津市高级人民法院(2005)津高民四终字第0074号】·········· 363

> **No. ZH-11.8.6-1** 当事人在一审过程中将"海运费"更改为"陆运费",但当事人之间法律关系的性质并未发生变化,且当事人依据双方之间的委托关系向对方主张垫付费用的实体权利亦未发生实质性变化,不属于变更诉讼请求。 363

> **No. ZH-11.8.6-2** 当事人未在民事诉讼法规定的期限内就管辖权问题提出异议,而在二审期间提出,不属于二审的审理范围,二审法院不予审理。 363

> **No. ZH-11.8.6-3** 货运代理在费用数额确定后,开具发票并将发票交予委托人的行为,应视为行使请求权,构成诉讼时效中断。 363

12. 其他海事纠纷 ·········· 367

12.1 渔船船东互换捕捞许可证的法律后果 ·········· 367

1 上诉人李毕汉、林盛雷与被上诉人林亚松及原审第三人李绍国、第三人舟山市海洋与渔业局海事海商纠纷案【浙江省高级人民法院(2009)浙海终字第99号】·········· 367

> **No. ZH-12.1-1** 当事人跨渔区转让渔船及捕捞许可证,因无法办理过户而互换证书,导致船舶证书被有关国家主管机关扣留,该行为非法,应由有关行政主管部门进行查处,是否应返还不应由民事法律调整。各方基于捕捞证书而领取的柴油补助款存在的差价,应在实际领取人之间清算。 367

12.2 债权人主张恶意串通转让船舶股份合同无效的主体资格 ·········· 370

2 上诉人陈文炳与被上诉人胡科君、陈立波海事海商纠纷案【浙江省高级人民法院(2010)浙海终字第145号】·········· 370

> **No. ZH-12.2-1** 为逃避债务,船舶股东恶意串通,欠款股东将其对船舶的股份转让给其他股东,债权人主张船舶股份转让合同无效,其与股份转让合同有法律上的直接利害关系,具有原告的主体资格,所涉纠纷海事法院应当审理。 370

12.3 不当使用不合格渔业船舶材料引起的产品质量侵权责任 ·········· 372

3 原告金海、李静与洪国旗海事海商纠纷案【宁波海事法院(2011)甬海法台商初字第53号】·········· 372

> **No. ZH-12.3-1** 船东购得钢管之后,在明知该钢管没有规范、正确标示的产品质量证明书的情况下,不提请渔业船舶检验机构对涉案钢管进行检验,擅自制作、更换渔船吊杆,导致雇员死亡事故,船东对事故负有较大的过错。钢管的销售者,在购进钢管时疏于检查验收,出售钢管时,未对钢管不具备制作渔船吊杆品质作出说明,也未提供规范、正确标示的钢管质量证明书,同时又不能指明涉案钢管的生产者和供货者,也应承担相应的责任。因此,由船东、销售方共同分担因渔业船舶材料引起的产品质量侵权责任。 ……………………………………………… 372

12.4 收货人的进口报关、提货等业务的转受托人对承运人的船舶代理支付滞箱费的义务 …………………………………………………… 374

4 原告宁波海丰国际船舶代理有限公司与被告宁波外运国际集装箱货运有限公司其他海商合同纠纷案【宁波海事法院(2007)甬海法商初字第184号】……… 374

> **No. ZH-12.4-1** 收货人的进口报关、提货等业务的转受托人从承运人的船舶代理处领取涉案货物提货单和集装箱设备交接单后,船舶代理已无权再对涉案货物及集装箱另行开出提货单证交由他人提货,故收货人的进口报关、提货等业务的转受托人从领单之日起即负有及时提箱、还箱的义务,其未能及时提箱、还箱,应承担由此导致的滞箱费。 ……………………………………………… 374

> **No. ZH-12.4-2** 船舶代理在被告知收货人弃货时,应当知道货物进口报关、提货等业务的转受托人在收货人弃货后已失去再行报关提货的基础,应采取适当的措施防止损失扩大,而不应消极地等待直至诉讼时效临近届满时提起诉讼。船舶代理向海关咨询弃货事宜后的集装箱损失属于其未采取适当措施导致的扩大损失,应自行承担。 ……………………………………………… 375

12.5 侵害提单质押权的权利后果 …………………………………………… 377

5 原告中国银行股份有限公司丽水市分行与被告浙江缙云康华工具有限公司、福州闽丰国际物流有限公司海事海商纠纷案【宁波海事法院(2009)甬海法事初字第56号】………………………………………………………… 377

> **No. ZH-12.5-1** 托运人将提单质押给银行后,却出具保函指示承运人无单放货,损害了质权人的利益,应承担相应的责任。质权人在质权不能得到实现时,可以选择分别或共同起诉出质人和出质债权的债务人,而且可以选择违约或侵权之诉。 ……………………………………………… 377

> **No. ZH-12.5-2** 无船承运人作为出质债权的债务人,未凭提单放货,违反了海上货物运输合同项下的义务,应承担相应的责任。以上违约行为不影响无船承运人主张诉讼时效抗辩。 ……………………………………………… 377

13. 海事案件的管辖与仲裁 ………………………………… 381

13.1 海事法院受理案件范围 ……………………………… 381

13.1.1 海上货运代理合同纠纷的管辖 ……………………… 381

1 上诉人福州宜兰港贸易有限公司与被上诉人连云港宇众国际货运代理有限公司货运代理合同纠纷管辖权异议案【福建省高级人民法院(2011)闽民终字第573号】………………………………………………………… 381

> **No. ZH-13.1.1-1** 与海上或者通海水域的船舶运输有关的货运代理合同纠纷应由海事法院专门管辖,可由当事人协议选择的原告所在地海事法院管辖。 …… 381

13.1.2 海上作业工程纠纷的管辖 ……………………………… 382

2 上诉人厦门市晋辉疏浚工程有限公司与被上诉人广州市顺宏疏浚运输有限公司管辖权异议案【福建省高级人民法院(2011)闽民终字第236号】……… 382

> **No. ZH-13.1.2-1** 利用船舶在海上进行填海造地及内湾护岸工程的吹填砂所引起的纠纷属于海上作业工程,属于海事海商纠纷,应由海事法院专门管辖,可由施工地的海事法院管辖。 …… 382

13.1.3 航道疏浚合同纠纷的管辖 ……………………………… 384

3 上诉人周宏标与被上诉人福建省湄洲湾港口管理局航道疏浚合同纠纷管辖权异议案【福建省高级人民法院(2011)闽民终字第664号】……………… 384

> **No. ZH-13.1.3-1** 航道疏浚合同纠纷属于海事法院专门管辖,可由合同履行地、被告住所地海事法院管辖。 …… 384

13.1.4 海事法院管辖的船舶物料或备品纠纷的范畴 ……………… 385

4 上诉人闽东丛贸船舶实业有限公司与被上诉人苏州大方特种车股份有限公司买卖合同纠纷管辖权异议案【福建省高级人民法院(2011)闽民终字第71号】………………………………………………………………………… 385

> **No. ZH-13.1.4-1** 用于装卸船上运输的动力平板运输车并不属于船舶物料或备品的范畴,由此引起的迟延交付买卖的动力平板运输车的纠纷不属于海商海事纠纷,不属于海事法院管辖的范围。 …… 385

13.1.5 船舶租用合同纠纷的管辖 ……………………………… 386

5 上诉人广东华怡(集团)建筑工程有限公司与被上诉人刘红权船舶租用合同纠纷管辖权异议案【福建省高级人民法院(2010)闽民终字第689号】……… 386

> **No. ZH-13.1.5-1** 船舶租用合同纠纷由海事法院专门管辖,可由交船港海事法院管辖。 386

13.1.6 船舶买卖合同纠纷的管辖 387

6 黄志坤与王保凤管辖权异议纠纷上诉案【福建省高级人民法院(2010)闽民终字第688号】 387

> **No. ZH-13.1.6-1** 当事人基于船舶买卖协议书中有关石油补贴款条款的约定主张返还石油补贴款,并不是对海洋与渔业局发放石油补贴款这一具体行为有异议,不是行政争议,属于船舶买卖合同纠纷,可由被告住所地海事法院管辖。 387

13.1.7 造船专用设备定作合同纠纷的管辖 388

7 福建新胜海船业有限公司管辖异议上诉案【福建省高级人民法院(2010)闽民终字第525号】 388

> **No. ZH-13.1.7-1** 船厂与供应商签订定作合同,定作一台MS门式起重机用于船体分段的拼装及船体分段翻身,以及其他船用设备和构件的吊运和吊装,定作物为造船专用设备,当事人主张相关违约损失,属海事法院专门管辖范围,可由合同履行地即加工行为地的海事法院管辖。 388

13.2 管辖权 389

13.2.1 船舶碰撞纠纷的管辖 389

13.2.1.1 在台湾海峡发生的船舶碰撞事故的管辖 389

8 上诉人南京远洋运输股份有限公司与被上诉人蓬莱京鲁渔业有限公司船舶碰撞纠纷案【福建省高级人民法院(2011)闽民终字第652号】 389

> **No. ZH-13.2.1-1** 船舶碰撞纠纷属于海事法院专门管辖的案件。碰撞事故发生地在台湾海峡,属于厦门海事法院管辖范围,案涉纠纷应当由厦门海事法院管辖。 389

13.2.1.2 对船舶碰撞损害赔偿进行协议管辖的效力 390

9 上诉人防城港碧海之星海运有限公司、林立灯与被上诉人文登玖阳航运有限公司船舶碰撞损害赔偿纠纷管辖异议案【福建省高级人民法院(2010)闽民终字第715号】 390

> **No. ZH-13.2.1-2** 当事人双方可以就船舶碰撞事故引起的纠纷约定管辖法院,选择碰撞发生地的海事法院进行管辖的约定有效。 390

13.2.2 船舶保险合同纠纷管辖 392

⑩ 中国人民财产保险股份有限公司武汉市硚口支公司管辖异议上诉案【福建省高级人民法院(2010)闽民终字第 154 号】·················· 392

> **No. ZH-13.2.2-1** 因船舶保险合同纠纷提起的诉讼,可由保险标的物船舶的登记注册地海事法院管辖。 392

13.2.3 提单背面管辖条款对代位求偿的保险人的效力 ·················· 393

⑪ 中国平安财产保险股份有限公司福建分公司与磐泰有限公司管辖权异议纠纷案【福建省高级人民法院(2010)闽民终字第 663 号】·················· 393

> **No. ZH-13.2.3-1** 海上保险合同代位求偿纠纷中,保险人并非提单列明的当事人,提单的背面条款不是其真实意思表示,在其未明确表示接受提单背面管辖条款的情况下,提单中的管辖条款对保险人不具有法律上的约束力。 393

13.2.4 保赔险纠纷的管辖 ·················· 394

⑫ 中华联合财产保险股份有限公司广东分公司管辖异议上诉案【福建省高级人民法院(2010)闽民终字第 579 号】·················· 394

> **No. ZH-13.2.4-1** 双方当事人将船舶险与保赔险纳入同一保单一并承保,保单涉及不同的险别范畴,当事人双方对承运货物能否获得保险赔付发生争议。本案保险标的应为承运人对第三方依法应负的损害赔偿责任而非运输工具,保险标的物不是船舶,不能以船籍港所在地确定管辖法院,而应由事故发生地或被告住所地的海事法院管辖。因两个以上海事法院均有管辖权,原告未作出选定,为充分保障当事人的诉权,法院不移送管辖而驳回起诉,由原告自行择地而诉。 394

13.2.5 提单管辖权条款的效力 ·················· 396

⑬ International Freight Lines Limited 管辖异议上诉案【福建省高级人民法院(2010)闽民终字第 106 号】·················· 396

> **No. ZH-13.2.5-1** 货运代理企业以承运人名义向委托人签发提单,但没有披露实际承运人和使用实际承运人的提单,委托人对实际承运人提单的内容事先并不知晓,且实际承运人提单中约定的管辖地点并非委托人所能预见,故实际承运人提单正面中的管辖条款对委托人不发生效力。 396

⑭ 厦门华商经纬物流有限公司管辖异议案【福建省高级人民法院(2010)闽民终字第 386 号】·················· 397

> **No. ZH-13.2.5-2** 我国民事诉讼法规定的涉外合同或者涉外财产权益纠纷的当事人,可以用书面协议选择与争议有实际联系的地点的法院管辖。与争议有实际联系的地点的法院是指原告所在地、被告所在地、标的物所在地、运输始发地、目的地、合同履行地、合同签订地等。提单正面载明"由香港法院管辖",但未证明香港系与争议有实际联系的地点,不应视为有效的管辖条款。 397

[15] A. P. 穆勒-马士基有限公司海上货物运输合同管辖权异议纠纷上诉案【福建省高级人民法院(2010)闽民终字第467号】·············· 398

> **No. ZH-13.2.5-3** 涉外合同或者涉外财产权益纠纷的当事人,可以用书面协议选择与争议有实际联系的地点的法院管辖。所谓"与争议有实际联系的地点",是指原告所在地、被告所在地、标的物所在地、运输始发地、目的地、合同履行地、合同签订地等。提单背面条款载明"与本提单有关的所有索赔和纠纷,应由英国伦敦高等法院管辖",因英国伦敦与上述地点均无任何联系,并不是与争议有实际联系的地点,违反了《中华人民共和国民事诉讼法》的相关规定,属于无效条款,对原告不具有约束力。 398

[16] 鹏达船务有限公司管辖异议上诉案【福建省高级人民法院(2010)闽民终字第450号】·············· 399

> **No. ZH-13.2.5-4** 海上货物运输合同纠纷,承运人与提单持有人之间的权利义务关系应当适用提单的约定。虽然提单约定"如发生诉讼或仲裁,双方同意由承运人主要营业地香港的法院进行审理",但该管辖条款的约定系承运人事先以较小的字体印制在背面,且未尽到足够的提醒义务;提单持有人取得提单后,已无法更改提单,事实上排除了其作为提单关系人对争议解决方式的选择权,提单管辖条款成为承运人单方的意思表示;提单持有人在海事法院提起诉讼,表明其不认可该提单管辖条款的约定,该提单管辖条款的约定对提单持有人不具有约束力,可由运输始发地海事法院管辖。 399

13.2.6 无单放货纠纷的管辖 ·············· 401

[17] Sun Cargo Container Line Ltd. 管辖异议上诉案【福建省高级人民法院(2010)闽民终字第464号】·············· 401

> **No. ZH-13.2.6-1** 正本提单持有人可以选择以侵权之诉起诉承运人无单放货。无单放货的侵权行为实施地虽然不在我国境内,但正本提单持有人在中国,其因无单放货行为丧失对提单项下货物的控制权,并由此产生损失,侵权损害结果发生于中国,故可由侵权结果发生地的海事法院管辖。 401

13.3 仲裁 ·············· 402

13.3.1 港口疏浚合同当事人约定可由仲裁机构裁决的效力 ·············· 402

[18] 中交一航局管辖异议上诉案【福建省高级人民法院(2011)闽民终字第819号】·············· 402

> **No. ZH-13.3.1-1** 当事人的合同条款仅约定发生争议可由仲裁机构裁决,而非必须由仲裁机构裁决,原告选择诉讼作为争议解决方式,说明其放弃了仲裁的意愿,可由港口疏浚合同履行地的海事法院管辖。 402

13.3.2 航次租船合同中的仲裁条款的效力 …………………………… 403

⑲ 上诉人上海优利兴国际货运代理有限公司与被上诉人厦门耀中亚太贸易有限公司租船合同纠纷管辖权异议案【福建省高级人民法院(2011)闽民终字第818号】…………………………………………………………………… 403

> **No. ZH-13.3.2-1** 航次租船合同的仲裁条款约定"如有仲裁,在香港并且适用英国法",但并未约定合同引发的争议明确选择仲裁作为唯一的解决方式,也即未排除包括诉讼在内的其他解决方式,故原告可选择在被告住所地海事法院进行诉讼。 …………………………………………………………………… 403

13.3.3 船舶建造合同仲裁条款对口头承诺的效力 ………………… 405

⑳ 上诉人闽东丛贸船舶实业有限公司与被上诉人天津市港海船务有限公司船舶建造合同纠纷案【福建省高级人民法院(2011)闽民终字第69号】……… 405

> **No. ZH-13.3.3-1** 虽然口头承诺与货船建造合同有关联性,但无证据证明口头承诺是书面货船建造合同的补充协议,或该口头承诺受书面货船建造合同的约束,故不论书面货船建造合同中约定的仲裁条款是否有效,因口头承诺引起的争议均不受书面合同的约束,也不受书面合同中仲裁条款的约束,口头承诺履行地的海事法院有管辖权。 …………………………………………………… 405

13.3.4 船东互保协会规则中的仲裁条款的效力 …………………… 407

㉑ 原告浙江省乐清市运鸿海运有限公司与船东责任互保协会(卢森堡)等管辖权异议案【厦门海事法院(2003)厦海法商初字第217号】……………… 407

> **No. ZH-13.3.4-1** 我国民事诉讼法规定的管辖权异议时间,系针对不同法院之间管辖异议的时间限定。对仲裁与诉讼之间管辖权异议的提出时间,应适用我国仲裁法的规定,即仲裁协议之当事人对法院管辖提出异议的时间应在首次开庭之前。 …………………………………………………………………… 407

13.3.5 仲裁条款有效时的一事不再理原则 ………………………… 411

㉒ 余学强管辖权异议上诉案【福建省高级人民法院(2010)闽民终字第629号】…… 411

> **No. ZH-13.3.5-1** 船舶承包合同中的仲裁条款已经被中国海事仲裁委员会和海事法院认定为有效,当事人再另行到其他海事法院申请确认仲裁条款无效的,不予受理。 …………………………………………………………………… 411

13.3.6 提单背面条款同时选择仲裁和诉讼的条款的效力 ………… 412

㉓ 申请人铁行渣华有限公司、铁行渣华(香港)有限公司与被申请人华兴海运(中国)有限公司申请确认提单仲裁条款无效案【广州海事法院(2000)广海法事字第037号】…………………………………………………… 412

No. ZH-13.3.6-1 确定仲裁协议效力的准据法的基本原则是,首先应适用当事人约定的准据法,如当事人未约定准据法,则应适用仲裁地的法律。当事人确定适用中国法律认定仲裁协议效力的,法院适用中国法律。 …… 412

No. ZH-13.3.6-2 在管辖权条款中,当事人既约定进行仲裁又约定进行诉讼,该仲裁协议应认定无效。因提单的背面条款对仲裁委员会没有约定,当事人事后又未达成补充协议,法院认定该条中关于仲裁程序选择的协议无效。 …… 412

13.4 国外仲裁裁决的承认与执行 …… 415

13.4.1 对申请执行国外仲裁裁决具有管辖权的"被执行财产所在地法院"的含义 …… 415

24 不动产船舶控股公司申请执行外国仲裁裁决案【福建省高级人民法院(2011)闽民终字第511号】 …… 415

No. ZH-13.4.1-1 当事人申请执行国外仲裁裁决的,被执行的财产所在地或者被执行人住所地海事法院均有管辖权。"被执行的财产"即凡属于被执行人所有的财产,包括有形财物,货币、有价证券以及其他无形财产。作为伦敦仲裁裁决争议下财产保全的标的物的建造船舶属于"被执行的财产"的范围,其所在地的海事法院据此有执行外国仲裁裁决的管辖权。 …… 415

13.4.2 申请执行国外仲裁裁决的期限 …… 418

25 申请人塞浦路斯瓦塞斯航运有限公司申请承认英国伦敦仲裁裁决案【天津海事法院(2004)津海法确字第1号】 …… 418

No. ZH-13.4.2-1 申请承认与执行外国仲裁裁决的,应在我国民事诉讼法规定的申请执行期间内提出,逾期法院不予承认和执行。当事人申请法院撤销仲裁裁决的案件的审理和相关法院的裁决并不导致申请承认和执行仲裁裁决的期限的中断或延长。因双方当事人均为法人,申请人超过6个月后,才申请承认与执行外国仲裁裁决,超过了我国民事诉讼法规定的执行期限,法院不予承认与执行。 …… 418

13.4.3 伦敦仲裁短员仲裁裁决的承认与执行 …… 421

26 马绍尔群岛第一投资公司申请执行英国伦敦临时仲裁庭仲裁裁决案【厦门海事法院(2006)厦海法认字第1号】 …… 421

> **No. ZH-13.4.3-1** 当事人的选择权协议中的仲裁条款约定,因选择权协议产生的或与之有关的任何争议应由3名仲裁员适用英国法和1996年英国《仲裁法》、LMAA规则进行仲裁。1996年英国《仲裁法》既没有授权也没有禁止由所谓的缺员仲裁庭作出决定,没有关于解决和处理所谓的缺员仲裁庭的规定。英国法原则要求仲裁员必须全程参与仲裁程序,故LMAA规则第8条第(e)项适用于仲裁案件的事实条件是仲裁庭的每一名仲裁员都全程参与了仲裁程序。只有在此前提下,才存在LMAA规则下可以由多数仲裁员作出裁决、裁定和命令的情形,没有这个事实作为前提,仲裁庭的多数成员就不具有上述权力。仲裁庭虽由3名仲裁员组成,但是仲裁员之一并未参与仲裁的全过程,没有参与仲裁裁决的全部审议,仲裁庭的仲裁程序与当事人约定的仲裁协议不符,也与仲裁地英国的法律相违背,故我国法院不予承认和执行所涉仲裁裁决。 ……………………… 421

14. 申请财产保全错误损害赔偿纠纷 …………………………………… 429

14.1 诉讼请求被驳回后对诉前财产保全错误的认定 ………………… 429

1 原告广州市卓兴贸易有限公司与被告中海发展股份有限公司货轮公司财产保全损害赔偿纠纷案【广州海事法院(2006)广海法初字第146号】………… 429

> **No. ZH-14.1-1** 海事请求人申请财产保全后,未提供证据证明被申请人不能清偿债务,无权要求承担赔偿责任,导致诉讼请求被驳回,其在条件未成就时申请海事请求保全,行使权利不当,申请海事请求保全错误,应对因此给被申请人造成的损失承担赔偿责任。 429

> **No. ZH-14.1-2** 冻结银行账户存款并非冻结账户,在账户资金满足法院裁定要求的情况下,账户仍可以正常使用,且账户被冻结后,仍可通过其他账户对外开展业务,故海事请求人申请冻结被申请人银行账户存款的行为并不影响被申请人开展正常的进出口贸易活动。被申请人在账户存款被冻结后,主动中止与他人签订的委托代理进口协议,其主张因此少收可收取的进口代理服务附加费的损失与海事请求人申请海事请求保全没有因果关系,海事请求人不应赔偿。土地和房产价值随市场波动,即使被申请人以土地和房产作抵押,银行也未必按土地和房产的评估价值全额发放贷款,被申请人未提供证据证明融资损失已实际发生或必然发生,其主张土地和房产被查封后无法以土地和房产作抵押向银行申请贷款而产生融资损失没有事实和法律依据,不予支持。 429

14.2 诉讼请求被驳回后导致诉前申请扣船错误的法律责任 ………… 433

2 上诉人滕瑞彬与被上诉人毕秀岳海事保全损害赔偿纠纷案【山东省高级人民法院(2007)鲁民四终字第95号】………………………………………… 433

> **No. ZH-14.2-1** 当事人不能提供船舶所有权证书,但法院在其经营船舶期间扣押该轮是事实,当事人对该船舶所享有的财产损益应予保护,包括因扣船行为而发生的看船费用、修船费用及扣押期间的保养维持费用。因无船舶渔业捕捞许可证,船舶作业损失不予支持。 433

| No. ZH-14.2-2 | 当事人申请扣押船舶后,被法院判决败诉,构成错误扣船,被扣押船舶当事人有权索赔损失。 | 433 |

14.3 诉讼中申请冻结存款后撤诉的赔偿责任 …… 436

3 上诉人浙江前程石化股份有限公司、上诉人江苏省江海粮油贸易公司张家港储运部因错误申请海事请求保全损害赔偿纠纷案【浙江省高级人民法院(2011)浙海终字第64号】…… 436

| No. ZH-14.3-1 | 在没有明确证据证明损失的情况下申请保全,长时间冻结他人巨额资金,随后又撤回其重复提起的诉讼,主观过错明显,应当按照冻结期内同期银行贷款利率赔偿被冻结资金企业的损失。 | 436 |

14.4 诉前超额申请冻结银行存款的赔偿责任 …… 441

4 原告惠阳恒辉染厂有限公司与被告深圳市蛇口益荣船务有限公司财产保全损害赔偿纠纷案【广州海事法院(2001)广海法初字第206号】…… 441

| No. ZH-14.4-1 | 申请人请求诉前保全的财产价值高于被申请人根据生效裁判文书实际应承担的数额,由此造成被申请人损失的,应当承担赔偿责任。 | 441 |

| No. ZH-14.4-2 | 企业的流动资金是企业正常运作时必需的,当其流动资金短缺或周转困难时,企业通常会向银行贷款,被申请人可要求错误申请保全的申请人赔偿冻结期间超额冻结存款的银行同期贷款利息,但应扣除银行照常按活期存款利率支付的利息。 | 441 |

| No. ZH-14.4-3 | 被申请人提出管辖权异议,并对驳回管辖权异议的裁定提出上诉,是在诉讼中正当行使其诉讼权利,管辖权异议期间的超额冻结存款的损失应由错误申请保全的申请人承担。 | 441 |

14.5 为索要船舶修理费扣押船舶的不构成保全错误 …… 443

5 原告海南信海轮船公司与被告中山市金辉船舶修造厂有限公司扣押船舶损害赔偿纠纷案【广州海事法院(2000)广海法商字第89号】…… 443

| No. ZH-14.5-1 | 申请人对被申请人具有船舶修理费的请求权,其通过财产保全措施扣押被申请人的船舶,以维护其合法权益,符合民事诉讼法有关财产保全的规定,其申请扣押船舶没有错误,不应承担保全错误的赔偿责任。 | 443 |

14.6 诉前扣押船舶错误的损失认定 ·············· 445

⑥ 原告中国船舶燃料供应上海公司与被告深圳市嘉航船舶与海洋工程设备有限公司错误申请扣押船舶损害赔偿纠纷案【广州海事法院(2000)广海法深字第31号】·············· 445

> **No. ZH-14.6-1** 船舶因拖欠修理费被诉前扣押,申请人以扣押船舶错误造成其船期损失为由主张赔偿,其应承担相应的举证责任,在未证明船舶因扣押造成船期损失的情况下,其索赔请求不应予以支持。 445

> **No. ZH-14.6-2** 被申请人为了使其被扣押的船舶获得释放,向法院提交的担保金存于法院指定的银行账户中,担保金及其利息仍属于被申请人,被申请人不会遭受利息损失,对其该部分损失,不予支持。 445

14.7 错误申请查封船载货物的责任 ·············· 447

⑦ 原告深圳市粤能船务有限公司与被告深圳市粤顺石化有限公司船载货物损害赔偿纠纷案【广州海事法院(2001)广海法初字第90号】·············· 447

> **No. ZH-14.7-1** 申请人因与其贸易对方的纠纷,申请法院查封船舶运载的已不属于其所有的货物,以致船舶被滞留并被强行改港卸货,显属不当,应赔偿给承运人(航次租船合同出租人)造成的经济损失。 447

> **No. ZH-14.7-2** 在法院查封船载货物过程中,因载货船舶违反船舶进出港口的规定,未经申报擅自进港、油类记录簿未按规范记录,以致被主管机关扣留船舶证件,并被罚款,与侵权人申请查封货物没有必然的联系,应由承运人自行承担。 447

15. 申请海事赔偿责任限制 ·············· 450

15.1 多式联运合同项下沿海运输的承运人申请海事赔偿责任 ·············· 450

① 烟台集洋集装箱货运有限责任公司申请海事赔偿责任限制案【青岛海事法院(2001)青海法海事初字第49号】·············· 450

> **No. ZH-15.1-1** 海事法院审理海事赔偿责任限制申请案件,应适用《中华人民共和国民事诉讼法》第一审普通程序的有关规定,并以民事判决的形式作出裁决结果。 450

> **No. ZH-15.1-2** 《中华人民共和国海商法》第四章仅调整国际海上货物运输,审理沿海运输的承运人是否对托运人的货损承担责任时不能适用《中华人民共和国海商法》第四章的有关规定。 450

> **No. ZH-15.1-3** 作为规定海事赔偿责任限制制度的《中华人民共和国海商法》第十一章,适用于所有海上运输引起的责任限制纠纷,国内沿海运输的责任人也有权享受海事赔偿责任限制,但依照《中华人民共和国海商法》第210条第2款的规定,其责任限额适用我国交通主管部门制定的特别规定予以确定。 450

No. ZH-15.1-4　多式联运合同项下的承运人接受委托后,将沿海运输区段的运输交由船舶所有人运输,从事了与沉没船舶营运有关的行为,因船舶沉没,其对托运人承担了货物灭失的责任,可作为船舶经营人依法享受海事赔偿责任限制。　　450

No. ZH-15.1-5　依照《中华人民共和国海商法》第212条规定的"一次事故一个限额"的原则,只要船舶所有人、船舶经营人等责任人中的任何一人按照法定的赔偿限额在海事法院设立海事赔偿责任限制基金,均构成对因船舶沉没引起的向所有可能因此承担责任的人提出的赔偿请求进行限制而需设立的基金的总额,该基金应视为因船舶沉没事故可以提出海事赔偿责任限制申请的所有当事人各自设立的基金。故虽然船舶经营人没有实际在任何法院设立海事赔偿责任限制基金,但因船舶所有人已经设立海事赔偿责任限制基金,故从法律上应视为船舶经营人也已设立该责任限制基金,针对船舶经营人的债权应在责任限制范围内从船舶所有人已在海事法院设立的基金中按照法律规定的基金分配方法受偿,再由船舶所有人和经营人根据内部法律关系予以追偿。　　450

No. ZH-15.1-6　向法院请求限制海事赔偿责任应该受到诉讼时效制度的约束。《中华人民共和国海事诉讼特别程序法》作为程序法可对申请设立责任限制基金的期间进行规定,不能对有关诉讼时效作出规定。依照《中华人民共和国民法通则》中有关诉讼时效的规定,并考虑海事赔偿责任限制制度的特殊性,法院酌情认定,申请海事赔偿责任限制的诉讼时效应为两年,从申请人被依法裁决(包括仲裁裁决)承担有关海事赔偿责任时起算;但由于申请责任限制并不当然构成对责任的承认,故自引起海事赔偿请求的事故发生之日起,当事人即可以申请责任限制。　　451

后记

司玉琢（大连海事大学原校长、教授、博士生导师）

带着全体编纂人员的期盼与诚意，《中国海事案例裁判要旨通纂》终于面世了。

自1984年以来，我国海事法院迄今已设立32年，审判的案件数以万计，其中不乏许多典型的、疑难复杂的并在国际上产生重大影响力的案件。然而，传统上认为，我国为大陆法系国家，判例并非为法律渊源，对其后案件的审理不具备法律效力，只有我国最高人民法院对具体案件作出的司法解释方与英美法系国家的判例有类似的司法效力。因此，大量的海商海事判决沉睡在浩如烟海的故纸堆中，并没有发挥其应有的司法指引作用。尤其是一些类似案件，在不同的法院判决结果可能截然不同。这既浪费了法院的审判资源，又有损司法的公正性。鉴于此，2010年11月26日，最高人民法院颁发了《关于案例指导工作的规定》，该规定第7条规定："最高人民法院发布的指导性案例，各级人民法院审判类似案例时应当参照。"2015年6月2日，最高人民法院又印发了《〈关于案例指导工作的规定〉实施细则》。该细则进一步明确了"类似案件"的判定标准，要求具体参照指导性案例的裁判要点，并在裁判文书说理部分予以援引。究其实，在我国司法裁判中吸收借鉴英美法中的判例制度，对法院正确适用法律进行有益补充，与我国的大陆法传统并不相悖。

本书以海事、海商法调整的具体对象为标准，共分为五卷：海事卷、船舶船员卷、海上保险卷、海上货物运输卷和综合卷。有的案例可能涉及多卷内容，本书编纂时取其重者予以归类，以免重复。各分卷执行主编（侯伟负责海事卷，李晓枫负责船舶船员卷，张虎负责海上保险卷，陈敬根负责海上货物运输卷，张波负责综合卷）首先通过各种途径收集10个海事法院及其上诉法院、最高人民法院相关海事海商裁判文书，经过多遍筛选，选取了一些最具有代表性且能涵盖海商海事各个领域的案例进行编纂，对其争议焦点和裁判要旨予以归纳总结，最终经过各分卷执行主编对各自负责编撰的分卷反复校对以及总主编审定成书，定名为《中国海事案例裁判要旨通纂》，以求对海事海商法律工作者有所助益。

案例编纂是一项繁琐而复杂的工作，或许呈现在大家面前的只是数百页的几卷书籍，但背后却凝结着编纂者的大量心血。首先，编纂前需要将数以万计的案例一一筛选，进行归类和取舍；其次，要将案件争议焦点总结并描述出来；最后，还要将判决中的裁判要旨用凝练的语言准确地表述出来。这些工作耗费了编者大量的体力和脑力劳动，特别是我国的判决书中往往不详尽写明判决理由，因此，作者只能从法官引用的法条对其裁判要旨进行逻辑推理和提炼，这是一个二次创作过程，并非简单的"汇编"一词可以涵盖。在这里，我要对各卷的主编与编委们表示诚挚的谢意，对一直支持本项工作的最高人民法院，提供案例的各省高级人民法院和各海事法院表示感谢，对为本书的编写付出了辛勤劳动的大连海事大学法学院蒋跃川副教授，我的博士生彭先伟、刘博、曹兴国以及吴亚男女士、万仁善先生表示感谢。在此,还要特别感谢北京大学出版社蒋浩副总编,没有他的创意和坚持不懈的推动,也就没有本书的诞生! 感谢北京大学出版社陆建华编辑的联络、统筹,感谢苏燕英、陈康、王建君、田鹤编辑的辛勤付出,他们为本书的最终出版付出了艰辛而富有成效的努力。

在英国,《劳氏法律报告》主要收录了自 1919 年以来英国各级法院审理的海事、海商判例,是为法律工作者提供的最具权威性的专业文献资料之一。希望本案例书的编纂工作像《劳氏法律报告》一样,也能一直持续下去,打造百年精品。一方面借此架起联结英美法和大陆法的桥梁,另一方面也给海商法学界提供翔实的法律实践资料,成为中国的权威海商法专业文献。若如是,编纂本书的目的也就达到了。

2016 年 12 月 26 日于大连